2020

国家统一法律职业资格考试系列用书

命题人讲义系列

命题人讲行政法与行政诉讼法

桑 磊◎主编
闫尔宝◎编著

中国经济出版社
CHINA ECONOMIC PUBLISHING HOUSE
中国石化出版社
HTTP://WWW.SINOPEC-PRESS.COM

图书在版编目（CIP）数据

命题人讲．行政法与行政诉讼法／桑磊主编．
—北京：中国经济出版社：中国石化出版社，2019.12
2020 国家统一法律职业资格考试系列用书
ISBN 978－7－5136－5055－7

Ⅰ.①命… Ⅱ.①桑… Ⅲ.①行政法—中国—资格考试—自学参考资料
②行政诉讼法—中国—资格考试—自学—参考资料 Ⅳ.①D92

中国版本图书馆 CIP 数据核字（2019）第 253355 号

策划编辑 崔姜薇
责任编辑 王建昌
责任印制 马小宾
封面设计 任燕飞装帧设计工作室

出版发行 中国经济出版社
印 刷 者 北京富泰印刷有限责任公司
经 销 者 各地新华书店
开　　本 787mm×1092mm 1/16
印　　张 11.75
字　　数 280 千字
版　　次 2020 年 1 月第 1 版
印　　次 2020 年 1 月第 1 次
定　　价 39.00 元
广告经营许可证 京西工商广字第 8179 号

中国经济出版社 **网址** www.economyph.com **社址** 北京市东城区安定门外大街 58 号 **邮编** 100011
本版图书如存在印装质量问题，请与本社销售中心联系调换（联系电话：010－57512564）

>> PREFACE 丛书前言

一

著名作家柳青在《创业史》中说过一段话："人生的道路虽然漫长，但紧要处常常只有几步，特别是当人年轻的时候。"

在我的人生里，这样的紧要处有两步：一次是22岁，一次是44岁。

这两步决定了我前半生乃至一生的命运。

22岁那年，我还在鲁西南的一个小县城工作，报名参加中国政法大学的进修学习。之后，经过五年的拼搏（两年进修，三年北漂自学），最终考取法大研究生，主编了《中国名校硕士谈考研》（后分为《风雨考研路》和《考研战略战术》两本），毕业后进入司法部考试中心工作。这是命运的一次大转折。

44岁这年，在工作十三年、经历了四个岗位，从主任科员、副处长到命题处长之后，我毅然辞职，致力于法考和法律教育工作，主编《法学第一课》，开通微信公众号"桑磊在线"，直到现在主编"桑磊法考"系列图书，开展法考网络培训。这又是一个大转折。

每个人终其一生，都有自己关键的几步，有命运的转折点。

也许你是一位法律专业学生，未来的理想是做一位法官、检察官或律师，也许你和曾经的我一样，正在自学的路上苦苦跋涉，希望能有改变命运的机会。也许你正在做一份自己并不喜欢的工作，而内心其实想成为法律人。也许你正在小地方挣扎，渴盼去大城市发展。

法考就是你通向未来、实现梦想的关键一步。

尽管，这个考试号称"天下第一考"，每年有数十万人在这个战场上拼杀，只有少数人成功地走出来。

尽管，你也许和我一样，智商并不超群，容貌并不出众，家世并不显赫，只是人群中普普通通的一员。

但是，不平凡的，是你的年轻，是你的梦想，是你那颗热血沸腾的心，是你的不甘于平凡。

在我主编的《风雨考研路》中有一篇文章，题目叫作"真正的失败是不去拼搏"。作者当年从一所二本院校以高分考上了厦大研究生，两年后又提前攻博，目前已是国家海洋局第三研究所研究员、硕士生导师、学科带头人，曾五次参加南北极科学考察。他在文章中写道：这一切的一切，都是由于"真正的失败是不去拼搏"这句话带给我的神奇力量。

其实那只是一个很短的小故事，但我至今清楚地记着里面那句非常感人的话："你努力过了吗？如果是的，那你就一定不会失败，因为真正的失败是不去拼搏。"这句精彩而鼓舞人的话从此永远地留在了我的生命中，并且开始改变我的一生。

在此，我也将这句话转送给亲爱的读者们，希望能够有益于你的人生。

二

自2018年首届法考开始，司法部至今已组织两年考试，尽管法考不再公布真题，但从网络上考生的各种回忆版本，仍能粗略窥见法考试题的特点。

我们认为，客观题考试具有以下四大特点：

一是考查范围扩大，覆盖面广，基础性考点增多，考查内容较为琐碎。

二是出现跨学科融合的客观题，如2019年有多道民商事融合试题。

三是紧密联系法律热点事件，取材贴近生活。

四是"重者恒重、新法必考"，但两者均在一定程度上有所削弱。

相对而言，主观题考试是法考改革的重点，其特点更加鲜明：

一是融合性突出，两次考试均出现多学科的交叉融合试题。

二是限缩性趋势明显，即主观题数量减少。

三是理论性显著增强。主观题考试考查考生运用法律知识解决实际问题的能力，在一定程度上，可以说就是考查理论深度。

四是开放性进一步得到体现。法考时期的开放性试题增多，允许有多个答案，只要言之有理、有理有据即可得分。

根据上述特点，2018年至2019年，我们组织了以资深命题人周光权老师为代表的前命题人团队，先后编写了"桑磊法考"系列图书，包括客观题的"命题人讲义系列"丛书（全八册）、"命题人讲真题"丛书（全八册）、"命题人400题"丛书（全三册），主观题的"命题人讲主观题"丛书（全七册）和《主观题十年真题精讲》《命题人30题》，分别对应客观题考试和主观题考试复习的各个阶段。目前，我们又陆续开始对上述图书进行精心修订，以供2020年考生复习备考。

（一）客观题考试

——基础阶段。对应本套"命题人讲义系列"丛书。我们通过严谨的历年各科试题数据分析，遵循"重点多写，一般少写，不考不写"的原则，确定讲义各部分的字数，做到详略得当。攻克了这些知识点，意味着你已经接近了法考要求的知识水平，进入了法考的核心地带。我们专门邀请各科作者做直播带读，他们深入浅出的讲解，会让有你有更透彻的理解，也许有时会有醍醐灌顶之感。读者可扫取本书封面二维码登录"桑磊法考"网站和"桑磊法考"公众号，免费观看视频。

——真题阶段。对应"命题人讲真题"丛书。我们的各科作者对近些年的真题以考点归类，进行了全面解析，其体例上的独特之处有三点：一是"命题和解题思路"，还原命题人的思路，深度分析解题思路，最大限度地让考生"知其所以然"。二是"难点解析"或"易混淆点解析"，对于部分试题的难点或易混淆点作出深入分析。三是"重点干扰项"，部分试题指明了重点干扰项，并作出详细分析。通过真题的反复训练，你会对各科的所有考点、命题规律了然于胸，实现由知识水平向应试水平的转变。“命题人讲真题”丛书将于2020年2月出版。

——模拟阶段。对应“命题人400题”丛书。我们的大部分作者深谙命题规律，他们命制出的模拟题，实际上达到了真题的水平，是最接近真题的模拟题。通过模拟训练，一方面查漏补缺，一方面迅速适应应试状态。“命题人400题”丛书将于2020年6月出版。

（二）主观题考试

——基础阶段。对应“命题人讲主观题”丛书。我们的作者凭借本身的经验，通过深入研究历年主观题，在书中为大家分析了本学科的命题规律和趋势，提炼了解题思路，详细阐述了主观题考点，并对近十年的典型主观题进行了深入剖析。最后，每科为大家提供了多道高质量的模拟试题，其中有两科甚至多科的融合试题。“命题人讲主观题”丛书将于2020年4月出版。

——真题阶段。对应《主观题十年真题精讲》。该书选取近十二年来的主观题真题，由前命题人团队各科作者全新解读。其中，依据网上的考生回忆版，对2018年和2019年的主观题真题进行了精心复原。各科作者深度还原了命题人思路，或点明命题素材，或挖掘命题特点，力争为考生打造独具特色的主观题“得分宝典”。《主观题十年真题精讲》将于2020年4月出版。

——模拟阶段。对应《命题人30题》。该书选材渠道权威、命题规范严谨。在三十多道模拟题中，有刑法和刑事诉讼法的融合，有商法和民法的碰撞，还有三大实体法的交织。这些多学科交叉的题目，可以更好地培养考生的主观题思维，为拿下主观题考试做好充足准备。《命题人30题》将于2020年5月出版。

三

2018年，是我们与广大考生携手前行的第一年。我们首次开办“客观题冲刺内参班”“主观题冲刺保过班”等网络课程，准确把握了命题趋势，尤其是成功预测了“枫桥经验”（法治理论）、“房屋强拆案例”（行政法）、“非法证据排除规则”（刑诉）等考点。

2019年，我们开办了客观题和主观题的全系列课程，涵盖了特训班、冲刺班、全程班、主客一体班等，帮助考生抓住重难点，直击命题点。特别是在主观题班，形成了自己独有的特色，包括“三支团队”“四个阶段”“两大法宝”。

——“三支团队”，即前命题人团队、前阅卷人团队、高分研究生阅卷团队相配合的师资队伍。

——“四个阶段”，即系统精讲阶段、专题突破阶段、应试训练阶段、冲刺阶段，构建了2019年所有机构中唯一完整的主观题培训体系。

——“两大法宝”，即前命题人团队命制的高质量模拟题、在前阅卷人团队指导下的作业批改。我们的模拟题接近真题的标准，其中一部分为多学科融合的试题。我们开发了机考模拟系统，每科均布置习题作业，按照考试标准进行模拟。作业批改由主要来自北大、人大、法大的高分研究生团队负责，对每道题不仅给出得分，而且有详细而中肯的评语，包括问题和建议两部分，受到了学员们的一致好评。

在 2019 年主观题冲刺保过班上，我们的绝大多数学科均命中了考点。对命题趋势和考点的准确把握，彰显出前命题人团队的高权威性和专业能力。

在 2019 年考试结束后，我们开展了大规模的问卷调查，广泛征求意见和建议，得到了学员们的热情反馈。在此基础上，2020 年，我们将对软硬件、客服系统、教务安排等各方面进行较大的优化，以更好地服务于学员。

新的一年，我们与你携手同行！

桑　磊

（桑磊：丛书主编，“桑磊法考”创始人）

◎特别说明◎

鉴于本书出版时间紧迫以及 2020 年度民法、刑事诉讼法等科目内容可能会出现部分立法及司法解释最新调整的态势，桑磊法考特开通“命题人讲义系列图书全程服务通道”，即时动态发布本书各科目勘误信息、考试政策最新调整变化解读等重要资料，考生在使用本书过程中可以扫取下方二维码进行获取。

桑磊法考，为您提供“有责任、有效率”的法考教材！

命题人讲义系列图书
全程服务通道二维码

行政法与行政诉讼法 导言

法治政府建设离不开行政法和行政诉讼法知识的普及，这也是近年来在法考中本学科日益受到重视的原因。如何在千军万马过独木桥般的法考竞争中，于行政法与行政诉讼法这一部分取得高分，是每位参加法考的人都十分关心的问题。以下就本学科的考试情况做一简单分析，并就如何准备考试提几点建议。

一、命题概况

法考改革之前，司法部会在网上公布司法考试的试题，法考改革之后，法考试题已经不再向社会公布。结合2018年以前历年试题以及近两年参加法考的考生所提供的真题回忆版情况，可以认为，本学科的考试内容与考生在校期间学到的行政法基础知识存在一定对应关系。除基本概念和基本原则外，行政法和行政诉讼法的知识主要包括“三大块”：行政组织法、行政行为法和行政救济法。相应的，考试试题的设计也是围绕上述三块内容展开。如行政组织法部分，考查重点是国家行政机关的组成与职权；行政行为法部分，考查重点是行政法规和行政规章的立法权限和程序，典型具体行政行为的相关重要立法；行政救济法部分，考查重点是行政复议法、行政诉讼法和国家赔偿法及相关司法解释的规定。

就难度而言，本学科客观题试题难度适中。由于多数试题围绕着现行立法规定设计，客观性较强，考生可以自由发挥的余地不是很大。如果考生审题准确，能够和所学行政法学知识挂上钩，获得平均分以上应没有问题。

二、基本命题规律

（一）试题覆盖面大

历年考题的知识点均覆盖行政法全部知识范围，除去作为基础知识掌握的基本概念之外，考试大纲中所有的重要知识点都会被考查到。这是分析以前历年试题和综合近两年参加法考的考生经验得出的直观印象。很多考生都真切感受到行政法知识比较难于复习准备，其重要原因之一是覆盖的知识面过大，可考查的知识点过泛，使考生感到“压力山大”。

（二）对立法条文的考查较细

本学科试题覆盖面广，所涉及的法律法规规定及司法解释又非常多，命题人可选择的考查点灵活性极大。同时，由于行政法学理论尚未真正成熟，一些理论问题存在较大争议，命题人更倾向于选择立法规定明确、不存在争议的法律条文作为考查对象。如行政法规制定程序中的听取公众意见的时间，适用简易程序作出行政处罚时的罚款数额等，都会成为命题人关注的重点，无形中加大了考试的难度。如果考生复习不细致，准备不充分，很可能会出现错误判断。

（三）重点知识点考查的重复率较高

由于试题覆盖面大，我们对重点知识点的概括无法聚焦于具体的法条，只能相对集中于某个具体领域或者某种具体制度。也就是说，重点知识点的概括是以“法律条文束”的形式体现。比如，国家行政机关的组成与职权、行政法规的制定程序、行政许可的设定权分配、行政诉讼的审理制度等，都会涉及一组条文。

（四）更加注重对考生综合分析能力的考查

法考时期，本学科的出题方式也做了较大改革，突出表现为对考生法律问题的综合分析能力考查比例的增加。一些试题尤其是主观题不再单纯考查法条的规定，而是注重考生对法条的理解，对给定案例事实的分析。那种以为单纯靠背诵法条就可以通过考试的想法已经不合时宜。

三、备考建议

由于本学科试题涉及面广，法条众多，考生总有摸不着头绪的感觉，不过，在摸清命题规律、明确大致考查重点领域或制度之后，考生还是可以采取相应对策的。以下提出几条备考建议：

（一）深入理解行政法基础理论

行政立法条文背后多有理论支撑。准备客观题考试期间，熟练掌握现行立法规定是必要功课，但不要忽视对行政法基础理论的深入理解。诸如正当法律程序原则，国家公职关系，具体行政行为的成立与效力，行政许可的类型划分、行政强制措施的界定等，都是需要认真掌握的基础知识。而且，上述理论对于解答有关主观题具有非常重要的指引作用。所谓“得基础理论者得主观题”。

（二）注意重点中的重点

本书中对行政法与行政诉讼法部分重要知识点的概括虽仍分散，但毕竟给出了重点进攻的方向。在此基础上，结合历年出题情况，对重要知识点中涉及的重点法条要做针对性的整理和记忆。诸如国务院和地方政府行政机构的设置和编制管理规范，公务员的录用、兼职、辞退、聘用、处分等制度规范，行政法规和行政规章制定程序规范，行政处罚听证程序、治安管理处罚行为的实施程序、行政强制措施的性质认定与实施程序、行政许可的设定依据与实施程序等法律规范，政府信息公开条例及最高法院的司法解释，三大救济法及相关司法解释，这些内容都是“重点中的重点”，需要强化记忆。

（三）多做历年真题和模拟题，反复加强记忆

在掌握法条的基础上，可以阶段性地做历年真题和模拟试题，如桑磊法考的《命题人讲真题（全八册）》和《命题人400题（全三册）》等。法律知识重在应用，法考试题重点考查的也是法律规范的理解与适用，因此，需要考生在复习一段时间后，有针对性地做做试题，演练一番，对相关知识也是一种认识加深，同时，也可以缓解一下复习过程中出现的“高原反应”。复习—做题—再复习—再做题，如此反复，学习效率当能获得不断提升。

闫尔宝

（闫尔宝：本书编著者，前命题人）

CONTENTS 目录

行政法与行政诉讼法知识点思维导图

- 行政法知识体系
  - 行政法的基本原则
  - 行政组织与公务员
    - 中央国家行政机关的组成与职权
    - 地方国家行政机关的组成与职权
    - 公务员的基本管理制度
  - 抽象行政行为
    - 行政法规制定程序
    - 规章制定程序
  - 具体行政行为
    - 界定与种类
    - 成立与效力
  - 行政许可
    - 设定权限与形式
    - 许可实施程序
  - 行政处罚
    - 处罚实施程序
    - 治安行政处罚
  - 行政强制
    - 行政强制措施
      - 界定
      - 强制措施实施程序
    - 行政强制执行
  - 政府信息公开
    - 制度基本内容
    - 政府信息公开诉讼
  - 行政复议
    - 复议参加人与复议机关
    - 复议申请与受理
    - 复议审理与决定

行政诉讼法知识体系

- 受案范围
  - 应予受理的案件
  - 不应受理的案件
- 管辖（级别管辖、地域管辖、指定管辖等）
- 诉讼参加人
  - 原告
  - 被告
  - 第三人
- 诉讼程序
  - 起诉与受理
  - 第一审程序
    - 普通程序
    - 简易程序
    - 审理对象
- 特殊制度
  - 证据（种类、举证责任分配、认证等）
  - 特殊审理制度（撤诉、调解、行政附带民事诉讼等）
- 裁判与执行
  - 判决
    - 一审判决（驳回诉讼请求、撤销等）
    - 二审判决
  - 执行
- 国家赔偿
  - 行政赔偿
  - 司法赔偿
    - 司法赔偿范围
    - 司法赔偿程序

第一章　行政法的基本原则

命题分析

行政法的基本原则是行政法学基本理论重要组成部分，此前考试多有涉及对行政法基本原则内容的考查，具体包括合法行政原则、合理行政原则、程序正当原则、诚实守信原则以及权责统一原则的理解与适用。对行政法基本原则的考查重点在灵活运用，考查方式多为给出行政法的特定事件，要求考生判断相关事件符合或者违背了行政法的哪个基本原则。随着今后的法考注重知识灵活运用趋势的发展，今后的考试将会更多地结合具体事件展开考查，需要考生对每个原则的具体内容或要求要有深入的理解和把握。

知识点精讲

行政法的基本原则是指能够反映行政法本质和具体制度规则内在联系的共同性规则，对行政法的制定、修改和废止起到统领作用。行政法基本原则主要包括合法行政原则、合理行政原则、程序正当原则、高效便民原则、诚实守信原则和权责统一原则六个原则。

一、合法行政原则

合法行政原则是行政法成立的基石。现代意义的行政权与立法权之间的基本关系是：行政权的产生与运作来源于立法规定和授权，行政机关的意志必须遵从立法机关及其代表的全体国民的意志，即行政处于立法之下。

合法行政原则的基本要求如下：

第一，法律优先。行政机关作出的一切行政行为都必须合法。其具体要求是：①行政机关的行政行为不得与法律相抵触，行政机关不得作出违反现行有效法律的规定和决定；②行政机关有义务积极执行现行有效的法律规定，行政不作为同样属于违法。

第二，法律保留。没有法律、法规、规章的规定，行政机关不得作出影响相对人权益或者增加其义务的决定，即负担性行政行为必须有明确授权依据方能实施。

例 1①　依法行政是法治国家对政府行政活动提出的基本要求，而合法行政则是依法行政的根本。下列哪些做法违反合法行政的要求？

A. 因蔬菜价格上涨销路看好，某镇政府要求村民拔掉麦子改种蔬菜

B. 为解决残疾人就业难，某市政府发布《促进残疾人就业指导意见》，对录用残疾人

① 本书所有例题均来源于历年真题，本例以下不再逐一标注。

达一定数量的企业予以奖励

C. 孙某受他人胁迫而殴打他人致轻微伤，某公安局决定对孙某从轻处罚

D. 某市政府发布文件规定，外地物流公司到本地运输货物，应事前得到当地交通管理部门的准许，并缴纳道路特别通行费

提示：选项A中的镇政府行为具有侵害性，需得到法律授权，否则即为违法。选项B中，某市政府制定含有奖励内容的规范性文件的行为，并不违反法律禁止性规定，不违反合法行政原则。选项C中，依照《治安管理处罚法》第19条第（三）项规定，出于他人胁迫实施违法行为的，减轻处罚或者不予处罚。某公安局决定对孙某从轻处罚，属于违法。《行政许可法》第15条第2款禁止地方性法规设定限制外地个人或者企业到本地区从事生产经营和提供服务的内容，选项D中的某市政府的做法与许可法规定相违背，属于违法行为。

二、合理行政原则

合理行政原则是指行政机关作出的裁量决定应当符合合理性，符合科学公理和社会公德。该原则包括三个具体原则：

第一，公平公正原则。要求行政机关在执行职务时要平等对待行政相对人，不偏私、不歧视。

第二，考虑相关因素原则。要求行政机关作出裁量决定时，只能考虑符合立法授权目的的各种因素，不能考虑非相关因素。

第三，比例原则。该原则有三方面要求：①合目的性。指行政机关选择的手段必须能够实现行政目的。②必要性。在有多种手段能够实现行政目的的情况下，行政机关应当选择对相对人造成损害最小的手段。③均衡性。指行政机关选择的手段给相对人造成的侵害不能明显超过行政目的所体现的价值，在手段与目的之间保持均衡关系。

例2 合理行政是依法行政的基本要求之一。下列哪些做法体现了合理行政的要求？

A. 行政机关在作出重要决定时充分听取公众的意见

B. 行政机关要平等对待行政管理相对人

C. 行政机关行使裁量权所采取的措施符合法律目的

D. 非因法定事由并经法定程序，行政机关不得撤销已生效的行政决定

提示：行政机关作出重要决定时要充分听取公众意见体现的是程序正当原则要求，非合理行政原则要求，选项A错误；行政机关要平等对待相对人体现了合理行政的公平公众要求，选项B为正确选项；行政裁量权行使符合法律目的是比例原则的内容，体现合理行政原则要求，选项C为正确选项；行政机关非依法不得撤销已生效的行政决定，体现的是合法行政原则要求，选项D非正确选项。

例3 关于行政法的比例原则，下列哪一说法是正确的？

A. 是权责统一原则的基本内容之一

B. 主要适用于羁束行政行为
C. 是合法行政的必然要求
D. 属于实质行政法治范畴

提示：比例原则是合理行政原则的基本内容之一，选项 A 错误；比例原则主要适用于裁量行为，选项 B 表述错误；比例原则是合理行政的组成内容，其产生时间晚于合法行政，难说其属于合法行政的必然要求，选项 C 表述错误。比例原则是合理行政原则的组成内容，属于实质行政法治范畴，选项 D 正确。

三、程序正当原则

程序正当原则是对行政行为实施程序提出的基本要求，具体包括以下具体原则：

第一，行政公开原则。除涉及国家秘密和依法受到保护的商业秘密、个人隐私外，行政机关实施行政管理应当公开，以实现公民的知情权。

第二，公众参与原则。行政机关作出重要规定或者决定，应当听取公民、法人或者其他组织的意见。特别是作出不利于相对人的决定，要听取其陈述和申辩。

第三，回避原则。行政机关工作人员履行职责，与行政相对人有利害关系时，应当回避。

例 4　程序正当是行政法的基本原则。下列哪些选项是程序正当要求的体现?

A. 实施行政管理活动，注意听取公民、法人或其他组织的意见
B. 对因违法行政给当事人造成的损失主动进行赔偿
C. 严格在法律授权的范围内实施行政管理活动
D. 行政执法中要求与其管理事项有利害关系的公务员回避

提示：选项 A 体现了公众参与原则，符合程序正当原则要求；选项 B 强调的是违法行政要承担责任，属于权责统一原则的内容而非程序正当原则的内容；选项 C 是合法行政原则的体现，选项 D 体现了回避原则这一程序正当原则的要求。综上选项 A、D 符合本题要求。

四、高效便民原则

高效便民原则包括以下基本内容：

第一，行政效率原则。要求：①行政机关应当积极履行法定职责，禁止不作为或者不完全作为；②遵守法定时限，禁止超过法定时限或者不合理迟延。

第二，便利当事人原则。在实施行政行为时，行政机关应尽量为相对人提供各种便利条件，减轻当事人办事的成本和负担。如《行政复议法》规定，相对人提出复议申请，可以采用书面形式，也可以采用口头形式，由行政机关工作人员记录在案。

五、诚实守信原则

诚实守信原则包括两个方面的内容：

第一，行政信息真实原则。行政机关公布的信息应当全面、准确、真实。行政机关为其提供的各类信息的真实性负责。

第二，保护相对人信赖利益原则。非因法定事由并经法定程序，行政机关不得撤销、变更已经生效的行政决定；因国家利益、公共利益或者其他法定事由需要撤回或者变更行政决定的，应当依照法定权限和程序进行，并对相对人由此受到的财产损失给予相应补偿。

六、权责统一原则

权责统一原则的基本要求是实现行政权力和法律责任统一，做到执法有保障、有权必有责、用权受监督、违法受追究、侵权须赔偿。其具体包含以下内容：

第一，行政效能原则。行政机关要完成管理经济、社会和文化事务的职责，需要立法赋予其必要的管理手段，保证政令有效。

第二，行政责任原则。行政机关违法或者不当行使职权，应当依法承担相应法律责任。比如某区公安分局在没有充分调查取证的情况下，认定吴某实施了寻衅滋事行为，决定对其拘留 3 天并执行。吴某不服提起行政诉讼，请求撤销拘留决定并申请赔偿。受案法院经审理，判决撤销了处罚决定，并判令某区公安分局赔偿吴某人身自由受到侵害的损失。此案中，某区公安分局为其违法行为承担赔偿责任即体现了行政责任原则的要求。

第二章 行政组织与公务员

第一节 中央国家行政机关的组成与职权

重要法条及司法解释

《国务院组织法》第 2、4、8、9 条。

《国务院行政机构设置和编制管理条例》第 2 章、第 3 章。

《地方各级人民代表大会和地方各级人民政府组织法》第 4 章。

《地方各级人民政府机构设置和编制管理条例》第 2 章、第 3 章。

命题分析

“中央国家行政机关的组成与职权”是行政组织法的重点内容，是历年考试客观题必考内容。考查内容涉及国务院行政机构的设置权限和程序、机构编制的内涵以及编制的管理、机构之间权责冲突的解决程序等。今后的法考客观题命题，预计将一如既往地围绕着中央国家行政机关的组成和职权的详细规定展开考查，需要考生对立法规定熟练掌握。

知识点精讲

一、国务院机构的种类

（一）国务院

国务院即中央人民政府，是最高国家行政机关，统一领导各部和各委员会的工作，领导不属于各部和各委员会的全国性行政工作，统一领导全国地方各级国家行政机关的工作。

依照《国务院组织法》规定，国务院的组成人员包括：总理、副总理、国务委员、各部部长、各委员会主任、审计长、秘书长。

国务院实行总理负责制。总理领导国务院的工作。副总理、国务委员协助总理工作。

国务院会议分为国务院全体会议和国务院常务会议。国务院全体会议由国务院全体成员组成。国务院常务会议由总理、副总理、国务委员、秘书长组成。总理召集和主持国务院全体会议和国务院常务会议。国务院工作中的重大问题，必须经国务院常务会议或者国务院全体会议讨论决定。

国务院的职权分为基本职权和专门职权。基本职权由《宪法》第 89 条规定，包括规定行政措施，制定行政法规，发布决定和命令、向全国人大或者全国人大常委会提出议案等，其他专门职权由单行法律和全国人大和全国人大常委会的决议根据需要规定。

（二）国务院机构的种类

根据职能不同，国务院行政机构分为国务院办公厅、国务院组成部门、国务院直属机构、国务院办事机构、国务院组成部门管理的国家行政机构和国务院议事协调机构。依照《宪法》《国务院组织法》和《国务院行政机构设置和编制管理条例》，国务院行政机构及其职能见下表：

	职能
国务院办公厅	协助国务院领导处理国务院日常工作，由国务院秘书长领导。
国务院组成部门（部、委、行、署）	履行国务院基本行政管理职能，实行部长、主任、审计长负责制。有权颁布行政规章。
国务院直属机构	主管国务院某项专门业务，具有独立行政管理职能，有权颁布行政规章。
国务院办事机构	协助国务院总理办理专门事项，不具有独立的行政管理职能。
国务院组成部门管理的国家行政机构	由国务院组成部门管理，主管特定业务，行使行政管理职能。不属于国务院组成部门的内设机构。
国务院议事协调机构	承担跨国务院行政机构的重要业务工作的组织协调任务。特殊或紧急情况下，经国务院同意，可以规定临时性的行政管理措施。

根据《国务院行政机构设置和编制管理条例》的规定，不同类别的国务院行政机构的设置权限和程序如下：

第一，国务院组成部门的设立、撤销或者合并由国务院机构编制管理机关提出方案，经国务院常务会议讨论通过后，由国务院总理提请全国人民代表大会决定；在全国人民代表大会闭会期间，提请全国人民代表大会常务委员会决定（第7条第1款）。

第二，国务院直属机构、国务院办事机构和国务院组成部门管理的国家行政机构的设立、撤销或者合并，由国务院机构编制管理机关提出方案，报国务院决定（第8条）。

第三，国务院议事协调机构的设立、撤销或者合并，由国务院机构编制管理机关提出方案，报国务院决定（第11条）。

第四，国务院行政机构的司级内设机构的增设、撤销或者合并，经国务院机构编制管理机关审核方案，报国务院批准（第14条第1款）。

第五，国务院行政机构的处级内设机构的设立、撤销或者合并，由国务院行政机构根据国家有关规定决定，按年度报国务院机构编制管理机关备案（第14条第2款）。

例1 国务院某部拟合并处级内设机构。关于机构合并，下列哪一说法是正确的？

A. 该部决定，报国务院机构编制管理机关备案

B. 该部提出方案，报国务院机构编制管理机关批准

C. 国务院机构编制管理机关决定，报国务院备案

D. 国务院机构编制管理机关提出方案，报国务院决定

提示：根据《国务院行政机构设置和编制管理条例》的规定，国务院行政机构的处级内设机构的设立、撤销或者合并，由国务院行政机构根据国家有关规定决定，按年度报国务院机构编制管理机关备案。据此，选项A正确，其余选项错误。

例2　国家禁毒委员会为国务院议事协调机构。关于该机构，下列哪一说法是正确的？

A. 撤销由国务院机构编制管理机关决定

B. 可以规定行政措施

C. 议定事项经国务院同意，由有关的行政机构按各自的职责负责办理

D. 可以设立司、处两级内设机构

提示：依照《国务院行政机构设置和编制管理条例》规定，国务院议事协调机构的设立、撤销或者合并，由国务院机构编制管理机关方案，报国务院决定。据此，作为国务院议事协调机构的国家禁毒委的撤销，决定权在国务院，而非国务院机构编制管理机关。选项A说法错误。依照《国务院行政机构设置和编制管理条例》规定，国务院议事协调机构议定的事项，经国务院同意，由有关的行政机构按照各自的职责负责办理。在特殊或者紧急的情况下，经国务院同意，国务院议事机构可以规定临时性的行政管理措施。据此，选项B错误，选项C正确。依照《国务院行政机构设置和编制管理条例》规定，只有国务院办公厅、国务院组成部门、国务院直属机构、国务院办事机构可以设立司、处两级内设机构。据此，选项D错误。

二、国务院行政机构的编制管理

国务院行政机构的编制依据职能配置和职位分类，按照精简的原则确定。编制包括人员的数量定额和领导职数。

国务院行政机构的编制在国务院行政机构设立时确定。编制方案应当包括下列事项：①机构人员定额和人员结构比例；②机构领导职数和司级内设机构领导职数。

国务院行政机构增加或者减少编制，由国务院机构编制管理机关审核方案，报国务院批准。国务院议事协调机构不单独确定编制，所需要的编制由承担具体工作的国务院行政机构解决。

国务院办公厅、国务院组成部门、国务院直属机构和国务院办事机构的领导职数，按照国务院组织法的规定确定。国务院组成部门管理的国家行政机构的领导职数，参照国务院组织法关于国务院直属机构领导职数的规定确定。

国务院办公厅、国务院组成部门、国务院直属机构、国务院办事机构的司级内设机构的领导职数为一正二副；国务院组成部门管理的国家行政机构的司级内设机构的领导职数根据工作需要为一正二副或者一正一副。

国务院行政机构的处级内设机构的领导职数，按照国家有关规定确定。

三、国务院行政机构编制的监督检查

国务院机构编制管理机关对国务院行政机构的机构设置和编制执行情况进行监督检查。国务院行政机构应当每年向国务院机构编制管理机关提供其机构设置和编制管理情况的报告。

例 3 下列哪些事项属于国务院行政机构编制管理的内容?

A. 机构的名称

B. 机构的职能

C. 机构人员的数量定额

D. 机构的领导职数

提示:《国务院行政机构设置和编制管理条例》第 17 条规定，国务院行政机构的编制依据职能配置和职位分类，按照精简的原则确定。前款所称编制，包括人员的数量定额和领导职数。据此，编制专指机构的“人员的数量定额和领导职数”，选项 A、B 错误，选项 C、D 为正确选项。

第二节　地方国家行政机关的组成与职权

命题分析

与中央国家行政机关一样，“地方国家行政机关的组成与职权”也是行政组织法的重点内容，是历年客观题必考内容。考查内容涉及地方人民政府行政机构的设置权限和程序、机构编制的内涵以及编制的管理、机构之间权责冲突的解决程序等。今后法考题目中，地方国家行政机关的组成和职权仍将反复考查，且考查内容多结合法条，需要考生对立法规定有熟练掌握。

知识点精讲

一、地方国家行政机关的组成与职权

地方国家行政机关是指在一定行政区域内由该行政区人民代表机关产生的人民政府及其工作部门。我国的地方国家行政机关分为普通地方国家行政机关、民族自治地方国家行政机关和特别行政区行政机关。普通地方国家行政机关包括省、直辖市、市（设区的市和不设区的市）、县、市辖区、乡、民族乡、镇的人民政府及其工作部门。民族自治地方的行政机关包括自治区、自治州和自治县的行政机关。特别行政区的行政机关由特别行政区基本法单独规定。

地方国家行政机关的组成由《地方各级人民代表大会和地方各级人民政府组织法》规定。基本情况如下表:

	组成	领导的产生
省、自治区、直辖市、自治州、设区的市人民政府	分别由省长、副省长，自治区主席、副主席，市长、副市长，州长、副州长和秘书长、厅长、局长、委员会主任等组成。	县级以上的地方各级人民代表大会选举省长、副省长，自治区主席、副主席，市长、副市长，州长、副州长，县长、副县长，区长、副区长。在本级人大闭会期间，决定副省长、自治区副主席、副市长、副州长、副县长、副区长的个别任免。根据省长、自治区主席、市长、州长、县长、区长的提名，决定本级人民政府秘书长、厅长、局长、委员会主任、科长的任免，报上一级人民政府备案。
县、自治县、不设区的市、市辖区的人民政府	分别由县长、副县长，市长、副市长，区长、副区长和局长、科长等组成。	
乡、民族乡、镇人民政府	设乡长、副乡长和镇长、副镇长。	民族乡的乡长由建立民族乡的少数民族公民担任。

（一）地方各级人民政府的行政机构设置

地方各级人民政府行政机构的设立、撤销、合并或者变更规格、名称，由本级人民政府提出方案，经上一级人民政府机构编制管理机关审核后，报上一级人民政府批准；其中，县级以上地方各级人民政府行政机构的设立、撤销或者合并，还应当依法报本级人大常委会备案。

地方各级人民政府行政机构应当以职责的科学配置为基础，综合设置，做到职责明确、分工合理、机构精简、权责一致，决策和执行相协调。职责相同或者相近的，原则上由一个行政机构承担。行政机构之间对职责划分有异议的，应当主动协商解决。协商一致的，报本级人民政府机构编制管理机关备案；协商不一致的，应当提请本级人民政府机构编制管理机关提出协调意见，由机构编制管理机关报本级人民政府决定。

比如，A 市 B 县土地管理局与水利局发生职责争议，双方协商无果，在此情况下，应当如何解决上述争议？对此，应当依照《地方各级人民政府机构设置和编制管理条例》第 10 条第 2 款的规定处理，即土地管理局与水利局之间协商无果时，需要提请 B 县人民政府机构编制管理机关提出协调意见，由该机关报 B 县人民政府决定。

地方各级人民政府应当严格控制议事协调机构的设立，可以交由现有机构承担职能的或者由现有机构进行协调可以解决问题的，不另设立议事协调机构。议事协调机构不单独设立办事机构，具体工作由有关的行政机构承担。

地方各级人民政府行政机构根据工作需要和精干的原则，设立必要的内设机构。县级以上地方各级人民政府行政机构的内设机构的设立、撤销、合并或者变更规格、名称，由该行政机构报本级人民政府机构编制管理机关审批。

（二）地方各级人民政府行政机构的编制管理

地方各级人民政府行政机构的编制，应当根据其所承担的职责，按照精简的原则核定，地方各级人民政府行政机构应当使用行政编制，事业单位应当使用事业编制，不得混用、挤占、挪用或者自行设定其他类别的编制。其中，行政编制总额，由省、自治区、直辖市人民政府提出，经国务院机构编制管理机关审核后，报国务院批准。

地方各级人民政府根据调整职责的需要，可以在行政编制总额内调整本级人民政府有关部门的行政编制。但是，在同一个行政区域不同层级之间调配使用行政编制的，应当由省、自治区、直辖市人民政府机构编制管理机关报国务院机构编制管理机关审批。

地方各级人民政府议事协调机构不单独确定编制，所需要的编制由承担具体工作的行政机构解决。

县级以上各级人民政府机构编制管理机关应当按照管理权限，对机构编制管理的执行情况进行监督检查；必要时，可以会同监察机关和其他有关部门对机构编制管理的执行情况进行监督检查。

省、自治区、直辖市的人民政府的各工作部门受人民政府统一领导，并且依照法律或者行政法规的规定受国务院主管部门的业务指导或者领导。

自治州、县、自治县、市、市辖区的人民政府的各工作部门受人民政府统一领导，并且依照法律或者行政法规的规定受上级人民政府主管部门的业务指导或者领导。

例 1 下列哪些行政机构的设置事项，应当经上一级人民政府机构编制管理机关审核后，报上一级人民政府批准？

A. 某县两个职能局的合并

B. 某省民政厅增设内设机构

C. 某市职能局名称的改变

D. 某县人民政府设立议事协调机构

提示：依照《地方各级人民政府机构设置和编制管理条例》第 9 条规定，地方各级人民政府的行政机构设置以及改变名称，由本级人民政府提出方案，经上一级人民政府机构编制管理机关审核后，报上一级人民政府批准。选项 A、C 情况符合上述规定，为正确选项。依照《地方各级人民政府机构设置和编制管理条例》第 13 条规定，县级以上地方各级人民政府行政机构的内设机构的设立，由该行政机构报本级人民政府机构编制管理机关审批。选项 B 属于本条规定的情况，无须报上一级政府批准。选项 B 错误。依照《地方各级人民政府机构设置和编制管理条例》第 11 条规定，地方各级人民政府有权设立议事协调机构，无须其他部门批准。选项 D 说法错误。

例 2 关于地方政府机构设置和编制管理，下列哪一选项是正确的？

A. 政府机构编制管理机关实行省以下垂直管理体制

B. 地方政府在设置机构时应当充分考虑财政的供养能力

C. 县级以上政府的行政机构可以要求下级政府设立与其业务对口的行政机构

D. 地方事业单位机构设置和编制管理办法，由国务院机构编制管理机关审核发布

提示：依照《地方各级人民政府机构设置和编制管理条例》第 5 条规定，政府机构编制管理机关实行双重领导，非省以下垂直管理体制。选项 A 说法错误。依照《地方各级人民政府机构设置和编制管理条例》第 6 条规定，县级以上各级人民政府应当建立机构编制、人员工资与财政预算相互制约的机制，在设置机构、核定编制时，应当充分考虑财政的供养能力。据此，选项 B 说法正确。依照上述条例第 7 条规定，县级以上各级人民政府行政机构不得要求下级人民政府设立与其业务对口的行政机构。据此，选项 C 说法错误。依照《地方各级人民政府机构设置和编制管理条例》第 29 条的规定，地方的事业单位机构和编

制管理办法，由省、自治区、直辖市人民政府机构编制管理机关拟定，报国务院机构编制管理机关审核后，由省、自治区、直辖市人民政府发布。据此，选项D说法错误。

例3　甲市为乙省政府所在地的市。关于甲市政府行政机构设置和编制管理，下列说法正确的是：

A. 在一届政府任期内，甲市政府的工作部门应保持相对稳定

B. 乙省机构编制管理机关与甲市机构编制管理机关为上下级领导关系

C. 甲市政府的行政编制总额，由甲市政府提出，报乙省政府批准

D. 甲市政府根据调整职责的需要，可以在行政编制总额内调整市政府有关部门的行政编制

提示：《地方各级人民政府机构设置和编制管理条例》第8条规定，地方各级人民政府行政机构应当根据履行职责的需要，适时调整。但是，在一届政府任期内，地方各级人民政府的工作部门应当保持相对稳定。据此，选项A说法正确。依据《地方各级人民政府机构设置和编制管理条例》第5条规定，上、下级编制管理机关之间是业务指导和监督关系，非领导关系。选项B说法错误。《地方各级人民政府机构设置和编制管理条例》第16条规定，地方各级人民政府的行政编制总额，由省、自治区、直辖市人民政府提出，经国务院机构编制管理机关审核后，报国务院批准。据此，选项C说法错误。《地方各级人民政府机构设置和编制管理条例》第18条规定，地方各级人民政府根据调整职责的需要，可以在行政编制总额内调整本级人民政府有关部门的行政编制。据此，选项D说法正确。

二、地方国家行政机关的派出机关和派出机构

派出机关是指由有权地方人民政府在一定行政区域内设立的，代表设立机关管理该行政区域内各项行政事务的行政机构。依照《地方各级人民代表大会和地方各级人民政府组织法》第68条规定，派出机关包括三种：一是省、自治区的人民政府在必要时，经国务院批准设立的行政公署；二是县、自治县人民政府在必要时，经省级人民政府批准设立的区公所；三是市辖区、不设区的市人民政府经上一级人民政府批准设立的街道办事处。

派出机构是指由有关地方人民政府职能部门在一定行政区域内设立的，代表设立机构管理该行政区域内某一方面行政事务的行政机构。根据具体行政管理领域的立法规定设立，并行使相关职权。代表性的如依照《治安管理处罚法》的规定，区县公安机关设立的治安派出所享有警告和500元以下的行政处罚权。

第三节 公务员的基本管理制度

重要法条及司法解释

《公务员法》第14、16~22、23、34、44、62、64、69、85~91条。

命题分析

公务员基本管理制度是行政组织法的重要内容，为历年客观题所关注。考查题型涵盖单选、多选与不定项选择题。本部分内容法律规定内容多，具体制度涵盖面广，从以往的考题情况来看，诸如公务员的义务，公务员的聘任、录用、交流、辞职辞退、兼职、行政处分等制度规定内容，常常成为考查的对象。从今后考查趋势来看，考查题目依然会围绕着公务员管理的相关制度进行设计，且依然考查得相当细致，需要考生理解性地记忆相关法条，以做到灵活应对。

知识点精讲

一、公务员的基本义务

公民通过法定途径进入国家机关，成为公务员之后，即在本人和国家之间建立了一种特殊的法律关系——国家公职关系。在这种特殊法律关系中，国家为实现管理的目标，有权依法对公务员提出特定要求，由此构成公务员的基本义务。

依照《公务员法》第14条规定，公务员承担以下基本义务：忠于宪法，模范遵守、自觉维护宪法和法律，自觉接受中国共产党领导；忠于国家，维护国家的安全、荣誉和利益；忠于人民，全心全意为人民服务，接受人民监督；忠于职守，勤勉尽责，服从和执行上级依法作出的决定和命令，按照规定的权限和程序履行职责，努力提高工作质量和效率；保守国家秘密和工作秘密；带头践行社会主义核心价值观，坚守法治，遵守纪律，恪守职业道德，模范遵守社会公德、家庭美德；清正廉洁，公道正派；法律规定的其他义务。

需要注意的是，《公务员法》有关公务员服从上级命令的义务在表述上有限制性条件，即公务员服从和执行的是上级"依法作出"的决定和命令。如果仅仅注意服从命令而忽视了"依法作出"的限定语，即可能得出任何上级命令公务员都要服从的错误认识。如果在有关公务员基本义务的考题选项中出现了以下表述："公务员有服从和执行上级发出的决定和命令的义务"，考生一定要严格根据立法表述作出判断，而不能似是而非。

还需注意的是，参加培训是公务员的法定权利而非基本义务，考生不要受"参加培训既是公务员的权利也是公务员的义务"这一通常说法的干扰。

二、公务员的职务、职级与级别

（一）职位分类

国家实行公务员职位分类制度。公务员职位分为综合管理类、专业技术类和行政执法类等类别。

（二）公务员职务与职级并行制度

公务员领导职务根据宪法、有关法律和机构规格设置。领导职务层次分为：国家级正职、国家级副职、省部级正职、省部级副职、厅局级正职、厅局级副职、县处级正职、县处级副职、乡科级正职、乡科级副职。

公务员职级在厅局级以下设置。综合管理类公务员职级序列分为：一级巡视员、二级巡视员、一级调研员、二级调研员、三级调研员、四级调研员、一级主任科员、二级主任科员、三级主任科员、四级主任科员、一级科员、二级科员。综合管理类以外其他职位类别公务员的职级序列，根据本法由国家另行规定。

（三）公务员的级别

公务员的领导职务、职级应对应相应的级别。公务员的级别根据所任领导职务、职级及其德才表现、工作实绩和资历确定。公务员在同一领导职务、职级上，可以按照国家规定晋升级别。公务员的领导职务、职级与级别是确定公务员工资以及其他待遇的依据。

三、公务员的录用制度

公务员录用制度是国家机关按照一定的标准和程序，采用公开考试、严格考查、择优录取的办法，将符合条件的人员录用为公务员的制度。该制度主要内容如下：

（1）录用对象是担任一级主任科员以下及其他相当职务层次的公务员。

（2）考试录用的资格条件。其中，肯定性条件包括：国籍；年龄；拥护宪法、共产党领导和社会主义制度；良好政治素质和道德品行；身体条件和心理素质；文化程度和工作能力；法律规定的其他条件。否定性条件包括：因犯罪受过刑事处罚；被开除中国共产党党籍；被开除公职；被依法列为失信联合惩戒对象；法律规定不得录用为公务员的其他情形。

（3）考试录用的基本程序。包括：发布招考公告；审核报考人资格；组织录用考试；确定考查人选；资格复审、考查和体检（其中，体检的项目和标准根据职位要求确定。具体办法由中央公务员主管部门会同国务院卫生行政部门规定）；提出拟录用人员名单并公示；报送备案或者审批；一年试用期。

（4）机关录用特殊职位的公务员，经省级以上公务员主管部门批准，可以简化程序或者采用其他测评办法。

例 1　关于公务员录用的做法，下列哪一选项是正确的？

A. 县公安局经市公安局批准，简化程序录用一名特殊职位的公务员

B. 区财政局录用一名曾被开除过公职但业务和能力优秀的人为公务员

C. 市环保局以新录用的公务员李某试用期满不合格为由，决定取消录用

D. 国务院卫生行政部门规定公务员录用体检项目和标准，报中央公务员主管部门备案

提示：本题中，只有选项 C 符合《公务员法》的规定。选项 A 的错误在于批准机关级别不符合公务员录用的规定。选项 B 的错误在于不符合“曾被开除公职的人不能被录用为

公务员”的立法规定；选项D的错误在于规定公务员录用体检项目和标准的主体不符合法律规定。

依照《公务员法》的规定，新录用的公务员有一年试用期。试用期内，国家机关要对新录用公务员是否符合公务员任用条件，是否适应机关工作节奏，能否胜任机关岗位要求等进行进一步考查。依照法律规定，一年试用期为法定期间，非由公务员所在机关决定。公务员试用期满合格后，按照规定程序任命相应职务；不合格的，依法取消录用。

取消录用与不予录用存在性质差别，前者适用于已通过公务员考试被录用但试用期满不合格的人，后者适用于未通过公务员考试的人。

公务员的取消录用和辞退之间的关系如下表所示：

	区别		相同点
	适用对象	适用条件	
取消录用	新录用公务员	试用期满不合格。	救济途径：均通过内部申诉控告解决，不能提起行政诉讼。
辞退	在职公务员	在年度考核中，连续两年被确定为不称职的；不胜任现职工作，又不接受其他安排的；因所在机关调整、撤销、合并或者缩减编制员额需要调整工作，本人拒绝合理安排的；不履行公务员义务，不遵守公务员纪律，经教育仍无转变，不适合继续在机关工作，又不宜给予开除处分的；旷工或者因公外出、请假期满无正当理由逾期不归连续超过十五天，或者一年内累计超过三十天的。	

四、公务员的兼职制度

公务员兼职是指在公务员本职之外兼任其他职务。为保证公务员能够专心于本职工作，防止部分人利用职权为自己或他人谋取不当利益，或者有碍于公务和国家利益，也有利于防止由于行政领导兼职过多影响本职工作，《公务员法》第44条对公务员兼职作出了一定限制，即公务员因工作需要在机关外兼职，应当经有关机关批准，并不得领取兼职报酬。

据此，公务员兼职适用以下规则：第一，公务员可以在机关外兼职，前提是因工作需要，须是为了更好地完成所肩负的公务，而非为了发挥个人专长；第二，公务员兼职须履行法定审批手续；第三，公务员的工资福利待遇已由国家财政负担，其兼职不得领取报酬。

五、公务员的聘任制度

公务员聘任是指由国家机关通过与应聘人员签订合同的方式来任用公务员的任职方式。公务员的聘任制度包括以下内容：

（1）实行聘任制的职位限于专业性较强的职位和辅助性职位，且涉及国家秘密的职位除外。

（2）机关聘任公务员采用公开招聘或者直接选聘的方式。

（3）机关与被聘任人员应当签订书面聘任合同，机关依法和依照合同约定对所聘公务员进行管理。

（4）聘任合同应当约定1～5年的合同期限、职位及其职责要求，工资、福利、保险待遇，违约责任等内容，并需办理备案手续。可以约定1个月至12个月的试用期。

（5）聘任制公务员实行协议工资制。

（6）聘任制公务员与所在机关之间因履行聘任合同发生争议的，不适用行政诉讼程序，而适用人事争议仲裁程序。

例如，如果遇到以下表述：公务员聘任合同属于行政协议，依照《行政诉讼法》的规定，当机关不履行聘任合同约定的义务时，聘任制公务员有权依法向人民法院提起行政诉讼。该表述是否正确？对此问题应做如下理解：公务员聘任合同虽然性质上属于行政协议，《行政诉讼法》也明确将行政协议履行争议纳入行政诉讼受案范围，但依照《公务员法》第100条第4款规定，聘任制公务员与所在机关之间因履行聘任合同发生争议的，需要向人事争议仲裁委员会申请仲裁。不服仲裁裁决的，可以向人民法院提起诉讼。根据立法机关说明，该种诉讼为民事诉讼，而非行政诉讼。

六、公务员交流制度

公务员交流是指国家机关根据需要，通过法定形式，在一定范围内调整公务员的工作职位，或者将符合一定资格和条件、具有非公务员身份的公职人员调入机关担任公务员职务的管理活动。公务员可以在公务员队伍内部交流，也可以与国有企业和不参照公务员法管理的事业单位中从事公务的人员交流。公务员交流有利于培养锻炼公务员，有利于人才的合理配置，有利于防止和消除公务员腐败。

公务员的交流方式包括调任和转任。调任是指公务员在国家机关与国有企业、高等院校和科研院所以及其他不参照公务员法管理的事业单位之间的交流。包括调出和调入两种情况。转任是指公务员在机关内部不同工作岗位之间的交流。公务员在不同职位之间转任应当具备拟任职位所要求的资格条件，在规定的编制限额和职数内进行。对省部级正职以下的领导成员应当有计划、有重点地实行跨地区、跨部门转任。对担任机关内设机构领导职务和其他工作性质特殊的公务员，应当有计划地在本机关内转任。

此外，依照公务员法规定，根据工作需要，机关可以采取挂职方式选派公务员承担重大工程、重大项目、重点任务或者其他专项工作。公务员在挂职期间，不改变与原机关的人事关系。

七、公务员辞职辞退制度

公务员的辞职包括两种情况：一是辞去公职，即公务员依照法定条件和程序，向任免机关提出申请终止国家公职关系的行为，日常生活中所说的辞职一般指此种情况；二是公务员辞去领导职务，是指公务员依照法定条件和程序辞去所担任的领导职务。

关于公务员辞去公职，立法明确了以下问题：

（1）辞职程序。即提出书面申请——30日内或90日内审批。

（2）不得辞去公职的情形。其主要包括：①未满国家规定的最低服务年限的；②在涉及国家秘密等特殊职位任职或者离开上述职位不满国家规定的脱密期限的；③重要公务尚未处理完毕，且须由本人继续处理的；④正在接受审计、纪律审查、监察调查，或者涉嫌犯罪，司法程序尚未终结的；⑤法律、行政法规规定的其他不得辞去公职的情形。

（3）辞去领导职务的情况。其主要包括因工作变动辞职，因个人或其他原因辞职。另外，因工作严重失误、失职造成重大损失或者恶劣社会影响的，或者对重大事故负有领导责任的，领导成员还应引咎辞去领导职务，领导成员因其他原因不再适合担任现任领导职务的，或者应当引咎辞职本人不提出辞职的，应当责令其辞去领导职务。

公务员的辞退是指国家机关依照法定条件和程序，在法定权限内主动解除与公务员的任用关系的行为。关于公务员的辞退，立法规定了以下内容：①辞退公务员的情形（见下表）。②不得辞退公务员的情形（见下表）。③辞退公务员的程序。辞退公务员，要按照管理权限决定，应当以书面形式通知被辞退的公务员辞退决定。公务员离职前应办理公务交接手续，必要时按照规定接受审计。④辞退公务员的待遇。被辞退的公务员，可以领取辞退费或者根据国家有关规定享受失业保险。

	法律规定内容
辞退公务员的情形	①在年度考核中，连续两年被确定为不称职的；②不胜任现职工作，又不接受其他安排的；③因所在机关调整、撤销、合并或者缩减编制员额需要调整工作，本人拒绝合理安排的；④不履行公务员义务，不遵守公务员纪律，经教育仍无转变，不适合继续在机关工作，又不宜给予开除处分的；⑤旷工或者因公外出、请假期满无正当理由逾期不归连续超过十五天，或者一年内累计超过三十天的。
不得辞退公务员的情形	①因公致残，被确认丧失或者部分丧失工作能力的；②患病或者负伤，在规定的医疗期内的；③女性公务员在孕期、产假、哺乳期内的；④法律、行政法规规定的其他不得辞退的情形。

例如，公务员张某因在机关年度考核中连续两年被确定为不称职而被辞退，其能否享受失业保险待遇呢？对此问题，需要明确的是，公务员被辞退处理不具有纪律处分性质，考虑到公务员被辞退后再就业需要一个过程，同时考虑到辞退公务员是机关的主动行为，未来保障被辞退人员辞退后一定时间内的基本生活，需要按照规定发放辞退费或者按照国家规定享受失业保险。因此，本例题中的公务员张某依法可以享受失业保险待遇。

八、公务员的处分制度

公务员的处分是公务员惩戒制度的重要组成内容，是指国家机关针对实施了违法违纪行为的公务员，依照法定权限和程序进行制裁的行为。

依照《公务员法》的规定，对公务员的行政处分包括以下内容：

（1）处分的前提：公务员的违法违纪行为（《公务员法》第59条）。

（2）公务员因违纪违法应当承担纪律责任的，依法给予处分或者由监察机关依法给予政务处分；违纪违法行为情节轻微，经批评教育后改正的，可以免予处分。对同一违纪违法行为，监察机关已作出政务处分决定的，公务员所在机关不再给予处分。

（3）处分的种类：分为警告、记过、记大过、降级、撤职、开除。

（4）实施处分的程序，包括调查、通知、听取意见、书面通知本人等。

（5）处分的法律后果。公务员在受处分期间不得晋升职务、职级和级别，其中受记过、记大过、降级、撤职处分的，不得晋升工资档次。受处分的期间为：警告，六个月；记过，十二个月；记大过，十八个月；降级、撤职，二十四个月。受撤职处分的，按照规定降低级别。

（6）解除处分后的处理。公务员受开除以外的处分，在受处分期间有悔改表现，并且没有再发生违纪违法行为的，处分期满后自动解除。解除处分后，晋升工资档次、级别和职务、职级不再受原处分的影响。但是，解除降级、撤职处分的，不视为恢复原级别、原职务、原职级。

例 2　下列哪些选项属于对公务员的处分？

A. 降级　　B. 免职　　C. 撤职　　D. 责令辞职

提示：《公务员法》第 56 条明确规定了对公务员的处分种类，即警告、记过、记大过、降级、撤职、开除。对公务员免职和责令辞职均不属于该范围。

第三章　抽象行政行为

第一节　行政法规制定程序

重要法条及司法解释

《行政法规制定程序》第 3 ~ 5 章。

命题分析

行政法规是行政立法的基本形式，其制定程序直接关系到行政法规的效力，是抽象行政行为理论的重要组成部分。在历年客观题的考查中，本部分内容常常会被涉及，题型覆盖单选题、多选题和不定项选择题。从考查内容来看，行政法规制定的各个程序环节，如立项、起草、审查、决定、公布、备案等环节的相关规定，都成为考查对象。从今后的法考客观题考试趋势看，本部分内容的考查仍将以“细致”为特点，具体考查各个环节的详细规定，同时，随着《行政法规制定程序》的修改，一些新修改的内容，比如制定和审查环节体现民主参与的内容，也将成为考查重点，考生应当有所准备。

知识点精讲

行政法规的制定须履行法定报告程序。制定政治方面法律的配套行政法规，应当按照有关规定及时报告党中央。制定经济、文化、社会、生态文明等方面重大体制和重大政策调整的重要行政法规，应当将行政法规草案或者行政法规草案涉及的重大问题按照有关规定及时报告党中央。

行政法规的具体制定遵循以下程序：

一、行政法规的立项

立项是指制定行政法规的立法工作计划。国务院于每年年初编制本年度的立法工作计划。编制立法工作计划是行政法规制定程序的起点。

第一，报请立项的主体及理由。报请立项的主体是国务院有关部门，在其认为需要制定行政法规时，须于每年年初编制国务院年度立法工作计划前，向国务院报请立项。报送的行政法规立项申请，应说明立法项目所要解决的主要问题、依据的党的路线方针政策和决策部署，以及拟确立的主要制度。国务院法制机构应当向社会公开征集行政法规制定项目建议。

第二，拟定年度立法工作计划的主体。国务院法制机构应当根据国家总体工作部署对部门报送的行政法规立项申请汇总研究，突出重点，统筹兼顾，拟订国务院年度立法工作计划，报党中央、国务院批准后向社会公布。

第三，列入国务院年度立法工作计划的行政法规项目需要满足的条件。其具体包括：①贯彻落实党的路线方针政策和决策部署，适应改革、发展、稳定的需要；②有关的改革实践经验基本成熟；③所要解决的问题属于国务院职权范围并需要国务院制定行政法规的事项。

第四，国务院年度立法工作计划的调整。国务院年度立法工作计划在执行中可以根据实际情况调整。据此，如果有表述说“国务院年度立法工作计划一旦确定不得调整”，该种判断即为错误。

二、行政法规的起草

第一，起草主体。行政法规既可以由国务院的一个或者几个部门负责起草，也可以由国务院法制机构起草或者组织起草。

第二，起草行政法规遵循的原则和要求。起草行政法规，除应当遵循《立法法》确定的立法原则，并符合宪法和法律的规定外，还应当符合下列要求：①弘扬社会主义核心价值观；②体现全面深化改革精神，科学规范行政行为，促进政府职能向宏观调控、市场监管、社会管理、公共服务、环境保护等方面转变；③符合精简、统一、效能的原则，相同或者相近的职能规定由一个行政机关承担，简化行政管理手续；④切实保障公民、法人和其他组织的合法权益，在规定其应当履行的义务的同时，应当规定其相应的权利和保障权利实现的途径；⑤体现行政机关的职权与责任相统一的原则，在赋予有关行政机关必要的职权的同时，应当规定其行使职权的条件、程序和应承担的责任。

第三，起草阶段的公众参与。起草行政法规，起草部门应当深入调查研究，总结实践经验，广泛听取有关机关、组织和公民的意见。涉及社会公众普遍关注的热点难点问题和经济社会发展遇到的突出矛盾，减损公民、法人和其他组织权利或者增加其义务，对社会公众有重要影响等重大利益调整事项的，应当进行论证咨询。听取意见可以采取召开座谈会、论证会、听证会等多种形式。起草行政法规，起草部门应当将行政法规草案及其说明等向社会公布，征求意见，但是经国务院决定不公布的除外。向社会公布征求意见的期限一般不少于 30 日。起草专业性较强的行政法规，起草部门可以吸收相关领域的专家参与起草工作，或者委托有关专家、教学科研单位、社会组织起草。

第四，部门协调。起草部门应当就涉及其他部门的职责或者与其他部门关系紧密的规定，与有关部门充分协商，涉及部门职责分工、行政许可、财政支持、税收优惠政策的，应当征得机构编制、财政、税务等相关部门同意。起草部门应当对涉及有关管理体制、方针政策等需要国务院决策的重大问题提出解决方案，报国务院决定。

第五，行政法规送审稿的报送程序。报送的行政法规送审稿，应由起草部门主要负责人签署。涉及几个部门共同职责需要共同起草的，应当共同起草，达成一致意见后联合报送行政法规送审稿。几个部门共同起草的行政法规送审稿，应当由该几个部门主要负责人共同签署。行政法规送审稿报送国务院审查时，应当一并报送行政法规送审稿的说明和有关材料。

三、行政法规送审稿的审查

第一，审查主体和审查内容。国务院法制机构重点审查送审稿的以下内容：①是否严格贯彻落实党的路线方针政策和决策部署，是否符合宪法和法律的规定，是否遵循立法法确定的立法原则；②是否符合条例第十二条有关弘扬社会主义核心价值观等要求；③是否与有关行政法规协调、衔接；④是否正确处理有关机关、组织和公民对送审稿主要问题的意见；⑤其他需要审查的内容。

第二，送审稿的缓办或者退回事由（具备其一即可）：①制定行政法规的基本条件尚不成熟或者发生重大变化的；②有关部门对送审稿规定的主要制度存在较大争议，起草部门未征得机构编制、财政、税务等相关部门同意的；③未按照本条例有关规定公开征求意见的；④上报送审稿不符合条例第 15 条、第 16 条、第 17 条规定的程序和材料要求。

第三，征求意见。国务院法制机构应当将行政法规送审稿或者行政法规送审稿涉及的主要问题发送国务院有关部门、地方人民政府、有关组织和专家等各方面征求意见。国务院有关部门、地方人民政府应当在规定期限内反馈书面意见，并加盖本单位或者本单位办公厅（室）印章。国务院法制机构可以将行政法规送审稿或者修改稿及其说明等向社会公布，征求意见。向社会公布征求意见的期限一般不少于 30 日。国务院法制机构应当就行政法规送审稿涉及的主要问题，深入基层进行实地调查研究，听取基层有关机关、组织和公民的意见。

第四，征求意见的形式。行政法规送审稿涉及重大利益调整的，国务院法制机构应当进行论证咨询，广泛听取有关方面的意见。论证咨询可以采取座谈会、论证会、听证会、委托研究等多种形式。行政法规送审稿涉及重大利益调整或者存在重大意见分歧，对公民、法人或者其他组织的权利义务有较大影响，人民群众普遍关注的，国务院法制机构可以举行听证会，听取有关机关、组织和公民的意见。国务院有关部门对行政法规送审稿涉及的主要制度、方针政策、管理体制、权限分工等有不同意见的，国务院法制机构应当进行协调，力求达成一致意见。对有较大争议的重要立法事项，国务院法制机构可以委托有关专家、教学科研单位、社会组织进行评估。经过充分协调不能达成一致意见的，国务院法制机构、起草部门应当将争议的主要问题、有关部门的意见以及国务院法制机构的意见及时报国务院领导协调，或者报国务院决定。

第五，提交行政法规草案和草案说明。国务院法制机构应当认真研究各方面的意见，与起草部门协商后，对行政法规送审稿进行修改，形成行政法规草案和对草案的说明。行政法规草案由国务院法制机构主要负责人提出提请国务院常务会议审议的建议；对调整范围单一、各方面意见一致或者依据法律制定的配套行政法规草案，可以采取传批方式，由国务院法制机构直接提请国务院审批。

例 1 国务院法制机构在审查起草部门报送的行政法规送审稿时认为，该送审稿规定的主要制度存在较大争议，且未与有关部门协商。对此，可以采取下列哪些处理措施？

A. 缓办

B. 移交其他部门起草

C. 退回起草部门

D. 向社会公布，公开征求意见

提示： 对于送审稿规定的主要制度存在较大争议，起草部门未经与有关部门协商的，依法由国务院法制机构予以缓办，或者退回起草部门。选项 A、C 为正确选项。

四、行政法规的决定与公布

第一，决定主体。行政法规草案由国务院常务会议审议，或者由国务院审批。国务院常务会议审议行政法规草案时，由国务院法制机构或者起草部门作说明。

第二，公布施行。国务院法制机构根据国务院对行政法规草案的审议意见，对行政法规草案进行修改，形成草案修改稿，报请总理签署国务院令公布施行。签署公布行政法规的国务院令载明该行政法规的施行日期。

第三，行政法规的公布载体。行政法规签署公布后，及时在国务院公报和中国政府法制信息网以及在全国范围内发行的报纸上刊载。在国务院公报上刊登的行政法规文本为标准文本。

第四，施行时间。行政法规自公布之日起 30 日后施行，但涉及国家安全、外汇汇率、货币政策的确定以及公布后不立即施行将有碍行政法规施行的，可自公布之日起施行。

第五，报送备案。行政法规在公布后的 30 日内由国务院办公厅报全国人民代表大会常务委员会备案。

例 2　关于行政法规的决定与公布，下列哪一说法是正确的？

A. 行政法规均应由国务院常务会议审议通过

B. 行政法规草案在国务院常务会议审议时，可由起草部门作说明

C. 行政法规草案经国务院审议报国务院总理签署前，不得再作修改

D. 行政法规公布后由国务院法制办报全国人大常委会备案

提示： 行政法规草案可由国务院常务会议审议通过，或者由国务院审批，选项 A 错误；行政法规草案审议时，国务院法制机构或者起草部门均可作出说明，选项 B 正确；行政法规草案审议后，需要由国务院法制机构修改后，报请国务院总理签署，选项 C 错误；行政法规公布后，国务院办公厅报送全国人大常委会备案，选项 D 错误。

五、行政法规的解释

第一，行政法规的规定需要进一步明确具体含义的，或者行政法规制定后出现新的情况，需要明确适用行政法规依据的，由国务院解释。国务院法制机构研究拟订行政法规解释草案，报国务院同意后，由国务院公布或者由国务院授权国务院有关部门公布。行政法规的解释与行政法规具有同等效力。国务院各部门和省、自治区、直辖市人民政府可以向国务院提出行政法规解释要求。

第二，属于行政工作中具体应用行政法规的问题，省、自治区、直辖市人民政府法制机构以及国务院有关部门法制机构请求国务院法制机构解释的，国务院法制机构可以研究

答复；其中涉及重大问题的，由国务院法制机构提出意见，报国务院同意后答复。

第二节　规章制定程序

重要法条及司法解释

《规章制定程序条例》第6、8条，第2～6章。

《立法法》第80、82、85条。

命题分析

规章制定程序同样属于行政立法程序，是抽象行政行为的重要组成内容，历年考试多次考查。就考查内容而言，诸如立项、起草、审查、决定、公布等环节的具体规定，都曾考查过。在一些综合性试题中，涉及规章的内容还牵连到规章的制定权限，需要考生复习时结合《立法法》等相关规定综合复习。今后的法考客观题，还将针对规章制定程序的各个环节的细微规定进行考查，需要考生认真记忆相关程序规则。

知识点精讲

规章的制定应对履行法定报告程序。制定政治方面法律的配套规章，应当按照有关规定及时报告党中央或者同级党委（党组）。制定重大经济社会方面的规章，应当按照有关规定及时报告同级党委（党组）。规章的具体程序如下：

一、规章的立项

规章的立项是指将拟制定的规章项目纳入相关国家机关的年度规章制定工作计划。

第一，报请立项主体。部门规章由国务院部门内设机构或者其他机构向该部门报请立项，地方政府规章由省、自治区、直辖市和设区的市、自治州的人民政府所属工作部门或者下级人民政府报请立项。国务院部门，省、自治区、直辖市和设区的市、自治州的人民政府，可以向社会公开征集规章制定项目建议。

需要注意《规章制定程序》第9条的规定：涉及国务院两个以上部门职权范围的事项，制定行政法规条件尚不成熟，需要制定规章的，国务院有关部门应当联合制定规章。否则，单独制定的规章无效。

第二，立项申请说明。报送制定规章的立项申请，应对制定规章的必要性、所要解决的主要问题、拟确立的主要制度等作出说明。

第三，规章年度立法计划的制定。国务院部门法制机构，省、自治区、直辖市和设区的市、自治州的人民政府法制机构对立项申请和公开征集的规章制定项目建议进行评估论证，拟订年度规章制定工作计划，报本部门、本级人民政府批准后向社会公布。年度规章制定工作计划应当明确规章的名称、起草单位、完成时间等。

第四，年度规章制定工作计划的调整。在计划执行中，可根据实际情况调整，对拟增加的规章项目应当进行补充论证。有这样的表述："年度规章制定工作计划执行过程中，某省会市政府想通过制定规章加强对电动车的管理，其须首先将该规章列入省政府下一年度规章制定工作计划。"依照规定，年度规章制定工作计划可以根据实际情况加以调整，所以该表述并不正确。

二、规章的起草

第一，组织起草主体与具体起草主体。部门规章可以由国务院部门的一个或几个内设机构或者其他机构具体负责，也可以确定由其法制机构起草或者组织起草。地方政府规章可以由其一个部门或几个部门具体负责，也可以确定由其法制机构起草或者组织起草。起草专业性较强的规章，可以吸收相关领域的专家参与起草工作，或者委托有关专家、教学科研单位、社会组织起草。因此，如果认为规章的起草不得委托专家起草，而完全由制定机关法制工作机构负责，就是错误的。

第二，听取公众意见。起草规章，应当采取书面征求意见、座谈会、论证会、听证会等多种形式广泛听取意见。起草规章，除依法需要保密的外，应当将规章草案及其说明等向社会公布，征求意见。向社会公布征求意见的期限一般不少于30日。起草规章，涉及社会公众普遍关注的热点难点问题和经济社会发展遇到的突出矛盾，减损公民、法人和其他组织权利或者增加其义务，对社会公众有重要影响等重大利益调整事项的，起草单位应当进行论证咨询，广泛听取有关方面的意见。

起草规章涉及重大利益调整或者存在重大意见分歧，对公民、法人或者其他组织的权利义务有较大影响，人民群众普遍关注，需要进行听证的，起草单位应当举行听证会听取意见。听证会依照下列程序组织：①听证会公开举行，起草单位应当在举行听证会的30日前公布听证会的时间、地点和内容；②参加听证会的有关机关、组织和公民对起草的规章，有权提问和发表意见；③听证会应当制作笔录，如实记录发言人的主要观点和理由；④起草单位应当认真研究听证会反映的各种意见，起草的规章在报送审查时，应当说明对听证会意见的处理情况及其理由。

第三，征求部门意见。起草部门规章，涉及国务院其他部门的职责或者与国务院其他部门关系紧密的，起草单位应当充分征求国务院其他部门的意见。起草地方政府规章，涉及本级人民政府其他部门的职责或者与其他部门关系紧密的，起草单位应当充分征求其他部门的意见。起草单位与其他部门有不同意见的，应当充分协商；经过充分协商不能取得一致意见的，起草单位应当在上报规章草案送审稿时说明情况和理由。

第四，报送审查。起草单位将规章送审稿及其说明、对规章送审稿主要问题的不同意见和其他有关材料按规定报送审查。报送审查的规章送审稿，应当由起草单位主要负责人签署；几个起草单位共同起草的规章送审稿，应当由该几个起草单位主要负责人共同签署。规章送审稿的说明应当对制定规章的必要性、规定的主要措施、有关方面的意见及其协调处理情况等作出说明。有关材料主要包括所规范领域的实际情况和相关数据、实践中存在的主要问题、汇总的意见、听证会笔录、调研报告、国内外有关立法资料等。

三、规章的审查

第一，审查机构和审查内容。法制机构负责统一审查以下内容：①是否贯彻落实党的路线方针政策和决策部署，遵循《立法法》确定的立法原则，符合宪法、法律、行政法规和其他上位法的规定，是否按照有关规定及时报告党中央或者同级党委（党组），制定重大经济社会方面的规章，是否按照有关规定及时报告同级党委（党组）。是否切实保障相对人的合法权益，是否体现行政机关的职权与责任相统一的原则，是否体现全面深化改革精神，科学规范行政行为，促进政府职能转变，是否精简、统一、效能的原则等。②是否符合社会主义核心价值观的要求。③是否与有关规章协调、衔接。④是否正确处理有关机关、组织和公民对规章送审稿主要问题的意见。⑤是否符合立法技术要求。⑥需要审查的其他内容。

第二，规章送审稿缓办或退回起草单位的情形（具备其一即可）。其具体包括：①制定规章的基本条件尚不成熟或者发生重大变化的；②有关机构或者部门对规章送审稿规定的主要制度存在较大争议，起草单位未与有关机构或者部门充分协商的；③未按照条例有关规定公开征求意见的；④上报送审稿不符合条例第18条规定的程序和材料要求的。

第三，法制机构征求意见。法制机构应当将规章送审稿或者规章送审稿涉及的主要问题发送有关机关、组织和专家征求意见。可以将规章送审稿或者修改稿及其说明等向社会公布，征求意见。向社会公布征求意见的期限一般不少于30日。法制机构应当就规章送审稿涉及的主要问题，深入基层进行实地调查研究，听取基层有关机关、组织和公民的意见。规章送审稿涉及重大利益调整的，法制机构应当进行论证咨询，广泛听取有关方面的意见。论证咨询可以采取座谈会、论证会、听证会、委托研究等多种形式。规章送审稿涉及重大利益调整或者存在重大意见分歧，对公民、法人或者其他组织的权利义务有较大影响，人民群众普遍关注，起草单位在起草过程中未举行听证会的，法制机构经本部门或者本级人民政府批准，可以举行听证会。有关机构或者部门对规章送审稿涉及的主要措施、管理体制、权限分工等问题有不同意见的，法制机构应当进行协调，力求达成一致意见。对有较大争议的重要立法事项，法制机构可以委托有关专家、教学科研单位、社会组织进行评估。经过充分协调不能达成一致意见的，法制机构应当将主要问题、有关机构或者部门的意见和法制机构的意见及时报本部门或者本级人民政府领导协调，或者报本部门或者本级人民政府决定。

第四，法制机构提交规章草案和对草案的说明。说明应当包括制定规章拟解决的主要问题、确立的主要措施以及与有关部门的协调情况等。规章草案和说明由法制机构主要负责人签署，提出提请本部门或者本级人民政府有关会议审议的建议。

四、规章的决定和公布

第一，决定主体。部门规章应当经部务会议或者委员会会议决定。地方政府规章应当经政府常务会议或者全体会议决定。两种决定程序均符合规定。如果有表述说“地方政府规章须经政府全体会议决定”，该表述过于绝对，并不正确。

第二，审议公布。审议规章草案时，法制机构或者起草单位均可以作出说明（如果有表述说“审议规章草案须由法制机构作出说明”，该表述过于绝对，并不正确）。法制机构根据审议意见对规章草案进行修改，形成草案修改稿，报请本部门首长或者省长、自治区主席、市长、自治州州长签署命令予以公布。部门联合规章由联合制定的部门首长共同署名公布，使用主办机关的命令序号。需要附带说明的是，规章的名称一般称“规定”“办法”，但不得称“条例”。

第三，刊登载体。依照《立法法》规定，部门规章签署公布后，及时在国务院公报或者部门公报和中国政府法制信息网以及在全国范围内发行的报纸上刊载。地方政府规章签署公布后，及时在本级人民政府公报和中国政府法制信息网以及在本行政区域范围内发行的报纸上刊载。在国务院公报或者部门公报和地方人民政府公报上刊登的规章文本为标准文本。据此，如果有表述说“在全国范围内发行的报纸上刊登的部门规章文本为标准文本”，该表述即是错误的。

第四，规章应当自公布之日起30日后施行；但是，涉及国家安全、外汇汇率、货币政策的确定以及公布后不立即施行将有碍规章施行的，可以自公布之日起施行。

五、规章的解释与备案

第一，规章制定机关具有规章解释权。规章有下列情况之一的，由制定机关解释：规章的规定需要进一步明确具体含义的；规章制定后出现新的情况，需要明确适用规章依据的。规章解释由规章制定机关的法制机构参照规章送审稿审查程序提出意见，报请制定机关批准后公布。

第二，规章解释的效力与规章等同。

第三，规章应当自公布之日起30日内，由法制机构依照《立法法》和《法规规章备案条例》的规定向有关机关备案。

第四，规章的监督。国家机关、社会团体、企业事业组织、公民认为规章同法律、行政法规相抵触的，可以向国务院书面提出审查的建议，由国务院法制机构研究处理。国家机关、社会团体、企业事业组织、公民认为设区的市、自治州的人民政府规章同法律、行政法规相抵触或者违反其他上位法的规定的，也可以向本省、自治区人民政府书面提出审查的建议，由省、自治区人民政府法制机构研究处理。

例1 下列哪一选项符合规章制定的要求？

A. 某省政府所在地的市政府将其制定的规章定名为“条例”

B. 某省政府在规章公布后60日向省人大常委会备案

C. 基于简化行政管理手续考虑，对涉及国务院甲、乙两部委职权范围的事项，甲部单独制定规章加以规范

D. 某省政府制定的规章既规定行政机关必要的职权，又规定行使该职权应承担的责任

提示：规章不能使用“条例”这一名称，选项A错误；规章报送备案的时间是公布后30日后，选项B错误；部门规章涉及相关部门职权范围的事项，需要联合制定规章，选项C错误；选项D表述符合制定规章的基本要求，为正确选项。

六、规章的立法权限

部门规章必须根据法律和国务院的行政法规、决定、命令，在本部门的权限范围内制定。其规定的事项应当属于执行法律或者国务院的行政法规、决定、命令的事项。没有法律或者国务院的行政法规、决定、命令的依据，部门规章不得设定减损公民、法人和其他

组织权利或者增加其义务的规范，不得增加本部门的权力或者减少本部门的法定职责。

地方政府规章的立法权限受到以下约束：

第一，必须根据法律、行政法规和本省、自治区、直辖市的地方性法规制定。

第二，地方政府规章可以就下列事项作出规定：为执行法律、行政法规、地方性法规的规定需要制定规章的事项；属于本行政区域的具体行政管理事项。

第三，关于设区的市、自治州的人民政府制定地方政府规章，限于城乡建设与管理、环境保护、历史文化保护等方面的事项。

第四，应当制定地方性法规但条件尚不成熟的，因行政管理迫切需要，可以先制定地方政府规章。规章实施满 2 年需要继续实施规章所规定的行政措施的，应当提请本级人民代表大会或者其常务委员会制定地方性法规。

第五，没有法律、行政法规、地方性法规的依据，地方政府规章不得设定减损公民、法人和其他组织权利或者增加其义务的规范。

第四章　具体行政行为概述

第一节　具体行政行为的概念与种类

命题分析

具体行政行为的界定是行政法学基本理论组成部分。对该种行为的知识考查集中于具体案件中行政行为的定性以及与抽象行政行为的区别。今后的法考虽然不会出现纯粹的概念记忆考查题目，但将集中于个案行政行为的性质判断，同时结合具体行政行为形式的性质界定展开。需要考生牢固掌握具体行政行为的界定标准，以便有效应对各种灵活性的试题的综合考查。

知识点精讲

一、具体行政行为的概念

具体行政行为是指国家行政机关依法就特定事项对特定的行政相对人权利义务作出处理的单方行政行为。其基本要素包括以下几项：

（1）行为主体是国家行政机关。此处的国家行政机关应持广义理解，包含法律法规规章授权组织。

（2）行使行政职权。具体行政行为必须是与行使行政职权有关的行为，需要在行政机关与相对人之间发生行政管理与被管理的关系。如果行为主体是行政机关，但其并未行使行政职权，则其作出的行为不能称为具体行政行为。比如，行政机关租赁办公用房、购买少量办公用品等行为。此外，行使行政职权的特点也使具体行政行为区别于行政机关实施的其他属性的行政行为，比如公安机关具有行政管理和刑事侦查双重职能，但刑事侦查行为属于刑事司法行为，与行政管理无关，不属于具体行政行为。

（3）个别性。具体行政行为是针对特定人和特定事项作出的处理，与抽象行政行为相区别。抽象行政行为针对的事项不确定，对象不特定，具有反复适用特点，与具体行政行为存在较大区别。具体行政行为的个别性特点主要表现为以下几种形式：

第一，就特定事项对特定人的处理。比如，A向民政局申领救济金，民政局对其申请进行审查后作出的处理。又如，县政府发布通告，告知对特定小区实施旧城改造，需要征收该小区居民的房屋。此种情况下，通告行为作出时虽没有指向特点对象，但实际上相对人范围依然确定。

第二，就特定事项对可以确定范围的一群人作出的处理。比如，某市政府发布决定，要求市内居民一次性缴纳100元城市建设费。公安交管部门发布公告，在特定的某个时段和特定区域禁止车辆通行。上述行为同样归属于具体行政行为。

第三，就特定事项对不特定的人作出的处理。比如，市政府发布公告，宣布某座桥梁供公众使用。该行为针对的对象并不确定，但针对的事项却非常具体。类似行为较为特殊，但一般认为仍属于具体行政行为，在有些国家也被称为一般处分。

（4）单方性。与行政协议这一双方行政行为不同，具体行政行为更强调行为的高权性与官方性，即行政机关作出具体行政行为无须征得相对人的同意，可以依照职权自行作出决定。

（5）法效性。具体行政行为是法律行为，是直接对相对人权利义务作出处分的产生法律效果的行为。一旦作出具体行政行为，将导致相对人权利义务的产生、变更、消灭或者相关法律事实得到确认。由此与行政事实行为相区别。

行政事实行为是指不以设定、变更、消灭相对人的权利义务或者确认其权利义务为目的的行政活动形式。该类行为既可以是一种意思表示，也可以是一种实际动作。前者如行政机关召开新闻发布会，向公众通报信息，或者对违法行为进行提醒告诫，督促其行为合规；后者如在执法检查过程中，执法人员对相对人携带的物品进行查验，对违法行为涉及的物品进行清点记录等。

理解具体行政行为的法律行为属性，需要注意以下两点：

第一，法律效果的确定不拘泥于行为的形式。具体行政行为的法律效果可以体现于书面决定，也可以通过标志、符号、口头、手势等形式体现出来，甚至单纯的沉默。比如，对相对人延长行政许可期限的申请，行政机关超过法定期限未作答复，即依法推定为准许。

第二，法律效果应当由行政机关表示于外部的意思加以判断，不限于决定文书的主文，理由也可包括在内。比如，某区公安分局以甲实施打人行为为由，对其作出处罚决定，甲不服申请复议，市公安局复议认为，打人者并非甲而是第三人乙，据此撤销区公安分局的处罚决定。该复议决定的法律效果不但及于申请人甲，而且其认定的事实中指向了乙，对乙产生法律效果。

（6）外部性。具体行政行为须为行政机关就社会公共事务针对外部相对人实施的行为，而非对内部事务的处置，如行政机关相互之间的意见咨询、上下级行政机关之间的请示批复，行政机关对内部的人事、财务、外事活动的处理等，不属于具体行政行为。

二、具体行政行为的种类

具体行政行为的种类有以下几种：

（1）授益的与负担的具体行政行为。前者指行为的内容是赋予相对人某种利益或者解除其所负义务，如颁发许可、发放抚恤金、给予奖励等。后者指行为的内容是对相对人科以义务或者限制其权利的行使，如通知纳税、罚款处罚、暂停营业等行为。

（2）依职权的与依申请的具体行政行为。前者指行政机关依法定职权主动作出的行政行为，如征收税款、作出处罚等。后者指行政机关在相对人提出申请的情况下作出的决定，如颁发营业执照、核准注册商标等。

（3）羁束的与裁量的具体行政行为。前者指行政机关严格按照法律法规的规定，在没有自由选择可能的前提下作出的行为。行政机关无任何表意自由，只能按照法律法规的规定作出行为。后者指行政机关在法律法规规定的幅度、方式、期限等范围内，根据个案情况，基于自身判断作出相应决定。

（4）要式的与不要式的具体行政行为。立法对具体行政行为的作出形式具有特殊要求的，为要式的具体行政行为。如必须采用书面形式，必须颁发相应证书等。立法对行政决定的作出形式没有特殊要求，行政机关可以自行选择行为形式的，为不要式的具体行政行为。

第二节　具体行政行为的成立与效力

命题分析

具体行政行为的成立与效力属于行政法学基础理论的组成内容，虽然其距离具体立法规定较远，没有重点记忆的法条，但因其内容的基础性，历年考试常常会对其进行考查。从考查内容来看，历年考试考查较多的是具体行政行为的成立要件、合法要件、具体行政行为的公定力、确定力、执行力等理解与适用等。从考查趋势来看，具体行政行为的成立以及效力的考查将是法律职业资格考试“永恒”的内容，且考查会日趋灵活，对考生的理论功底要求更高。

知识点精讲

一、具体行政行为的成立

具体行政行为的成立是指具体行政行为在法律上的存在。即作为行政机关行使职权或履行职责的意思表示已经确定，并外化到外界可以认知的状态。具体行政行为成立之时即是行为存在之时，具体行政行为不成立，就不能对其进行法律评价。

具体行政行为的一般成立要件如下：

（1）主体要件。具体行政行为必须由具有行政管理资格的行政机关及具有具体执法主体资格的相应工作人员实施。

（2）职权要件。法定行政机关及其工作人员必须行使了法律法规规章授予的行政管理职权。公安机关在实施刑事侦查过程中作出扣押作案工具、冻结存款等行为，不能认为是实施具体行政行为。

（3）法律效果要件。法定行政机关作出的行为必须实际上设定、变更或消灭了相对人的权利义务，或者对某种法律关系、法律事实作出了确认。

（4）表示行为要件。行政机关的处分相对人权利义务或者确认法律关系、法律事实的意思表示内容必须能够为外界知晓。在程序上表现为行政机关按照法定程序和方式向相对人履行了送达手续，相对人实际知晓了具体行政行为的内容。

二、具体行政行为的效力

具体行政行为的效力是指具体行政行为一经成立，即具有以国家强制力为保障的拘束效力。一般认为，具体行政行为具有以下几种效力：

（1）公定力。具体行政行为一经成立，除明显无效的情况外，应对其做合法的推定，任何机关、组织和个人均应予以尊重。公定力是一种对世的效力，对于所有的机关、组织和个人都适用。

（2）确定力。具体行政行为生效后，其内容非依法不得争议和变更。确定力分为两种：形式确定力与实质确定力。

形式确定力是指具体行政行为对相对人的一种法律效力，即在行政复议或行政诉讼期限届满之后，相对人不能再要求改变其行为内容，该效力的设置是为了保证行政管理秩序的及时稳定。

实质确定力是具体行政行为对行政机关而言的一种效力，是指具体行政行为自向相对人告知之时起，行政机关不得任意改变行为内容，否则须承担相应法律责任。

（3）拘束力。具体行政行为一经生效，即对相对人和行政机关产生约束和限制效力。相对人必须按照具体行政行为的要求履行相应的义务，行政机关同样需要依照该决定作出相应行为。

（4）执行力。具体行政行为一经作出即具有必须执行的效力，相对人如不履行该行为所确定的义务，行政机关有权采取强制措施实现行为确定的义务或者达到与履行相同的状态。

三、具体行政行为的生效、停止、终止与无效

（一）具体行政行为的生效

具体行政行为的生效是指具体行政行为在符合特定要件时，开始产生形式效力。一般而言，具体行政行为的生效时间有以下几种情况：

（1）告知生效。行政机关通过公告、布告等方式使相对人知悉具体行政行为的内容。

（2）受领生效。具体行政行为的内容为相对人接受并领会。书面决定一般要送达本人，并由本人或者其委托人代为受领。口头决定自向相对人宣布之时即生效。

（3）附款成立生效。具体行政行为自附款所规定的法律事实——条件成就或者期限到来——发生之时生效。

（二）具体行政行为效力的停止与终止

相对人针对具体行政行为申请行政复议或提起行政诉讼后，在符合法律规定的情况下，行政复议机关可以决定、人民法院可以裁定暂时停止该具体行政行为的执行，由此导致具体行政行为的暂时中止。

具体行政行为效力的终止也称为“具体行政行为效力的消灭”。导致该行为效力终止的原因包括：作为相对人的自然人死亡或者组织终止；具体行政行为针对的标的物灭失——如要拆除的违章建筑被火灾焚毁等；具体行政行为设定的义务履行完毕；具体行政行为被有权机关撤销或者废止，等等。

（三）无效的具体行政行为

无效的具体行政行为是指具体行政行为因具有重大明显的法律缺陷而自始全然不发生法律效力的状态。其特征有三：一是自始无效，自作出时即不具有约束力；二是当然无效，无须相对人主张，也无须经过人民法院或者行政主体的确认，该行为都是无效的；三是绝对无效。受到具体行政行为影响的相对人在任何时候都可以请求人民法院宣告具体行政行为无效。

导致具体行政行为无效的重大且明显的瑕疵有以下几种：①行为主体不明确，行政决定书没有载明作出主体。②行为主体明显超越权限作出决定，如甲地税务机关对乙地的个体户征收营业税属于明显超越地域管辖权，其行为无效。③内容不明确，相对人无法执行。④行为内容的执行导致相对人构成犯罪，如行政机关命令捕杀珍稀濒危动物。⑤行为内容不具有实现的可能。如要求违规排污企业短时间内建成污水处理设施。⑥行为明显缺乏事实根据，如没有任何证据即对公民作出拘留决定。

具体行政行为被宣告无效之后，原则上应当恢复到行为作出之前的状态。由于无效行政行为给相对人造成损失的，行政机关应承担赔偿责任。

四、可撤销的具体行政行为

可撤销的具体行政行为是指其违法尚未达到重大且明显的程度，需要由有权机关依法定程序否定该行为效力的具体行政行为。

有权撤销具体行政行为的机关包括：原行为作出机关；行为作出机关的上级机关；人民法院。

具体行政行为被撤销之后，需要将该行为引起的法律后果恢复到行为作出之前的状态。当然，出于维护国家利益、社会公共利益的考虑，有时也可以使该行为自撤销之日起向后失效。由于具体行政行为违法给相对人合法权益造成的损失，行政机关应当给予赔偿。

五、具体行政行为的废止

具体行政行为的废止是指行政机关依职权使具体行政行为面向将来失去法律效力的情况。

导致具体行政行为废止的主要原因包括：第一，具体行政行为所依据的法律、法规、规章、政策，已被有权机关修改、废止或者撤销。具体行政行为继续存续，将与现有法律状态相冲突。第二，具体行政行为所依据的客观事实发生重大变化或已不复存在，具体行政行为的存续失去事实基础。第三，具体行政行为所期望的法律效果已经实现，没有继续存在的必要。

具体行政行为被废止后，行为废止之前确立的法律状态不发生变化。如果由于具体行政行为废止导致相对人合法权益遭受重大损失，行政机关应给予必要补偿。

例 1　关于具体行政行为的成立和效力，下列哪些选项是错误的？

A. 与抽象行政行为不同，具体行政行为一经成立即生效

B. 行政强制执行是实现具体行政行为执行力的制度保障

C. 未经送达领受程序的具体行政行为也具有法律约束力

D. 因废止具体行政行为给当事人造成损失的，国家应当给予赔偿

提示：抽象行政行为和具体行政行为均有立即生效和延后生效的情况，选项A说法错误。具体行政行为如含有需要相对人执行的内容，相对人拒绝执行时，即需要行政强制执行，据此，选项B说法正确。具体行政行为未经送达领受，不发生法律约束力，选项C说法错误。具体行政行为的废止是基于法律依据变动或日后客观情况的变化，废止有正当理由，不属于违法行为。因此给相对人造成损失，国家负有补偿义务，选项D说法错误。

例2 关于具体行政行为，下列哪一说法是正确的？

A. 行政许可为依职权的行政行为

B. 具体行政行为皆为要式行政行为

C. 法律效力是具体行政行为法律制度中的核心因素

D. 当事人不履行具体行政行为确定的义务，行政机关予以执行是具体行政行为确定力的表现

提示：行政许可是典型的依申请行为，选项A表述错误。具体行政行为有要式与不要式之分，选项B说法错误。评价具体行政行为合法与否的实际意义，在于对其法律效力的影响。据此，选项C说法正确。行政机关采用强制手段实现具体行政行为确定的义务，是具体行政行为执行力的表现，选项D说法错误。

第五章　行政许可

第一节　行政许可的设定权限与形式

重要法条及司法解释

《行政许可法》第 12 ~ 21 条。

命题分析

行政许可的设定权限和形式是《行政许可法》规范的重点内容，也是历年考试考查的重点。从考查内容来看，本部分内容的考查重点涉及行政许可的各种设定依据，尤其是地方性法规、规章的行政许可的设定权和规定权，此外，与行政许可设定权和形式相关内容的考查，如行政许可具体类型的区分（如认可与核准的区分），也偶有出现。

从考查趋势来看，在今后的法律职业资格司法考试中，有关行政许可种类的区分，地方性法规、行政规章的许可设定权限、规定权的界限等内容仍将是考查重点，需要认真对待。

知识点精讲

一、行政许可的种类

《行政许可法》以“行政许可设定事项”的形式对该法调整的许可种类做了规定。据此，行政许可主要包括普通许可、特别许可、认可、核准和登记等几类，其具体区别如下表：

	适用事项	功能	数量限制	举例
普通许可	直接涉及国家安全、公共安全、经济宏观调控、生态环境保护以及直接关系人身健康、生命财产安全等特定活动，需要按照法定条件予以批准的事项。	防止危险，保障安全。	无	排污许可，药品生产许可。
特许	有限自然资源开发利用、公共资源配置以及直接关系公共利益的特定行业的市场准入等，需要赋予特定权利的事项。	分配稀缺资源。	有	海域使用许可；无线电频率许可。
认可	提供公众服务并且直接关系公共利益的职业、行业，需要确定具备特殊信誉、特殊条件或者特殊技能等资格、资质的事项。	保障和提升服务水准。	无	执业医师资格证，监理单位资质证。

续表

	适用事项	功能	数量限制	举例
核准	直接关系公共安全、人身健康、生命财产安全的重要设备、设施、产品、物品，需要按照技术标准、技术规范，通过检验、检测、检疫等方式进行审定的事项。	防止危险，保障安全。	无	民用航空器适航许可，电梯质量认证。
登记	企业或者其他组织的设立等，需要确定主体资格的事项。	确立主体资格。	无	企业法人登记，社团登记。

掌握行政许可的各种分类形式以及各自功能特征，即可对日常生活中的依申请行政行为是否属于行政许可以及属于何种行政许可作出判断。

比如，某公司为有限责任公司，股东10人。公司章程规定，董事长为法定代表人。对董事长产生及变更办法，章程未作规定。股东会议选举A、B、C、D四人担任公司董事并组成董事会，董事会选举A为董事长。后B、C、D三人组织召开临时股东会议，通过了罢免A董事长职务并解除其董事，选举B为董事长的决议。B向区工商分局递交法定代表人变更登记申请，该局受理其申请，后以不符合缺少必要申请材料为由，驳回了B等变更登记申请，B不服申请行政复议。在本案中，有限公司的设立是否属于行政许可？变更登记是否属于行政许可？对此问题，我们认为，《行政许可法》明确将企业的设立作为该法调整的需要设定许可的事项，有限责任公司的设立当然属于行政许可。法定代表人变更登记是在有限责任公司登记事项发生变动情况下，由该公司依法向登记机关提出申请，工商机关经过审查，认为其符合变更登记条件，依法办理变更手续的行为。该变更登记实质上属于行政许可事项的变动，仍属于行政许可的范畴。

需要注意的是，《行政许可法》第3条第2款规定，有关行政机关对其他机关或者对其直接管理的事业单位的人事、财务、外事等事项的审批，不适用本法。据此，有两种审批行为不受许可法调整。一是有关行政机关对其他机关人事、财务、外事等事项的审批。如某行政机关要组织外事交流活动，以本部门名义签署属于本部门职权范围内事项的协定，需要经过财政、外事部门的审批，因其对象并非一般外部对象，审批部门行使的也非社会管理职能，此种审批行为不属于行政许可。二是行政机关对直属事业单位有关事项的审批。这种审批是基于行政机关对所属事业单位的直接隶属关系，不同于行政机关对一般性社会事务的管理，也不属于行政许可。

二、行政许可的设定权限

行政许可的设定权限是指何种层次的立法文件可以设定普遍性禁止而需要由相对人提出申请才能从事相关活动。依照《行政许可法》规定，有关行政许可设定权分配的具体内容见下表：

	设定前提条件	特殊规定
法律	无	无
行政法规	尚未制定法律。	无

续表

	设定前提条件	特殊规定
国务院决定	行政管理必要。	临时性许可。国务院应及时提请全国人大及其常委会制定法律，或者自行制定行政法规。
地方性法规	尚未制定法律、行政法规。	不得设定应由国家统一确定资格、资质许可。 不得设定企业或者其他组织的设立登记及其前置性许可。 不得限制其他地区的个人或者企业到本地区从事生产经营和提供服务，不得限制其他地区的商品进入本地区市场。
省级人民政府规章	尚未制定法律、行政法规和地方性法规。 行政管理需要确需立即实施行政许可。	临时性许可。实施满一年需要继续实施，须提请本级人大及其常委会制定地方性法规。 省级政府规章不得设定的事项同立法对前述地方性法规的限制。

除上述许可设定依据外，其他规范性文件一律不得设定行政许可。

根据上述总结，即可以应对各种不同的考查方式。

比如，有表述为：国务院决定设定的行政许可，除临时性许可外，国务院应当及时提请全国人大及其常委会制定法律，不得自行制定行政法规。该种表述是否正确？对此问题，需要明确，国务院通过命令设定的临时性许可，如果要常态化存在，或者由其提请全国人大及其常委会制定法律，或者由其自行制定行政法规。据此，前述表述并不正确。

又如，有表述为：能够设定临时许可的依据是部门行政规章。该种表述是否准确？对此问题，只要明确临时性行政许可有两种设定依据，即国务院的决定和省级人民政府规章，即可判定上述表述并不准确。

又如，有表述为：国务院部门规章不能设定应当由国家统一确定资格、资质的许可。该种表述是否正确？此问题的设问具有一定迷惑性，即其假定了国务院部门规章享有行政许可的设定权，这一前提即不符合《行政许可法》的规定，因此上述表述并不正确。同样，有关“较大的市人民政府制定的规章不得限制其他地区的个人或者企业到本地区从事生产经营和提供服务，不得限制其他地区的商品进入本地区市场”的表述，同样属于错误表述。

再如，有表述为：必要时，省政府制定的规章可设定企业的设立登记及其前置性行政许可。这种表述是否正确？对此问题，只要明确省级政府规章不得设定企业或者其他组织的设立登记及其前置性许可的规定，即不难得出否定结论。

三、行政许可的规定

行政许可的规定是指在立法已就行政许可事项的设定权进行分配的情况下，下位法就许可事项的具体实施作出进一步细化规定，如明确许可具体实施步骤，规定应当提交的申请材料等。

关于行政许可的规定问题，《行政许可法》作出了以下规定：

第一，行政法规可以在法律设定的行政许可事项范围内，对实施该行政许可作出具体规定。

第二，地方性法规可以在法律、行政法规设定的行政许可事项范围内，对实施该行政许可作出具体规定。

第三，规章可以在上位法设定的行政许可事项范围内，对实施该行政许可作出具体规定。

第四，法规、规章对实施上位法设定的行政许可作出的具体规定，不得增设行政许可；对行政许可条件作出的具体规定，不得增设违反上位法的其他条件。

前述第四项规定尤其值得注意。所谓“下位法在对行政许可作出具体规定时，不得在上位法规定的许可之外增设行政许可”，以及“下位法不得在上位法规定的许可之外增设违反上位法的其他条件”，是防止下位法借规定之名行侵夺上位法对许可的设定权之实。违反前者规定是对许可设定权的“显性”侵犯；违反后者则是对许可设定权的“隐性”侵犯，因为依照《行政许可法》第18条规定，行政许可的设定权包括以下内容：规定行政许可的实施机关、条件、程序、期限。据此，增设条件也是侵夺许可的设定权。

例1 关于规章，下列哪一说法是正确的?

A. 较大的市的人民政府制定的规章可以在上位法设定的行政许可事项范围内，对实施该行政许可作出具体规定

提示:《行政许可法》并不限制规章对上位法已经设定的行政许可事项作出具体规定。包括较大政府制定的规章在内的所有行政规章都有对行政许可的具体规定权。因此，选项A说法正确。

例2 下列哪些地方性法规的规定违反《行政许可法》?

A. 申请餐饮服务许可证，须到当地餐饮行业协会办理认证手续

C. 外地人员到本地经营网吧，应当到本地电信管理部门注册并缴纳特别管理费

D. 申请建设工程规划许可证，需安装建设主管部门指定的节能设施

提示: 依照《行政许可法》规定，地方性法规可以在法律、行政法规设定的行政许可事项范围内，对实施该行政许可作出具体规定。在《食品安全法》已就餐饮服务许可作出规定的情况下，地方性法规只享有具体的规定权。选项A中要求申请餐饮服务许可证的当事人到当地餐饮行业协会办理认证手续的地方规定，属于违法。同时，地方性法规不得限制其他地区的个人或者企业到本地区从事生产经营和提供服务，不得限制其他地区的商品进入本地区市场。选项C、D中的地方立法规定均具有限制外地个人或企业到本地从事生产经营和提供服务的意味，属于违法。

四、行政许可设定的慎重性

行政许可的设定客观上构成对相对人市场活动的限制和约束。从简政放权、尽量减少对市场主体活动的政府干预出发，《行政许可法》对行政许可的设定持十分慎重的态度。

首先，规定设定行政许可应当遵循严格的征询意见程序。即起草法律草案、法规草案和省、自治区、直辖市人民政府规章草案，拟设定行政许可时，起草单位应当采取听证会、论证会等形式听取意见，并向制定机关说明设定该行政许可的必要性、对经济和社会可能产生的影响以及听取和采纳意见的情况。

其次，设定了行政许可事项的事后评价机制。一是行政许可设定机关应当定期对其设定的行政许可进行评价。一旦出现了《行政许可法》第 13 条规定的情况（即公民、法人或者其他组织能够自主决定的；市场竞争机制能够有效调节的；行业组织或者中介机构能够自律管理的；行政机关采用事后监督等其他行政管理方式能够解决的），相关活动没有必要由政府事前采用设定普遍性禁止的方式来进行监管时，即对设定该行政许可的规定及时予以修改或者废止。二是行政许可实施机关对已设定的行政许可的实施情况及存在的必要性适时进行评价，并将意见报告该行政许可的设定机关。此外，立法还规定，公民、法人或者其他组织可以向行政许可的设定机关和实施机关就行政许可的设定和实施提出意见和建议。

再次，设定了在省级行政区划范围内停止实施行政许可的制度。省、自治区、直辖市人民政府对行政法规设定的有关经济事务的行政许可，根据本行政区域经济和社会发展情况，认为通过《行政许可法》第 13 条所列方式能够解决的，报国务院批准后，可以在本行政区域内停止实施该行政许可。

第二节　行政许可的实施程序

重要法条及司法解释

《行政许可法》第 4 章。

命题分析

《行政许可法》对行政许可的实施程序作出了详细规定，该细节性规定所含知识点较多，是历年考试重点关注的内容。从考查内容看，行政许可实施程序的考查重点是一般程序，涉及申请与受理、审查与决定、行政许可的延续乃至实施行政许可的费用等方面的法律规定。其中，有关许可听证程序的适用条件、具体操作性条款曾被多次考查。从考查趋势来看，《行政许可法》对行政许可一般实施程序的规定仍将是法律职业资格考试关注的重点，需要考生认真细致地复习法条。

知识点精讲

一、行政许可的普通程序

行政许可的普通程序是指通常情况下行政机关作出许可行为所遵循的方式、步骤、顺序和时限。行政许可的普通实施程序包括以下环节：

（一）申请与受理程序

在申请与受理环节，涉及以下问题：

第一，相对人提出申请的形式和递交申请方式。相对人申请行政许可，应当递交申请。如果申请书需要采用格式文本的，行政机关应向申请人提供格式文本。格式文本中不得包含与申请行政许可事项没有直接关系的内容。此外，从便民原则出发，立法规定，除依法应当由申请人到行政机关办公场所提出行政许可申请的情况外，申请人可以委托代理人提出行政许可申请；行政许可申请可以通过信函、电报、电传、传真、电子数据交换和电子邮件等方式提出。

第二，行政机关的公示义务。行政机关应当将法律、法规、规章规定的有关行政许可的事项、依据、条件、数量、程序、期限以及需要提交的全部材料的目录和申请书示范文本等在办公场所公示。申请人要求行政机关对公示内容予以说明、解释的，行政机关应当说明、解释，提供准确、可靠的信息。行政机关应当建立和完善有关制度，推行电子政务，在行政机关的网站上公布行政许可事项，方便申请人采取数据电文等方式提出行政许可申请。

第三，申请人的诚信义务。申请人申请行政许可，应当如实向行政机关提交有关材料和反映真实情况，并对其申请材料实质内容的真实性负责。行政机关不得要求申请人提交与其申请的行政许可事项无关的技术资料和其他材料。

第四，对申请的处理。行政机关对申请人提出的行政许可申请，应当根据下列情况分别作出处理：

（1）申请事项依法不需要取得行政许可的，应当即时告知申请人不受理。

（2）申请事项依法不属于本行政机关职权范围的，应当即时作出不予受理的决定，并告知申请人向有关行政机关申请。

（3）申请材料存在可以当场更正的错误的，应当允许申请人当场更正。

（4）申请材料不齐全或者不符合法定形式的，应当当场或者在 5 日内一次告知申请人需要补正的全部内容，逾期不告知的，自收到申请材料之日起即为受理。

（5）申请事项属于本行政机关职权范围，申请材料齐全、符合法定形式，或者申请人按照本行政机关的要求提交全部补正申请材料的，应当受理行政许可申请。

第五，行政机关出具书面凭证义务。行政机关受理或者不予受理行政许可申请，应当出具加盖本行政机关专用印章和注明日期的书面凭证。

（二）审查和决定程序

对行政许可申请的审查分为形式审查和实质审查两种情况。

形式审查只对申请人提交的申请材料是否齐全、是否符合法定形式进行审查。

实质审查不但审查申请人提交的申请材料是否齐全，是否符合法定形式，还要进一步核实相关申请材料反映的事实是否客观真实。实质审查包括以下形式：

（1）核查。行政机关根据法定条件和程序，需要对申请材料的实质内容进行核实的，应当指派 2 名以上工作人员进行核查。

（2）上级机关书面复查。依法应当先经下级行政机关审查后报上级行政机关决定的行政许可，下级行政机关应当在法定期限内将初步审查意见和全部申请材料直接报送上级行政机关。

（3）听证核查。行政机关对行政许可申请进行审查时，发现行政许可事项直接关系他人重大利益的，应当告知该利害关系人。申请人、利害关系人有权进行陈述和申辩。行政机关应当听取申请人、利害关系人的意见。

（4）听证程序。法律、法规、规章规定实施行政许可应当听证的事项，或者行政机关认为需要听证的其他涉及公共利益的重大行政许可事项，行政机关应当向社会公告，并举行听证。

听证程序经过以下环节：

（1）申请。行政许可直接涉及申请人与他人之间重大利益关系的，行政机关在作出行政许可决定前，应当告知申请人、利害关系人享有要求听证的权利；申请人、利害关系人在被告知听证权利之日起5日内提出听证申请的，行政机关应当在20日内组织听证。申请人、利害关系人不承担行政机关组织听证的费用。

（2）通知。行政机关应当于举行听证的7日前将举行听证的时间、地点通知申请人、利害关系人，必要时予以公告。

（3）召开听证会。听证应当公开举行。行政机关应指定审查该行政许可申请的工作人员以外的人员为听证主持人，申请人、利害关系人认为主持人与该行政许可事项有直接利害关系的，有权申请回避。举行听证时，审查该行政许可申请的工作人员应当提供审查意见的证据、理由，申请人、利害关系人可以提出证据，并进行申辩和质证；听证应当制作笔录，听证笔录应当交听证参加人确认无误后签字或者盖章。

例1　关于行政许可实施程序的听证规定，下列说法正确的是：

A. 行政机关应在举行听证7日前将时间、地点通知申请人、利害关系人

B. 行政机关可视情况决定是否公开举行听证

C. 申请人、利害关系人对听证主持人可以依照规定提出回避申请

D. 举办听证的行政机关应当制作笔录，听证笔录应当交听证参与人确认无误后签字或者盖章

提示：选项B表述不符合《行政许可法》关于许可听证公开举行的规定，属于错误选项，其他各项符合《行政许可法》规定，为正确选项。

在对行政许可申请进行审查之后，行政机关应当在法定期限内依法作出行政许可决定。

决定程序分为三种情况：

（1）当场决定程序。如果申请人提交的材料齐全、符合法定形式，行政机关主体能够当场作出决定的，当场作出书面许可决定。

（2）上级机关决定程序。对于某些依法应当报经上级机关审查后决定的，下级行政机关在法定期限内将初步审查意见和全部申请材料上报上级机关，由后者作出许可决定。

（3）限期作出决定程序。行政机关对行政许可申请进行审查后，在法定期限内按照规定程序作出许可决定。

关于行政许可决定的形式，《行政许可法》规定，申请人的申请符合法定条件、标准的，行政机关应当依法作出准予行政许可的书面决定。行政机关依法作出不予行政许可的书面决定的，应当说明理由，并告知申请人享有依法申请行政复议或者提起行政诉讼的权利。行政机关作出准予行政许可的决定，需要颁发行政许可证件的，应当向申请人颁发加盖本行政机关印章的下列行政许可证件：①许可证、执照或者其他许可证书；②资格证、资质证或者其他合格证书；③行政机关的批准文件或者证明文件；④法律、法规规定的其他行政许可证件。

例 2 刘某向卫生局申请在小区设立个体诊所，卫生局受理申请。小区居民陈某等人提出，诊所的医疗废物会造成环境污染，要求卫生局不予批准。对此，下列哪一选项符合《行政许可法》规定？

A. 刘某既可以书面也可以口头申请设立个体诊所

B. 卫生局受理刘某申请后，应当向其出具加盖本机关专用印章和注明日期的书面凭证

C. 如陈某等人提出听证要求，卫生局同意并听证的，组织听证的费用应由陈某承担

D. 如卫生局拒绝刘某申请，原则上应作出书面决定，必要时口头告知即可

提示：《行政许可法》并未明确规定许可申请采用口头形式，选项 A 表述不符合立法规定；选项 B 符合《行政许可法》有关行政机关收到许可申请后出具书面凭证的规定，表述正确；《行政许可法》规定，申请人、利害关系人不承担行政机关组织听证的费用。据此，选项 C 表述不合法；依照《行政许可法》规定，行政许可决定必须采用书面形式，选项 D 表述不合法。

例 3 关于公告，下列哪些选项是正确的？

A. 行政机关认为需要听证的涉及公共利益的重大许可事项应当向社会公告

B. 行政许可直接涉及申请人与他人之间重大利益关系的，申请人、利害关系人提出听证申请的，行政机关应当予以公告

C. 行政机关在其法定权限范围内，依据法律委托其他行政机关实施行政许可，对受委托行政机关和受委托实施许可的内容应予以公告

D. 被许可人以欺骗、贿赂等不正当手段取得行政许可，行政机关予以撤销的，应当向社会公告

提示：《行政许可法》第 46 条规定，行政机关认为需要听证的其他涉及公共利益的重大行政许可事项，行政机关应当向社会公告，并举行听证。据此，选项 A 表述正确。《行政许可法》第 47 条规定，行政许可直接涉及申请人与他人之间重大利益关系的，行政机关在作出行政许可决定前，应当告知申请人、利害关系人享有要求听证的权利……据此，立法并不要求在此情况下进行公告。选项 B 表述错误。《行政许可法》第 24 条第 1 款规定，行政机关在其法定职权范围内，依照法律、法规、规章的规定，可以委托其他行政机关实施行政许可。委托机关应当将受委托行政机关和受委托实施行政许可的内容予以公告，选项 C 表述正确。依照《行政许可法》第 79 条规定，对通过欺骗、贿赂等不正当手段取得的许可，行政机关撤销后不需要向社会公告，选项 D 表述错误。

（三）行政许可的期限

关于行政许可的期限，主要分为以下情况：

	期限规定	特殊规定
一般期限	自受理许可申请之日起 20 日内作出许可决定。	20 日内不能作出决定的，经本行政机关负责人批准，可延长 10 日，并将延长期限的理由告知申请人。法律、法规另有规定的，依其规定。

续表

	期限规定	特殊规定
特殊期限	统一办理或者联合办理、集中办理的，办理时间不得超过45日。	45日内不能办结的，经本级人民政府负责人批准，可以延长15日，并将延长期限的理由告知申请人。
报请上级复查时的审查期限	下级行政机关应当自受理许可申请之日起20日内审查完毕。	法律、法规另有规定的，依照其规定。
许可决定送达期限	自决定之日起10日内送达许可证件。	

二、行政许可的特别程序

行政许可的特别程序适用于普通行政许可以外的其他行政许可种类。概括起来，特别程序主要有以下几种情况：

	适用程序	特别规定
特许	招标、拍卖等公平竞争方式。	按照招标、拍卖程序确定中标人、买受人后，作出准予行政许可的决定，并向中标人、买受人颁发许可证件。 行政机关未不采用招标、拍卖方式，或者违反招标、拍卖程序，损害申请人合法权益的，申请人可申请行政复议或提起行政诉讼。
认可	赋予公民特定资格的，依法举行国家考试。 赋予法人或其他组织资格、资质的，根据申请人的专业人员构成、技术条件、经营业绩和管理水平等的考核结果作出决定。	公民特定资格的考试依法由行政机关或者行业组织实施，公开举行。 行政机关或者行业组织应当事先公布资格考试的报名条件、报考办法、考试科目以及考试大纲。但不得组织强制性的资格考试的考前培训，不得指定教材或者其他助考材料。
核准	按照技术标准、技术规范依法进行检验、检测、检疫，根据检验、检测、检疫结果作出许可决定。	实施检验、检测、检疫，应自受理申请之日起5日内指派两名以上工作人员进行检验、检测、检疫。不需要对检验、检测、检疫结果作进一步技术分析即可认定设备、设施、产品、物品是否符合技术标准、技术规范的，当场作出决定。 根据检验、检测、检疫结果，作出不予许可决定的，应书面说明不予行政许可所依据的技术标准、技术规范。
登记	申请材料齐全、符合法定形式的，行政机关当场予以登记。	需要核实的，行政机关应指派两名以上工作人员进行核查后决定。

依照上述不同许可种类适用程序的不同情况，可以就相关问题作出判断。比如，按照《执业医师法》规定，某地卫生局在组织执业医师资格考试时，要求考生购买该局指定的某辅导教材。该种做法是否合法？对照《行政许可法》有关认可类型的行政许可适用程序的相关规定，组织公民特定资格的考试的，行政机关或行业组织应当事先公布资格考试的报名条件、报考办法、考试科目以及考试大纲。但不得组织强制性的资格考试的考前培训，不得指定教材或者其他助考材料。据此可知，某地卫生局的做法违法。

三、行政许可的变更、延续、撤销、注销

行政许可的变更是指申请人取得行政许可之后，要求变更许可事项。被许可人要求变更行政许可事项的，应当向作出行政许可决定的行政机关提出申请；符合法定条件、标准的，行政机关应当依法办理变更手续。

行政许可的延续是指申请人取得的行政许可到期要求延长许可证期限的情况。被许可人需要延续依法取得的行政许可的有效期的，应当在该行政许可有效期届满30日前向作出行政许可决定的行政机关提出申请。但是，法律、法规、规章另有规定的除外。行政机关应当根据被许可人的申请，在该行政许可有效期届满前作出是否准予延续的决定；逾期未作决定的，视为准予延续。

如有以下案例：

2015年1月1日，王某经甲县国土资源局审批，获颁有效期为2年的采矿许可证，至2017年12月31日止。2017年12月1日，王某向甲县国土资源局申请延长2年许可期间。但至2018年1月1日，甲县国土资源局未作出任何回复。

问题：王某的采矿许可延期申请是否被拒绝？对此问题，依照《行政许可法》规定，对于被许可人提出的许可延期申请，行政机关应当在该行政许可有效期届满前作出是否准予延续的决定；逾期未作决定的，视为准予延续。据此，王某获得的采矿许可自动延续。

行政许可的撤销是指因行政许可违法，而由作出行政许可决定的行政机关或其上级行政机关，根据利害关系人的请求或者依据职权否定许可行为效力的行为。导致行政许可被撤销的情形包括：①行政机关工作人员滥用职权、玩忽职守作出准予行政许可决定的；②超越法定职权作出准予行政许可决定的；③违反法定程序作出准予行政许可决定的；④对不具备申请资格或者不符合法定条件的申请人准予行政许可的；⑤依法可以撤销行政许可的其他情形。此外，被许可人以欺骗、贿赂等不正当手段取得行政许可的，应当予以撤销，被许可人基于行政许可取得的利益不受保护。撤销行政许可可能对公共利益造成重大损害的，不予撤销。

行政许可的注销是指行政许可行为失效后，有权机关依法确认其效力消灭的行为。导致行政许可注销的情形包括：①行政许可有效期届满未延续的；②赋予公民特定资格的行政许可，该公民死亡或者丧失行为能力的；③法人或者其他组织依法终止的；④行政许可依法被撤销、撤回，或者行政许可证件依法被吊销的；⑤因不可抗力导致行政许可事项无法实施的；⑥法律、法规规定的应当注销行政许可的其他情形。

第六章　行政处罚

第一节　行政处罚的实施程序

重要法条及司法解释

《行政处罚法》第 24、33、37、38、42、47 条。

命题分析

某种意义上，《行政处罚法》就是行政处罚实施的程序法，近年来对行政处罚实施程序考查次数多，分值比重大。从考查内容来看，对行政处罚的三种实施程序均有涉及，其中，一般程序中的调查程序、登记保存的操作，听证程序的适用情形和具体操作，简易程序的适用情形等内容考查相对较多。从考查趋势来看，处罚听证程序和简易程序的适用仍将被重点关注。同时，一般程序中的调查程序、告知和听取意见程序以及决定程序的细节性规定也可能受到青睐。

知识点精讲

一、行政处罚一般程序

行政处罚的一般程序是指行政机关在通常情况下实施行政处罚所遵循的常规程序，其适用的前提是《行政处罚法》和其他单行立法对行政处罚程序没有作出特殊规定。行政处罚的一般程序需要经过以下环节。

（一）立案

行政机关对检举、控告或者本机关在执法检查中发现的违法情况或者较大嫌疑问题，认为有进一步调查的必要时，决定专项查处。

（二）调查取证

行政机关在立案之后，要全面、客观、公正地进行调查，收集有关证据，以确定相对人是否确实实施违法行为，其违法的事实、情节和社会危害程度是否严重等。关于调查取证环节，《行政处罚法》作出了以下特殊规定：

（1）行政机关实施调查或检查的执法人员不得少于 2 人，并应当向当事人或者有关人员出示证件。询问或者检查应当制作笔录。执法人员与当事人有直接利害关系的，应当回避。

（2）调查收集证据的方法。行政机关在收集证据时，可以采取抽样取证的方法；在证据可能灭失或者以后难以取得的情况下，经行政机关负责人批准，可以先行登记保存，并应当在7日内及时作出处理决定，在此期间，当事人或者有关人员不得销毁或者转移证据。

例1 质监局发现王某生产的饼干涉嫌违法使用添加剂，遂将饼干先行登记保存，期限为1个月。有关质监局的先行登记保存行为，下列哪一说法是正确的？

A. 系对王某的权利义务不产生实质影响的行为

B. 可以由2名执法人员在现场直接作出

C. 采取该行为的前提是证据可能灭失或以后难以取得

D. 登记保存的期限合法

提示：登记保存证据之后，相对人无法对有关物品实施处分，其合法权益受到实质影响，选项A说法错误；行政机关在实施调查或者检查时执法人员不得少于2人，选项B说法正确；先行登记保存的适用前提是证据可能灭失或者以后难以取得，选项C说法正确；采取先行登记保存之后，行政机关应当在7日内及时作出处理决定，选项D说法错误。

（三）审查证据，听取申辩

行政执法人员在调查取证之后，应当对调查的事实和取得的证据进行分析判断，对案情形成总体认识，提出案件的处理建议，报送主管领导审批。在对案件有了初步处罚意见、作出正式行政处罚决定之前，行政机关应当告知当事人作出行政处罚决定的事实、理由及依据，并告知当事人依法享有的权利。当事人有权进行陈述和申辩。行政机关必须充分听取当事人的意见，对当事人提出的事实、理由和证据，应当进行复核；当事人提出的事实、理由或者证据成立的，行政机关应当采纳。

（四）作出书面行政处罚决定

调查终结，行政机关负责人应当对调查结果进行审查，根据不同情况，分别作出如下决定：确有应受行政处罚的违法行为的，根据情节轻重及具体情况，作出行政处罚决定；违法行为轻微，依法可以不予行政处罚的，不予行政处罚；违法事实不能成立的，不得给予行政处罚；违法行为已构成犯罪的，移送司法机关。对情节复杂或者重大违法行为给予较重的行政处罚，行政机关的负责人应当集体讨论决定。行政机关作出行政处罚，应当制作行政处罚决定书。行政处罚决定书必须盖有作出行政处罚决定的行政机关的印章。

根据《行政处罚法》第24条规定，对当事人的同一个违法行为，不得给予两次以上罚款的行政处罚。该条规定被称为行政处罚的“一事不再罚”原则。其基本含义是针对相对人的一个违法行为，不能给予多次罚款处罚，否则即出现“过罚失当”，违背公正原则。该原则提出以下要求：

情形	规则	备注
相对人实施一个违法行为。	不能重复给予处罚。	同一违法行为是指相对人实施某一个违法行为触犯了单一行政法律规范。
相对人出现违法竞合时。	只能给予一次罚款，其他处罚种类仍可适用。	违法竞合是指相对人实施的违法行为同时触犯多个行政法律规范，数个行政机关均可实施处罚的情况。

续表

情形	规则	备注
相对人违法行为构成犯罪的。	行政处罚内容和刑罚内容具有相同性质的，按有关规定进行折抵。	先期拘留折抵拘役或有期徒刑。 先期罚款折抵罚金。

例2　甲公司将承建的建筑工程承包给无特种作业操作资格证书的邓某，邓某在操作时引发事故。某省建设厅作出暂扣甲公司安全生产许可证三个月的决定，市安全监督管理局对甲公司罚款3万元。甲公司对市安全监督管理局罚款不服，向法院起诉。下列哪些选项是正确的？

D. 因市安全监督管理局的罚款决定违反一事不再罚要求，法院应判决撤销

提示：《行政处罚法》规定的一事不再罚限制的是罚款的次数，而非其他行政处罚的种类。本题中，某省建设厅对甲公司作出暂扣安全生产许可证的行政处罚决定后，市安全监督管理局对该公司罚款3万元，两个行政机关作出处罚的种类不同，市安全监督管理局的罚款决定并不违反一事不再罚原则，法院不应判决撤销，选项D错误。

（五）宣告或送达处罚决定书

行政处罚决定书应当在宣告后当场交付当事人；当事人不在场的，行政机关应当在7日内依照民事诉讼法的有关规定，将行政处罚决定书送达当事人。

二、行政处罚简易程序

简易程序是行政机关针对事实清楚、情节简单、后果轻微的行政违法行为当场进行处罚的程序。

行政处罚简易程序的适用条件是：①违法事实确凿，有充分证据证明违法事实的存在；②有法定依据，违法行为是法律法规或者规章明确规定应予处罚的行为，且有处罚程度较轻的处罚种类和罚款幅度；③处罚程度较轻，对公民处以50元以下，对法人或其他组织处以1000元以下罚款或警告的行政处罚。

行政处罚简易程序按照下述规则进行：①执法人员向当事人出示执法身份证件；②告知当事人对其处罚的事实、理由和依据，听取当事人的陈述和申辩，并决定是否采纳；③填写预定格式、编有号码的行政处罚决定书；决定书应载明当事人的违法行为、处罚依据、罚款数额、时间、地点以及行政机关名称，由执法人员签名或盖章；④处罚决定书制作好后，当场交付当事人，并报所属行政机关备案。

例3　某市质监局发现一公司生产劣质产品，查封了公司的生产厂房和设备，之后决定没收全部劣质产品、罚款10万元。该公司逾期不缴纳罚款。下列哪一选项是错误的？

B. 对公司的处罚不能适用简易程序

提示：行政机关只有在违法事实确凿并有法定依据，对公民处以50元以下、对法人或者其他组织处以1000元以下罚款或者警告的行政处罚时，才能适用简易程序当场作出处罚决定。本题中，市质监局对公司作出的处罚决定是没收财物和罚款10万元，该处罚决定并

不符合适用简易程序的法定条件，选项 B 表述错误。

三、行政处罚听证程序

行政处罚听证程序是指行政机关在作出处罚决定之前，指派专人主持听取案件调查人员和当事人就案件事实、处罚理由及适用依据进行陈述、质证和辩论的法定程序。

（一）听证程序适用情形

听证程序适用于以下行政处罚种类：责令停产停业、吊销许可证或者执照、较大数额罚款等行政处罚决定。当然，根据最高人民法院发布的第 6 号指导案例（黄泽富、何伯琼、何熠诉四川省成都市金堂工商行政管理局行政处罚案）的裁判要点：行政机关作出没收较大数额涉案财产的行政处罚决定时，未告知当事人有要求举行听证的权利或者未依法举行听证的，人民法院应当依法认定该行政处罚违反法定程序。据此，适用听证程序的行政处罚不限于法律列举的几种，只要行政机关作出的处罚决定在对相对人的权益影响上达到与列举的几种行政处罚种类相同或类似程度，行政机关都有必要告知当事人有权申请听证。

依照《行政处罚法》第 42 条第 2 款规定，当事人对限制人身自由的行政处罚有异议的，依照治安管理处罚法有关规定执行。《治安管理处罚法》第 98 条规定，公安机关作出吊销许可证以及处 2000 元以上罚款的治安管理处罚决定前，应当告知违反治安管理行为人有权要求举行听证；违反治安管理行为人要求听证的，公安机关应当及时依法举行听证。据此，治安拘留决定通常适用一般程序。

对于行政处罚是否适用听证程序是历年司法考试考查的重点。此处举出以下几例，请判断，下列哪种情况适用听证程序：①工商局扣押某违规企业价值 200 万元的商品；②交通局吊销某运输企业的道路运输经营许可证；③区环保局责令排放污染物严重的某公司停业整顿。上述第一种情形中，扣押行为因不属于行政处罚（行政强制措施），强制措施不适用听证程序；第二、三种情形中，吊销企业道路运输经营许可证、责令停业整顿都属于能力罚的处罚种类，符合《行政处罚法》适用听证程序的规定，应当适用听证程序。

（二）听证程序的具体操作

听证程序的具体操作如下：

（1）听证申请。行政机关告知被处罚人有请求听证的权利；被处罚人应在 3 日内提出听证要求。

（2）听证通知。行政机关应在听证的 7 日前通知被处罚人举行听证的时间、地点。

（3）听证公开进行。除涉及国家秘密、商业秘密或个人隐私外，听证公开举行。

（4）听证的主持和参与。听证由行政机关指定的非本案调查人员主持；当事人有申请回避的权利，当事人可以亲自参加听证，也可委托一至两人代理。举行听证时，调查人员提出当事人违法的事实、证据和行政处罚建议；当事人进行申辩和质证。

（5）听证应当制作笔录。笔录应当交当事人审核无误后签字或者盖章。

听证结束后，行政机关依照《行政处罚法》的规定，作出决定。

四、行政处罚的执行程序

行政处罚的执行是指相对人无正当理由拒不履行处罚决定设定的义务时，行政机关或者由行政机关申请人民法院采取强制手段使处罚决定内容得到强制实现的活动。

（一）行政处罚决定的履行

行政处罚决定依法作出后，当事人在行政处罚决定的期限内，履行该决定设定的义务。涉及罚款缴纳的，作出罚款决定的行政机关应当与收缴罚款的机构分离。当事人应当自收到行政处罚决定书之日起15日内，到指定的银行缴纳罚款。银行应当收受罚款，并将罚款直接上缴国库。除法定当场收缴的罚款外，作出行政处罚决定的行政机关及其执法人员不得自行收缴罚款。

有下列情形之一的，执法人员可以当场收缴罚款：①依法给予20元以下的罚款的；②不当场收缴事后难以执行的；③在边远、水上、交通不便地区，行政机关及其执法人员依法作出罚款决定后，当事人向指定的银行缴纳罚款确有困难，经当事人提出，行政机关及其执法人员可以当场收缴罚款。执法人员当场收缴的罚款，应当自收缴罚款之日起2日内，交至行政机关；在水上当场收缴的罚款，应当自抵岸之日起2日内交至行政机关；行政机关应当在2日内将罚款缴付指定的银行。

（二）行政处罚决定的强制执行

当事人逾期不履行行政处罚决定的，作出行政处罚决定的行政机关可以采取下列措施：

（1）到期不缴纳罚款的，每日按罚款数额的3%加处罚款。

（2）根据法律规定，将查封、扣押的财物拍卖或者将冻结的存款划拨抵缴罚款。

（3）申请人民法院强制执行。

当事人确有经济困难，需要延期或者分期缴纳罚款的，经当事人申请和行政机关批准，可以暂缓或者分期缴纳。除依法应当予以销毁的物品外，依法没收的非法财物必须按照国家规定公开拍卖或者按照国家有关规定处理。

罚款、没收违法所得或者没收非法财物拍卖的款项，必须全部上缴国库，任何行政机关或者个人不得以任何形式截留、私分或者变相私分；财政部门不得以任何形式向作出行政处罚决定的行政机关返还罚款、没收的违法所得或者返还没收非法财物的拍卖款项。

当事人对行政处罚决定不服申请行政复议或者提起行政诉讼的，行政处罚不停止执行，法律另有规定的除外。

例4 《环境保护法》规定，当事人对行政处罚决定不服，可以在接到处罚通知之日起十五日内申请复议，也可以在接到处罚通知之日起十五日内直接向法院起诉。某县环保局依据《环境保护法》对违法排污企业作出罚款处罚决定，该企业不服。对此，下列哪一说法是正确的?

C. 如该企业逾期不缴纳罚款，县环保局可从该企业的银行账户中划拨相应款项

D. 如该企业逾期不缴纳罚款，县环保局可扣押该企业的财产并予以拍卖

提示：本题中的罚款决定系环保主管部门依据《环境保护法》作出，它是否有权采取相应的强制执行措施，要视《环境保护法》的规定。《环境保护法》并未授予它采取扣押的财物拍卖或者将冻结的存款划拨抵缴罚款等措施的规定。因此，选项C、D的说法不正确。

例 5 2006 年 5 月 9 日，县公安局以甲偷开乙的轿车为由，向其送达 1000 元罚款的处罚决定书。甲不服，于同月 19 日向市公安局申请行政复议。6 月 8 日，复议机关同意甲撤回复议申请。6 月 20 日，甲就该处罚决定向法院提起行政诉讼。下列说法正确的是：

C. 甲逾期不缴纳 1000 元罚款，县公安局可以每日按罚款数额的 3% 加处罚款

提示： 县公安局对甲作出罚款 1000 元的决定，该决定一经作出即发生法律效力，甲应当按照处罚决定要求向指定的银行缴纳罚款。如果其逾期拒不缴纳，县公安局有权依照《行政处罚法》的规定，对其每日按罚款数额的 3% 加处罚款。选项 C 的表述正确。

第二节 治安管理处罚

重要法条及司法解释

《治安管理处罚法》第 77、87、89、91、91、97 ~ 101、107 条。

命题分析

《治安管理处罚法》是规范治安管理领域行政处罚行为实施的基本法，其规定为历年考试题目所关注，考查次数多，所占分值大。从考查内容看，对本部分内容的考查以治安管理处罚程序为主，如询问查证的时间、当场检查和入户检查的条件、扣押的操作程序与时间、听证适用的情形等内容。此外，偶尔有考题涉及违反治安管理的行为性质判定，如哄抢他人财物的违法行为属性判断等。从考查趋势来看，今后的法考试题中，治安管理处罚的实施程序仍将是客观题考查的必考内容。

知识点精讲

一、违反治安管理的行为和处罚

《治安管理处罚法》规定了各种具体违反治安管理行为的表现形式及其具体处罚种类、幅度等内容。对于《治安管理处罚法》没有明确规定的行为，不得给予治安管理处罚。

依照《治安管理处罚法》规定，违反治安管理的行为和处罚分为四类：扰乱公共秩序的行为和处罚；妨害公共安全的行为和处罚；侵犯人身权利、财产权利的行为和处罚；妨害社会管理的行为和处罚。

扰乱公共秩序的行为，是对生产、生活等正常社会活动秩序的侵害，如扰乱机关、团体、企业、事业单位秩序，扰乱文化、体育等大型群众性活动秩序，散布谣言，谎报险情、疫情、警情或者以其他方法故意扰乱公共秩序，寻衅滋事等。

妨害公共安全的行为，是对不特定多数人生命健康和财产安全的危害，如制造、买卖、储存、运输、邮寄、携带、使用、提供、处置爆炸性、毒害性、放射性、腐蚀性物质或者传染病病原体等危险物质的，非法携带枪支、弹药或者弩、匕首等国家规定的管制器具的，

盗窃、损坏、擅自移动使用中的航空设施，或者强行进入航空器驾驶舱的，等等。

侵犯人身权利、财产权利的行为，是对特定人和特定财产的侵害，如非法限制他人人身自由、非法侵入他人住宅或者非法搜查他人身体的，多次发送淫秽、侮辱、恐吓或者其他信息，干扰他人正常生活的，殴打他人的，或者故意伤害他人身体的，猥亵他人的，或者在公共场所故意裸露身体，情节恶劣的，等等。

妨害社会管理的行为，是以危害国家机关正常管理秩序为中心内容的其他违反治安管理的行为。如阻碍国家机关工作人员依法执行职务的，未取得驾驶证驾驶或者偷开他人航空器、机动船舶的，卖淫、嫖娼的，以营利为目的为赌博提供条件的，或者参与赌博赌资较大的，等等。

根据上述治安违法行为的分类，可以对相关违法行为的违法性质作出判断。例如，郑某以刻画方式损坏国家保护的文物，某区公安分局决定对其拘留 10 日，罚款 500 元。则郑某的违法行为属于何种性质的治安违法行为？《治安管理处罚法》第 63 条第（一）项规定，刻画、涂污或者以其他方式故意损坏国家保护的文物、名胜古迹的，属于妨害社会管理秩序的行为。又如，王某为报复与其分手的女友，多次向其发送淫秽短信，严重影响了女友的正常生活。则该行为属于何种性质的治安违法行为？《治安管理处罚法》第 42 条第（五）项规定，多次发送淫秽、侮辱、恐吓或者其他信息，干扰他人正常生活的，属于侵犯他人人身权利的行为。

二、治安管理处罚的程序

治安行政处罚程序分为三个阶段。

（一）调查

1. 受理案件

案件来源有以下途径：报案、控告、举报或者违反治安管理行为人主动投案，其他行政主管部门、司法机关的移送。对于上述来源，公安机关应当及时受理，并进行登记。受理后认为属于违反治安管理行为的，应立即进行调查；认为不属于违反治安管理行为的，应当告知报案人、控告人、举报人、投案人，并说明理由。

2. 案件调查

案件调查的具体内容包括：第一，依法调查；第二，人民警察的回避义务；第三，调查手段的具体实施。调查的主要目的是确认当事人有无违法行为以及违法行为的性质、情节和社会危害程度的大小等。

调查的具体实施遵循以下规则：

（1）传唤。经公安机关办案部门负责人批准，使用传唤证传唤违法行为人，必要时可以强制传唤。对现场发现的违反治安管理行为人，人民警察经出示工作证件，可以口头传唤，但应当在询问笔录中注明。

（2）询问查证。询问查证不得超过 8 小时；情况复杂，依法可能适用行政拘留处罚的，询问查证的时间不得超过 24 小时。公安机关应当及时将传唤的原因和处所通知被传唤人家属。询问制作笔录，并交被询问人核对。经确认笔录无误后，由被询问人签名或者盖章，人民警察也应在笔录上签名。询问不满十六周岁的违反治安管理行为人，应当通知其父母或者其他监护人到场。询问被侵害人或者其他证人，可以到其所在单位或者住处进行；必要时，也可以通知其到公安机关提供证言。人民警察在公安机关以外询问被侵害人或者其他证人，应当出示工作证件。

（3）检查。公安机关对与违反治安管理行为有关的场所、物品、人身可以进行检查。检查时，人民警察不得少于2人，并应当出示工作证件和县级以上人民政府公安机关开具的检查证明文件。对确有必要立即进行检查的，经出示工作证件，可以当场检查，但检查公民住所应当出示县级以上人民政府公安机关开具的检查证明文件。检查妇女的身体，应当由女性工作人员进行。检查的情况应当制作检查笔录，由检查人、被检查人和见证人签名或者盖章；被检查人拒绝签名的，人民警察应当在笔录上注明。

（4）扣押物品。公安机关可以扣押与案件有关的需要作为证据的物品，对被侵害人或善意第三人合法占有的财产，不得扣押，应当予以登记。对与案件无关的物品，不得扣押。对扣押的物品应当当场开列清单一式两份，由调查人员、见证人和持有人签名或者盖章，一份交给持有人，另一份附卷备查。对扣押的物品应当妥善保管，不得挪作他用；对不宜长期保存的物品，按照有关规定处理。经查明与案件无关的，应当及时退还；经核实属于他人合法财产的，应当登记后立即退还；满6个月无人对该财产主张权利或者无法查清权利人的，应当公开拍卖或者按照国家有关规定处理，所得款项上缴国库。

（5）鉴定。需要解决案件中有争议的专门性问题的，应指派或聘请具有专门知识的人员进行鉴定；鉴定人鉴定后，应当写出鉴定意见并签名。

例1 经传唤调查，某区公安分局以散布谣言，谎报险情为由，决定对孙某处以10日行政拘留，并处500元罚款。下列哪一选项是正确的？

A. 传唤孙某时，某区公安分局应当将传唤的原因和依据告知孙某

B. 传唤后对孙某的询问查证时间不得超过48小时

提示：依照《治安管理处罚法》第82条规定，公安机关应当将传唤的原因和依据告知被传唤人，选项A表述正确。对违反治安管理行为人，公安机关传唤后应当及时询问查证，询问查证的时间不得超过8小时；情况复杂，依照本法规定可能适用行政拘留处罚的，询问查证的时间不得超过24小时，选项B表述错误。

例2 某县公安局接到有人在薛某住所嫖娼的电话举报，遂派员前往检查。警察到达举报现场，敲门未开破门入室，只见薛某一人。薛某拒绝在检查笔录上签字，警察在笔录上注明这一情况。薛某认为检查行为违法，提起行政诉讼。下列哪些选项是正确的？

A. 某县公安局应当对电话举报进行登记

B. 警察对薛某住所进行检查时不得少于两人

C. 警察对薛某住所进行检查时应当出示工作证件和县级以上政府公安机关开具的检查证明文件

D. 因薛某未在警察制作的检查笔录上签字，该笔录在行政诉讼中不具有证据效力

提示：依照《治安管理处罚法》规定，公安机关对报案、控告、举报或者违反治安管理行为人主动投案，以及其他行政主管部门、司法机关移送的违反治安管理案件，应当及

时受理，并进行登记。据此，选项 A 说法正确。公安机关对与违反治安管理行为有关的场所进行检查时，人民警察不得少于两人，并应当出示工作证件和县级以上人民政府公安机关开具的检查证明文件。对确有必要立即进行检查的，人民警察经出示工作证件，可以当场检查，但检查公民住所应当出示县级以上人民政府公安机关开具的检查证明文件。据此，选项 B、C 说法正确。

（二）决定

1. 处罚决定机关

治安管理处罚由县级以上人民政府公安机关决定；其中警告、500 元以下的罚款可以由公安派出所决定。

2. 折抵

对决定给予行政拘留处罚的人，在处罚前已经采取强制措施限制人身自由的时间，应当折抵。限制人身自由一日，折抵行政拘留一日。

3. 证据

对没有本人陈述，但其他证据能够证明案件事实的，公安机关可以作出治安管理处罚决定。但是，只有本人陈述，没有其他证据证明的，不能作出治安管理处罚决定。

4. 当事人的程序权利

公安机关作出治安管理处罚决定前，应当告知违反治安管理行为人作出治安管理处罚的事实、理由及依据，并告知违反治安管理行为人依法享有的权利。违反治安管理行为人有权陈述和申辩。公安机关必须充分听取意见，对相关事实、理由和证据，进行复核；相关事实、理由或者证据成立的，公安机关应当采纳。公安机关不得因违反治安管理行为人的陈述、申辩而加重处罚。

5. 作出处理决定

治安案件调查结束后，公安机关根据不同情况，分别作出给予处罚。不予处罚、移送追究刑事责任等处理。作出治安管理处罚决定的，应当制作治安管理处罚决定书。决定书应当载明下列内容并加盖公安机关印章：①被处罚人的姓名、性别、年龄、身份证件的名称和号码、住址；②违法事实和证据；③处罚的种类和依据；④处罚的执行方式和期限；⑤对处罚决定不服，申请行政复议、提起行政诉讼的途径和期限；⑥作出处罚决定的公安机关的名称和作出决定的日期。

6. 送达

公安机关应当向被处罚人宣告治安管理处罚决定书，并当场交付被处罚人；无法当场向被处罚人宣告的，应当在 2 日内送达被处罚人。决定给予行政拘留处罚的，应当及时通知被处罚人的家属。有被侵害人的，公安机关应当将决定书副本抄送被侵害人。

7. 听证程序

公安机关作出吊销许可证以及处 2000 元以上罚款的治安管理处罚决定前，应当告知违反治安管理行为人有权要求举行听证；违反治安管理行为人要求听证的，公安机关应当及时依法举行听证。

8. 办案期限

公安机关办理治安案件的期限，自受理之日起不得超过30日；案情重大、复杂的，经上一级公安机关批准，可以延长30日。但进行鉴定的期间不计入办理治安案件的期限。

此外，违反治安管理行为事实清楚，证据确凿，处警告或者200元以下罚款的，可以当场作出治安管理处罚决定。当场作出处罚决定的，经办的人民警察应当在24小时内报所属公安机关备案。

例3 公安局认定朱某嫖娼，对其拘留15日并处罚款5000元。关于此案，下列哪些说法是正确的？

A. 对朱某的处罚决定书应载明处罚的执行方式和期限

B. 如朱某要求听证，公安局应当及时依法举行听证

C. 朱某有权陈述和申辩，公安局必须充分听取朱某的意见

提示：治安管理处罚决定书应当载明处罚的执行方式和期限，选项A说法正确。治安行政处罚听证程序适用于吊销许可证以及处2000元以上罚款的治安管理处罚，公安局对朱某的5000元罚款处罚符合听证要求，虽然立法未规定对拘留处罚可申请听证，但也未禁止听证。朱某提出听证申请，公安局应依法举行听证，选项B说法正确。《治安管理行政处罚法》赋予了被处罚人的陈述申辩权和公安机关的听取意见义务，选项C说法正确。

例4 市政府决定，将牛某所在村的集体土地征收转为建设用地。因对补偿款数额不满，牛某对现场施工进行阻挠。市公安局接警后派警察到现场处理。经口头传唤和调查后，该局对牛某处以10日拘留。牛某不服处罚起诉，法院受理。下列哪一说法是正确的？

A. 市公安局警察口头传唤牛某构成违法

B. 牛某在接受询问时要求就被询问事项自行提供书面材料，不予准许

提示：《治安管理处罚法》规定，对现场发现的违反治安管理行为人，人民警察经出示工作证件，可以口头传唤，但应当在询问笔录中注明。据此，选项A表述错误。立法规定，询问笔录应当交被询问人核对……记载有遗漏或者差错的，被询问人可以提出补充或者更正。被询问人确认笔录无误后，应当签名或者盖章，询问的人民警察也应当在笔录上签名……据此，选项B表述错误。

（三）执行

《治安管理处罚法》重点规定了拘留和罚款决定的执行问题。

1. 拘留处罚决定的执行

对被决定给予行政拘留处罚的人，由作出决定的公安机关送达拘留所执行。

被处罚人不服拘留处罚决定，申请行政复议、提起行政诉讼的，可以向公安机关提出暂缓执行行政拘留的申请。公安机关认为暂缓执行行政拘留不致发生社会危险的，由被处罚人或者其近亲属提出符合法定条件的担保人，或者按每日行政拘留200元的标准缴纳保证金，行政拘留的处罚决定暂缓执行。行政拘留的处罚决定被撤销，或者行政拘留处罚开始执行的，公安机关收取的保证金应当及时退还缴纳人。

例5 黄某与张某之妻发生口角，被张某打成轻微伤。某区公安分局决定对张某拘留5日。黄某认为处罚过轻遂向法院起诉，法院予以受理。下列哪些选项是正确的？

A. 某区公安分局在给予张某拘留处罚后，应及时通知其家属

D. 张某不符合申请暂缓执行拘留的条件

提示：《治安管理处罚法》第97条规定，公安机关应当向被处罚人宣告治安管理处罚决定书，并当场交付被处罚人；无法当场向被处罚人宣告的，应当在2日内送达被处罚人。决定给予行政拘留处罚的，应当及时通知被处罚人的家属。据此，选项A说法正确。《治安管理处罚法》第107条规定，被处罚人不服行政拘留处罚决定，申请行政复议、提起行政诉讼的，可以向公安机关提出暂缓执行行政拘留的申请。公安机关认为暂缓执行行政拘留不致发生社会危险的，由被处罚人或者其近亲属提出符合本法第108条规定条件的担保人，或者按每日行政拘留200元的标准交纳保证金，行政拘留的处罚决定暂缓执行。据此，申请暂缓执行拘留决定的条件是，被处罚人本人申请行政复议或提起行政诉讼，而本题中提起行政诉讼者是受害人黄某，而不是被处罚人张某。据此，选项D说法正确。

2. 罚款决定的执行

受罚款处罚的人应当自收到处罚决定书之日起15日内，到指定的银行缴纳罚款。

有下列情形之一的，人民警察可以当场收缴罚款：①被处50元以下罚款，被处罚人对罚款无异议的；②在边远、水上、交通不便地区，公安机关及其人民警察依照本法的规定作出罚款决定后，被处罚人向指定的银行缴纳罚款确有困难，经被处罚人提出的；③被处罚人在当地没有固定住所，不当场收缴事后难以执行的。人民警察当场收缴的罚款，应当自收缴罚款之日起2日内，交至所属的公安机关，公安机关应当自收到罚款之日起2日内将罚款缴付指定的银行。

第七章 行政强制措施

第一节 行政强制措施的界定

重要法条及司法解释

《行政强制法》第2、9条。

《行政处罚法》第8、23条。

命题分析

行政强制措施和其他具体行政行为的区别几乎每年必考，其考查内容具有较大的延伸性。从考查内容看，命题人常常通过举出案例的方式，将行政强制措施与行政处罚、行政命令乃至行政裁决等行政行为做对比，要求考生判断相关案例中行政机关作出行政行为的法律属性。基于相关案例中行政机关作出行为的情境性，在具体判断所涉行政行为的法律属性上，不免会出现认识的不同，考生往往感觉较难把握。从考查趋势看，虽然有关行政强制措施与行政处罚等相关行政行为的区别常伴随着争议，但命题人仍可能在此方面出题考查，需要给予持续关注。

知识点精讲

一、行政强制措施的界定

（一）概念

行政强制措施是指行政机关在行政管理过程中，为制止违法行为、防止证据损毁、避免危害发生、控制危险扩大等情形，依法对公民的人身自由实施暂时性限制，或者对公民、法人或者其他组织的财物实施暂时性控制的行为。

行政强制措施具有以下特征：

第一，行为的实施不以确定义务的行政决定的先行存在为前提。行政强制措施是为了制止违法行为、防止证据毁损、避免危害发生、控制危险扩大的紧急情况下实施，需要行动的迅速与及时，其作出往往不以行政决定的存在为前提。

第二，强制性。行为一旦实施，即直接构成对相对人的人身和财产的控制和限制。

第三，临时性和辅助性。临时性是指采取行政强制措施后，一旦相关违法、危险状态消失，行政强制措施的实施即失去意义，行为应即刻停止；辅助性是指行政强制措施的实施往往是为了保障行政决定的作出，或者为了保证后续行政决定的执行。

第四，非制裁性。行政强制措施的实施，不以受控相对人违法为前提，本身是限权而非制裁。

例 1　某市卫生局经调查取证，认定某公司实施了未经许可擅自采集血液的行为，依据有关法律和相关规定，决定取缔该公司非法采集血液的行为，同时没收 5 只液氮生物容器。下列哪些说法是正确的？

D. 没收 5 只液氮生物容器属于保全措施

提示：本题中，某市卫生局作出的没收液氮生物容器的行为是基于某公司作出的违法行为，是在卫生局调查处理程序结束后作出的决定内容之一，客观上导致某公司财产权利的丧失，而非财产权利的行使暂时受到限制。因此，虽然没收并未明确规定在《行政处罚法》之中，但本题中的没收行为并不符合行政强制措施的临时性、非制裁性等基本特征，并不是为保全证据采取的行政强制措施。选项 D 说法错误。

（二）行政强制措施的种类

依照行政强制措施的内容，可以把行政强制措施分为限制人身自由的行政强制措施和限制财产权的行政强制措施。

限制人身自由的行政强制措施，代表性的如：对人身的强制约束、强制检查、强制隔离等。如根据《海关法》第 6 条第（四）项规定，对有走私嫌疑的运输工具、货物、物品和走私犯罪嫌疑人，经直属海关关长或者其授权的隶属海关关长批准，可以扣留；对走私犯罪嫌疑人，扣留时间不超过 24 小时，在特殊情况下可以延长至 48 小时。

限制财产权的行政强制措施，代表性的如：查封场所、设施或者财物；扣押财物；冻结存款、汇款等。如《行政处罚法》第 37 条规定，行政机关在收集证据过程中，在证据可能灭失或者以后难以取得的情况下，经负责人批准，可以先行登记保存。

二、行政强制措施与其他具体行政行为的区别

有关行政强制措施与其他具体行政行为的区别，有必要结合历年的试题作出说明。

（一）行政强制措施与行政强制执行

行政强制执行是指行政机关或者行政机关申请人民法院，对不履行行政决定的公民、法人或者其他组织，依法强制履行义务的行为。根据该定义可知，行政强制执行具有以下特征：

（1）行为的实施以相对人不履行行政决定确定的义务为前提。第一，相对人所负义务是生效的行政决定确定的义务；第二，相对人不履行义务是基于主观上的故意或者过失，而不是客观上无法履行；第三，相对人不履行义务已超过法定期限或行政决定指定的履行期限。

（2）实施行政强制执行的主体是法定有权机关，包括行政机关和有管辖权的人民法院。

（3）行为的依据是已生效的行政决定。在决定作出与强制执行实施之间一般有一个过程，由此与即时强制相区别。

（4）行为的目的是迫使相对人履行义务或者达到与履行义务相同的状态。

（二）行政强制措施与行政强制执行的区别

	行政强制措施	行政强制执行
前提不同	不以相对人不履行行政法律义务为前提。	以相对人不履行行政决定义务为前提。
目的不同	制止违法行为、防止证据损毁、避免危害发生、控制危险扩大等，保证行政决定的作出和将来的执行。	迫使相对人履行既有义务或者达到与履行义务相同的状态。
起因不同	行为，或者某种状态、事件。	相对人不履行决定义务的行为。
行为过程定位	一般发生在最终决定之前。	最终决定作出之后。

例 2 某区城管局以甲摆摊卖“麻辣烫”影响环境为由，将其从事经营的小推车等物品扣押。在实施扣押过程中，城管执法人员李某将甲打伤。对此，下列哪一说法是正确的？

A. 扣押甲物品的行为，属于行政强制执行措施

提示：本题中，某区城管局采取扣押措施的目的是制止违法行为继续，而非对甲的行为的最终处置，属于对物品的暂时限制，与落实行政决定确定义务的行政强制执行显然存在差别，应属于行政强制措施。选项 A 说法错误。

例 3 某交通局在检查中发现张某所驾驶货车无道路运输证，遂扣留了张某驾驶证和车载货物，要求张某缴纳罚款 1 万元。张某拒绝缴纳，交通局将车载货物拍卖抵缴罚款。下列说法正确的有：

A. 扣留驾驶证的行为为行政强制措施

B. 扣留车载货物的行为为行政强制措施

C. 拍卖车载货物的行为为行政强制措施

D. 拍卖车载货物的行为为行政强制执行

提示：本题中的扣留驾驶证和车载货物的目的在于预防、制止或控制危害社会行为的发生，其发生在行政处罚决定作出之前的行政管理过程，本身不具有直接的制裁性，完全符合行政强制措施的特征，据此，选项 A、B 表述正确。本题中拍卖车载货物的行为，是在张某不履行罚款决定的前提下，为保证罚款决定的执行而采取的强制手段，目的在于实现罚款决定的内容，符合《行政强制法》对行政强制执行行为的界定，属于行政强制执行。据此，选项 C 表述错误，选项 D 表述正确。

（三）行政强制措施与行政处罚

行政处罚是指行政机关对违反行政管理秩序尚不构成犯罪的相对人依法给予制裁的行政行为。

行政处罚具有以下特征：

（1）行政处罚是特定行政机关作出的行政行为。按照处罚法定原则，行政处罚由享有行政处罚权的行政机关或者法定授权组织实施。

（2）行政处罚以相对人违反行政管理秩序尚不构成犯罪为前提。

（3）行政处罚是对违法相对人的惩戒，目的是使其以后不再重犯。

依照《行政处罚法》规定，行政处罚包括以下种类：①警告；②罚款；③没收违法所得、没收非法财物；④责令停产停业；⑤暂扣或者吊销许可证、暂扣或者吊销执照；⑥行政拘留；⑦法律、行政法规规定的其他行政处罚。在上述种类中，有些处罚种类与行政强制措施之间可能存在一定的相似性，比如责令停产停业、暂扣许可证、执照等。在实践中，容易引发争议。就行政强制措施与行政处罚的区别见下表：

	行政强制措施	行政处罚
性质	行政法律行为或者事实行为。	行政法律行为。
目的	制止违法行为、防止证据损毁、避免危害发生、控制危险扩大等，保证行政决定的作出和将来的执行。	对违法行为人实施制裁。
行为过程定位	一般发生在终局决定作出之前。	终局处理决定。
时间持续	暂时性。	决定作出，效力持续。

例4　下列哪一行为属于行政处罚？

A. 公安交管局暂扣违章驾车张某的驾驶执照6个月

B. 工商局对一企业有效期届满未申请延续的营业执照予以注销

C. 卫生局对流行性传染病患者强制隔离

D. 食品药品监督局责令某食品生产者召回其已上市销售的不符合食品安全标准的食品

提示：暂扣驾驶执照，属于《行政处罚法》规定的行政处罚种类，选项A为行政处罚。根据《行政许可法》的规定，注销事先发放的许可证非以相对人行为违法为前提，选项B中的注销行为不具有处罚的制裁性，不属于行政处罚。选项C中的强制隔离，目的在于控制危险扩大，且受到时限限制，具有暂时性特征，属于行政强制措施，而非行政处罚。选项D中的责令召回是行政机关为生产者课加采取补救措施而设定的义务，并不带有制裁性，不属于行政处罚。

例5　甲县宋某到乙县访亲，因醉酒被乙县公安局扣留24小时。宋某认为乙县公安局的行为违法，提起行政诉讼。下列哪些说法是正确的？

A. 扣留宋某的行为为行政处罚

提示：本题中的扣留具有以下特点，第一，目的的非制裁性。甲醉酒不构成违法行为，只可能危及本人或者他人安全，公安机关是为防止危害发生而实施扣留。第二，暂时性。扣留行为不超过24小时，以甲醒酒不再具有危害性为目的。第三，决定和实施合一。扣留的实施无法按照常规执法程序先向甲宣告和送达决定，再进行实施，一般是决定和实施合一。基于以上分析，本题中的扣留行为符合行政强制措施特征，而非行政处罚。选项A说法错误。

在实践中，对政府作出的责令行为究竟属于何种性质的行政行为往往存在争议，比如，《行政处罚法》第23条规定，行政机关实施行政处罚时，应当责令当事人改正或者限期改正违法行为。对于该条规定的责令改正或责令限期改正违法行为，究竟属于何种性质的行政行为，就一直存在争议。我们认为，应当区分不同情况，分别确定责令行为的法律性质。

第一，如果责令行为实施于行政执法程序终点，没有后续的行政处理措施，且不具有制裁性，可根据其设定相对人作为或者不作为义务的性质，可将之归类于行政命令行为。如《税收征收管理法》第32条规定，纳税人未按照规定期限缴纳税款的，扣缴义务人未按照规定期限解缴税款的，税务机关除责令限期缴纳外，从滞纳税款之日起，按日加收滞纳税款万分之五的滞纳金。此处的责令限期缴纳，属于行政命令行为。

第二，如果责令行为实施于行政执法程序终点，没有后续行政处理措施，但具有一定制裁性，则可将之归类于行政处罚行为。如《森林法》第39条规定，盗伐森林或者其他林木的，依法赔偿损失；由林业主管部门责令补种盗伐株数十倍的树木，没收盗伐的林木或者变卖所得，并处盗伐林木价值三倍以上十倍以下的罚款……该条规定的责令补种树木的数量多于盗伐的林木数量，具有了一定的惩戒性，可归类于行政处罚行为。当然，《行政处罚法》规定的责令停产停业，显然属于行政处罚行为。

第三，如果责令行为实施于行政执法过程中，责令行为实施后，还将有后续的处理措施，该责令行为发生在情况相对紧急时，则可将其归类于行政强制措施。如《矿产资源法》第39条规定，违反本法规定，未取得采矿许可证擅自采矿的，擅自进入国家规划矿区、对国民经济具有重要价值的矿区范围采矿的，擅自开采国家规定实行保护性开采的特定矿种的，责令停止开采、赔偿损失，没收采出的矿产品和违法所得，可以并处罚款；拒不停止开采，造成矿产资源破坏的，依照《刑法》第156条的规定对直接责任人员追究刑事责任。如果在紧急情况下，有矿产资源管理部门作出责令停止开采决定的，具有紧急制止违法行为的性质，即可归类于行政强制措施。

第四，如果责令行为的内容在于解决当事人之间的民事纠纷，尤其是责令一方当事人承担一定的金钱给付义务，则责令行为也可归类于行政裁决。

总之，关于责令行为的具体性质如何，需要结合个案的具体情况，结合行政处罚、行政强制措施、行政命令和行政裁决等行为的实质特点，进行综合判断。

第二节　行政强制措施的实施程序

重要法条及司法解释

《行政强制法》第17～20条、23～28条、29～33条。

命题分析

自2012年《行政强制法》实施以来，行政强制措施的实施程序不断成为必考的内容，且其出题的比例多于行政强制执行程序。从考查内容来看，命题人对扣押这一行政强制措施的实施程序一直青睐有加，内容涉及行政强制措施的一般程序和特别程序。从考查趋势来看，今后法考试题仍将在扣押、查封等强制措施实施程序上做文章，需要给予必要重视。

知识点精讲

一、实施行政强制措施的主体

（一）行政强制措施由法定行政机关实施

鉴于行政强制措施的强制特征，《行政强制法》明确规定，只有法律、法规规定的行政机关才能在其法定职权范围内实施。此处的法律、法规均为狭义理解，不包括行政规章。

（二）行政强制措施权力不能委托行使

《行政处罚法》第18条第1款规定，行政机关依照法律、法规或者规章的规定，可以在其法定权限内委托符合本法第19条规定条件的组织实施行政处罚。《行政许可法》第24条第1款规定，行政机关在其法定职权范围内，依照法律、法规、规章的规定，可以委托其他行政机关实施行政许可。上述两部法律虽然对处罚权和许可权委托行使的规定存在差异，但毕竟均认可处罚权和许可权的委托行使。与上述立法不同，《行政强制法》明确规定，行政强制措施权不得委托。如有以下表述：某直辖市人民政府颁布行政规章，规定该市市场监管委可以将其行政强制措施权力委托公安机关行使。该种规定是否符合《行政强制法》规定？很显然，由于行政强制立法明确排除了强制措施权力的委托行使，某直辖市的规章不符合法律规定。

（三）享有集中行使行政处罚权的行政机关可以实施与处罚权有关的行政强制措施

由此解决了处罚权力集中行使后，与行政处罚权相伴的强制措施集中行使问题，方便有关行政机关更好地行使处罚权。

（四）由行政机关具备资格的执法人员具体实施

如有以下表述：在紧急情况下，于现场执法时，公安机关可以委托辅警对醉酒的当事人实施强制约束措施。该种说法是否于法有据？由于《行政强制法》对实施行政强制措施的具体执法人员有特定资格要求，此种说法明显错误。

二、实施行政强制措施的一般程序要求

（一）事前报批

通常情况下，行政机关实施行政强制措施之前须向行政机关负责人报告并经批准。因情况紧急，需要当场实施行政强制措施的，行政执法人员应当在24小时内向行政机关负责人报告，并补办批准手续。行政机关负责人认为不应当采取行政强制措施的，应当立即解除。

（二）外部实施

行政机关在具体实施行政强制措施时，要遵守以下规定：①由2名以上行政执法人员实施；②出示执法身份证件；③通知当事人到场；④当场告知当事人采取行政强制措施的理由、依据以及当事人依法享有的权利、救济途径；⑤听取当事人的陈述和申辩；⑥制作现场笔录；⑦现场笔录由当事人和行政执法人员签名或者盖章，当事人拒绝的，在笔录中

予以注明；⑧当事人不到场的，邀请见证人到场，由见证人和行政执法人员在现场笔录上签名或者盖章；⑨法律、法规规定的其他程序。

如有以下案例：

某区工商分局发现A公司销售劣质产品，随即查封了公司的销售的相关产品，之后决定没收全部劣质产品、罚款8万元。

提问：下列哪一选项是错误的？A. 查封时应当通知A公司负责人到场；B. 查封由工商分局的一名执法人员和一名辅助人员实施；C. 查封时应当制作现场笔录；D. 现场笔录由公司负责人签名即可。

从这个案例的选项内容可以看出，其是在综合考查行政强制措施的一般实施程序。依照《行政强制法》的规定，行政机关在实施行政强制措施时，应当由2名执法人员实施，并通知当事人到场，应当制作现场笔录，现场笔录由当事人和行政执法人员签名或者盖章。根据上述规定，本案例中的选项A、C说法正确，选项B、D说法错误。

三、实施行政强制措施的特别程序要求

（一）限制公民人身自由的行政强制措施实施程序

行政机关实施限制公民人身自由的行政强制措施，除履行前述立法规定的一般程序义务外，还应当遵守以下特殊程序规则：

（1）当场告知或者实施行政强制措施后立即通知当事人家属实施行政强制措施的行政机关、地点和期限。

（2）在紧急情况下当场实施行政强制措施的，在返回行政机关后，立即向行政机关负责人报告并补办批准手续。

（3）法律规定的其他程序。如实施限制人身自由的行政强制措施不得超过法定期限。实施行政强制措施的目的已经达到或者条件已经消失，应当立即解除。

如有以下案例：

王某系美国驻北京一公司的职员，常住北京市海淀区。某一天，王某从美国经深圳口岸回国，被深圳罗湖海关以走私嫌疑扣留。

提问：下列说法正确的是哪些？A. 罗湖海关应当在扣留后立即通知王某的家属实施扣留的行政机关、地点和期限；B. 罗湖海关在实施扣留时，须当场告知王某扣留的理由、依据以及王某依法享有的权利、救济途径；C. 罗湖海关实施扣留最长不得超过24小时；D. 经检查，王某并未实施扣留行为，罗湖海关应当立即解除扣留。

在本案例中，选项A、B、D符合《行政强制法》有关实施行政强制措施的一般程序规定和实施限制公民人身自由的特别程序规定。而选项C的正确与否需要结合《海关法》的规定。依照《海关法》第6条第（四）项的规定，对有走私嫌疑的走私犯罪嫌疑人，经直属海关关长或者其授权的隶属海关关长批准，可以扣留；对走私犯罪嫌疑人，扣留时间不超过24小时，在特殊情况下可以延长至48小时。据此，选项C的表述错误。

（二）实施查封、扣押的程序

依照法律规定，查封、扣押的实施需要遵守以下特殊规定：

（1）不得超出必要的范围。查封扣押限于涉案的场所、设施或者财物，不得查封、扣

押与违法行为无关的场所、设施或者财物；不得查封、扣押公民个人及其所扶养家属的生活必需品。当事人的场所、设施或者财物已被其他国家机关依法查封的，不得重复查封。

（2）制作相应法律文书。行政机关决定实施查封、扣押的，除履行强制措施一般程序义务外，还制作并当场交付查封、扣押决定书和清单。查封、扣押决定书应当载明下列事项：①当事人的姓名或者名称、地址；②查封、扣押的理由、依据和期限；③查封、扣押场所、设施或者财物的名称、数量等；④申请行政复议或者提起行政诉讼的途径和期限；⑤行政机关的名称、印章和日期。查封、扣押清单一式两份，由当事人和行政机关分别保存。

（3）遵守法定期限。查封、扣押的期限不得超过30日；情况复杂的，除法律、行政法规另有规定以外，经行政机关负责人批准，可以延长，但是延长期限最多不得超过30日。且延长查扣决定应及时书面告知当事人，并说明理由。查扣期间不包括检测、检验、检疫或者技术鉴定的期间。对物品需要进行检测、检验、检疫或者技术鉴定的，查封、扣押的期间不包括检测、检验、检疫或者技术鉴定的期间。检测、检验、检疫或者技术鉴定的期间应当明确，并书面告知当事人。检测、检验、检疫或者技术鉴定的费用由行政机关承担。

（4）妥善保管义务。行政机关应妥善保管查扣的场所、设施或财物，不得使用或者损毁；造成损失的，应当承担赔偿责任。对查封的场所、设施或者财物，行政机关可以委托第三人保管，第三人不得损毁或者擅自转移、处置。因第三人的原因造成的损失，行政机关先行赔付后，有权向第三人追偿。因查封、扣押发生的保管费用由行政机关承担。

（5）及时解除义务。行政机关采取查扣措施后，应当及时查清事实，在法定期限内作出处理决定。该没收的没收，该销毁的销毁。在下列情况下，应当作出解除查扣决定：①当事人没有违法行为；②查封、扣押的场所、设施或者财物与违法行为无关；③行政机关对违法行为已经作出处理决定，不再需要查封、扣押；④查封、扣押期限已经届满；⑤其他不再需要采取查封、扣押措施的情形。

解除查封、扣押应当立即退还财物；已将鲜活物品或者其他不易保管的财物拍卖或者变卖的，退还拍卖或者变卖所得款项。变卖价格明显低于市场价格，给当事人造成损失的，应当给予补偿。

有如下案例：

某工商局因张某无证经营网吧，决定扣押其从事违法经营活动的电脑23台。

下列哪些说法正确？A. 工商局应制作并当场交付扣押决定书和扣押清单；B. 工商局应当制作现场笔录；C. 因扣押电脑数量较多，作出扣押决定前工商局应告知张某享有要求听证的权利；D. 对扣押的电脑，工商局不得使用。

此案中，选项A、B、D符合《行政强制法》有关实施扣押行为的一般程序和特别程序规定，为正确选项。选项C是否正确需要仔细分析。本案中，虽然扣押的电脑数量较多，但《行政强制法》对行政机关实施扣押行为并未规定扣押财产价值较大需要经过听证程序，因此选项C说法不正确。

例1 某工商局以涉嫌非法销售汽车为由扣押某公司5辆汽车。下列哪些说法是错误的？

A. 工商局可以委托城管执法局实施扣押

B. 工商局扣押汽车的最长期限为90日

C. 对扣押车辆，工商局可以委托第三人保管

D. 对扣押车辆进行检测的费用，由某公司承担

提示： 依照《行政强制法》的规定，行政强制措施权力不得委托，扣押时间经批准最长不得超过60日，对扣押物品可以委托第三人保管，对物品经检测的费用由行政机关承担。据此，选项A、B、D说法错误，选项C说法正确。

（三）实施冻结的程序

依照法律规定，行政机关实施冻结存款、汇款，须履行以下程序义务：

（1）冻结存款、汇款的数额应当与违法行为涉及的金额相当；已被其他国家机关依法冻结的，不得重复冻结。

（2）行政机关依法决定实施冻结存款、汇款的，除应当遵守一般程序规则外，行政机关应当在3日内向金融机构交付冻结通知书。冻结决定书载明下列事项：①当事人的姓名或者名称、地址；②冻结的理由、依据和期限；③冻结的账号和数额；④申请行政复议或者提起行政诉讼的途径和期限；⑤行政机关的名称、印章和日期。

（3）冻结时限。自冻结存款、汇款之日起30日内，行政机关应作出处理决定或作出解除冻结决定；情况复杂的，经行政机关负责人批准，可以延长，但延长期限不得超过30日。法律另有规定的除外。延长冻结的决定应当及时书面告知当事人，并说明理由。

行政机关应当及时作出解除冻结决定的法定情形如下：①当事人没有违法行为；②冻结的存款、汇款与违法行为无关；③行政机关对违法行为已经作出处理决定，不再需要冻结；④冻结期限已经届满；⑤其他不再需要采取冻结措施的情形。

行政机关作出解除冻结决定的，应当及时通知金融机构和当事人。金融机构接到通知后，应当立即解除冻结。行政机关逾期未作出处理决定或者解除冻结决定的，金融机构应当自冻结期满之日起解除冻结。

第八章　政府信息公开

第一节　政府信息公开制度的主要内容

重要法条及司法解释

《政府信息公开条例》第 13～16 条，第 27～36 条。

《最高人民法院关于审理政府信息公开行政案件若干问题的规定》第 2、3、5、6、9～12 条。

命题分析

政府信息公开制度是历年考试的重点，几乎每年必考，考查次数最多，总分值高，可谓“地毯式轰炸”般的全方位考查。从考查内容来看，本部分内容的考查重点集中于政府信息的判断，各级行政机关主动公开信息中有关重点公开的信息范围，信息公开申请人提出申请的方式、行政机关对信息公开申请的处理方式等。可以预期，今后的法考仍将围绕上述内容设计题目，需要考生充分复习。

知识点精讲

政府信息公开是指行政机关依职权或者依据公民、法人或者其他组织的申请，将其在行使职权过程中掌握和控制的信息向公众或当事人公开的法律制度。

一、政府信息的概念

《政府信息公开条例》调整的政府信息，是指行政机关在履行行政管理职能过程中制作或者获取的，以一定形式记录、保存的信息。

第一，政府信息是与履行行政管理职能有关联的信息。纯属于行政机关内部管理的人事、财务等相关信息不属于《政府信息公开条例》调整的政府信息。

第二，政府信息包括行政机关在履行行政管理职能过程中制作和加工的信息，以及从其他机关、组织、个人那里获取的信息。前一类信息，如行政机关在其职权范围内发布的行政公文，在行政处罚案件中制作的笔录；后一类信息，如行政机关要求企业提供的有关该企业的基本信息或者依法从其他行政机关调取的文书、资料等信息。

第三，政府信息既可以是纸质文件，也可以是胶卷、磁带、磁盘以及其他存储信息。

二、《政府信息公开条例》的适用主体范围

《政府信息公开条例》适用于以下主体。

（一）行政机关

行政机关制作的政府信息，由制作该政府信息的行政机关负责公开。行政机关从公民、法人和其他组织获取的政府信息，由保存该政府信息的行政机关负责公开；行政机关获取的其他行政机关的政府信息，由制作或者最初获取该政府信息的行政机关负责公开。法律、法规对政府信息公开的权限另有规定的，从其规定。行政机关设立的派出机构、内设机构依照法律、法规对外以自己名义履行行政管理职能的，可以由该派出机构、内设机构负责与所履行行政管理职能有关的政府信息公开工作。两个以上行政机关共同制作的政府信息，由牵头制作的行政机关负责公开。

（二）法律法规授权的具有管理公共事务职能的组织

如得到立法授权证监会、银保监会等事业单位。

教育、卫生健康、供水、供电、供气、供热、环境保护、公共交通等与人民群众利益密切相关的公共企事业单位，公开在提供社会公共服务过程中制作、获取的信息，依照相关法律、法规和国务院有关主管部门或者机构的规定执行。全国政府信息公开工作主管部门根据实际需要可以制定专门的规定。

三、政府信息公开遵循的原则

（一）以公开为常态、不公开为例外

政府信息原则都要公开，除非有法定例外情况。

（二）公正、公平、合法、便民原则

个人、组织享有平等的获取政府信息的权利，不能成为少数人的特权，行政机关在公开政府信息时，应当平等对待申请人，不应歧视和存在偏见。政府信息主动公开和依申请公开都要符合法律法规的规定。在公开信息时，应当提供各种便利。

（三）及时、准确原则

行政机关在公开政府信息过程中，应当提高效率，遵守信息公开法定时限要求，同时，要保证所公开信息的真实可信、准确无误，一旦发现影响或者可能影响社会稳定、扰乱社会管理秩序的虚假或者不完整信息的，应当发布准确的政府信息予以澄清。个人、组织有证据证明行政机关提供的与其自身相关的政府信息记录不准确的，有权要求该行政机关予以更正。该行政机关应当更正或转送有权机关更正。

（四）正确处理公开与保密的关系

第一，行政机关公开政府信息，不得危及国家安全、公共安全、经济安全和社会稳定；第二，行政机关应当建立健全政府信息发布保密审查机制。行政机关应当依照《保守国家秘密法》以及其他法律、法规和国家有关规定对拟公开的政府信息进行审查。对不能确定是否可以公开时，应当依照法律、法规和国家有关规定报有关主管部门或者同级保密工作部门确定。行政机关不得公开涉及国家秘密、商业秘密、个人隐私的政府信息。但是，经

权利人同意公开或者行政机关认为不公开可能对公共利益造成重大影响的涉及商业秘密、个人隐私的政府信息，可以予以公开。

四、政府信息公开的范围

除下列情况外，政府信息都应当公开。

（一）不予公开的信息

依法确定为国家秘密的政府信息，法律、行政法规禁止公开的政府信息，以及公开后可能危及国家安全、公共安全、经济安全、社会稳定的政府信息，不予公开。

（二）不得公开的信息

涉及商业秘密、个人隐私等公开会对第三方合法权益造成损害的政府信息，行政机关不得公开。但是，第三方同意公开或者行政机关认为不公开会对公共利益造成重大影响的，予以公开。

（三）可以不予公开的信息

行政机关的内部事务信息，包括人事管理、后勤管理、内部工作流程等方面的信息，可以不予公开。行政机关在履行行政管理职能过程中形成的讨论记录、过程稿、磋商信函、请示报告等过程性信息以及行政执法案卷信息，可以不予公开。法律、法规、规章规定上述信息应当公开的，从其规定。

五、政府信息公开的方式与程序

（一）主动公开

行政机关依法应当主动公开本行政机关的下列政府信息：行政法规、规章和规范性文件；机关职能、机构设置、办公地址、办公时间、联系方式、负责人姓名；国民经济和社会发展规划、专项规划、区域规划及相关政策；国民经济和社会发展统计信息；办理行政许可和其他对外管理服务事项的依据、条件、程序以及办理结果；实施行政处罚、行政强制的依据、条件、程序以及本行政机关认为具有一定社会影响的行政处罚决定；财政预算、决算信息；行政事业性收费项目及其依据、标准；政府集中采购项目的目录、标准及实施情况；重大建设项目的批准和实施情况；扶贫、教育、医疗、社会保障、促进就业等方面的政策、措施及其实施情况；突发公共事件的应急预案、预警信息及应对情况；环境保护、公共卫生、安全生产、食品药品、产品质量的监督检查情况；公务员招考的职位、名额、报考条件等事项以及录用结果；法律、法规、规章和国家有关规定应当主动公开的其他政府信息。

除公开以上信息外，设区的市级、县级人民政府及其部门还应当根据本地方的具体情况，主动公开涉及市政建设、公共服务、公益事业、土地征收、房屋征收、治安管理、社会救助等方面的政府信息；乡（镇）人民政府还应当根据本地方的具体情况，主动公开贯彻落实农业农村政策、农田水利工程建设运营、农村土地承包经营权流转、宅基地使用情况审核、土地征收、房屋征收、筹资筹劳、社会救助等方面的政府信息。

行政机关将主动公开的政府信息通过政府公报、政府网站或者其他互联网政务媒体、新闻发布会以及报刊、广播、电视等途径予以公开。

各级人民政府应当利用统一的政府信息公开平台集中发布主动公开的政府信息。

各级人民政府应当在国家档案馆、公共图书馆、政务服务场所设置政府信息查阅场所，并配备相应的设施、设备，为公民、法人和其他组织获取政府信息提供便利。

行政机关可以根据需要设立公共查阅室、资料索取点、信息公告栏、电子信息屏等场所、设施，公开政府信息。

属于主动公开范围的政府信息，应当自该政府信息形成或者变更之日起20个工作日内及时公开。法律、法规对政府信息公开的期限另有规定的，从其规定。

（二）依申请公开

1. 申请公开政府信息无须“三需要”

依照修改后的《政府信息公开条例》，个人或者组织无须表明其基于生产、生活和科研等需要，而可以向行政机关申请相关政府信息。

2. 当事人申请

个人或者组织申请获取政府信息，应采用书面形式（包括数据电文形式），采用书面形式确有困难的，申请人可以口头提出，由受理该申请的政府信息公开工作机构代为填写政府信息公开申请。政府信息公开申请应当包括下列内容：申请人的姓名或者名称、身份证明、联系方式；申请公开的政府信息的名称、文号或者便于行政机关查询的其他特征性描述；申请公开的政府信息的形式要求，包括获取信息的方式、途径。

政府信息公开申请内容不明确的，行政机关应当给予指导和释明，并自收到申请之日起7个工作日内一次性告知申请人作出补正，说明需要补正的事项和合理的补正期限。答复期限自行政机关收到补正的申请之日起计算。申请人无正当理由逾期不补正的，视为放弃申请，行政机关不再处理该政府信息公开申请。

3. 行政机关处理

对当事人的信息公开申请，行政机关根据不同情况分别作出以下答复。

（1）所申请公开信息已经主动公开的，告知申请人获取该政府信息的方式、途径。

（2）所申请公开信息可以公开的，向申请人提供该政府信息，或者告知申请人获取该政府信息的方式、途径和时间。

（3）行政机关依据本条例的规定决定不予公开的，告知申请人不予公开并说明理由。

（4）经检索没有所申请公开信息的，告知申请人该政府信息不存在。

（5）所申请公开信息不属于本行政机关负责公开的，告知申请人并说明理由；能够确定负责公开该政府信息的行政机关的，告知申请人该行政机关的名称、联系方式。

（6）行政机关已就申请人提出的政府信息公开申请作出答复、申请人重复申请公开相同政府信息的，告知申请人不予重复处理。

（7）所申请公开信息属于工商、不动产登记资料等信息，有关法律、行政法规对信息的获取有特别规定的，告知申请人依照有关法律、行政法规的规定办理。

申请人申请公开政府信息的数量、频次明显超过合理范围，行政机关可以要求申请人说明理由。行政机关认为申请理由不合理的，告知申请人不予处理；行政机关认为申请理由合理，但是无法在法定期限内答复申请人的，可以确定延迟答复的合理期限并告知申请人。

4. 书面征求第三方意见

依申请公开的政府信息公开会损害第三方合法权益的，行政机关应当书面征求第三方的意见。第三方应当自收到征求意见书之日起 15 个工作日内提出意见。第三方逾期未提出意见的，由行政机关依照本条例的规定决定是否公开。第三方不同意公开且有合理理由的，行政机关不予公开。行政机关认为不公开可能对公共利益造成重大影响的，可以决定予以公开，并将决定公开的政府信息内容和理由书面告知第三方。

5. 期限

行政机关收到申请后，能够当场答复的，当场予以答复。不能当场答复的，应自收到申请之日起 20 个工作日内予以答复；如需延长答复期限的，应当经政府信息公开工作机构负责人同意，并告知申请人，延长答复的期限最长不得超过 20 个工作日。征求第三方和其他机关意见所需的时间不计算在答复期限内。

六、政府信息公开的费用

行政机关依申请提供政府信息，不收取费用。但是，申请人申请公开政府信息的数量、频次明显超过合理范围的，行政机关可以收取信息处理费。

七、政府信息公开的监督与救济

（一）考核评议

各级人民政府应当建立健全政府信息公开工作考核制度、社会评议制度和责任追究制度，定期对政府信息公开工作进行考核、评议。

（二）监督检查

政府信息公开工作主管部门负责对行政机关政府信息公开的实施情况进行监督检查。个人或者组织认为行政机关未按照要求主动公开政府信息或者对政府信息公开申请不依法答复处理的，可以向政府信息公开工作主管部门提出。经查证属实的，督促整改或者通报批评。

（三）年度报告

县级以上人民政府部门应当在每年 1 月 31 日前向本级政府信息公开工作主管部门提交本行政机关上一年度政府信息公开工作年度报告并向社会公布。县级以上人民政府的政府信息公开工作主管部门应当在每年 3 月 31 日前向社会公布本级政府上一年度政府信息公开工作年度报告。

（四）申诉、复议和诉讼

个人或者组织认为行政机关在政府信息公开工作中侵犯其合法权益的，可以向上一级行政机关或者政府信息公开工作主管部门投诉、举报，也可以依法申请行政复议或者提起行政诉讼。

第二节　政府信息公开诉讼

命题分析

政府信息公开诉讼是考试重点，考查次数最多，分值占比高。从考查内容来看，本部分内容的考查重点集中于政府信息公开诉讼案件的受理与审查，包括受案范围、举证责任、裁判方式等。从考查趋势来看，政府信息公开案件的受理和审查、裁判等仍将是法考的重点关照对象，同样需要充分复习。

知识点精讲

政府信息公开诉讼遵循特殊的程序规则。对此，《最高人民法院关于审理政府信息公开行政案件若干问题的规定》（以下简称《政府信息公开案件规定》）有详细规定。

一、受案范围

不予受理的案件	应当受理的案件
（1）向行政机关申请获取政府信息，行政机关拒绝提供或者逾期不予答复的； （2）认为行政机关提供的政府信息不符合其在申请中要求的内容或者法律、法规规定的适当形式的； （3）认为行政机关主动公开或者依他人申请公开政府信息侵犯其商业秘密、个人隐私的； （4）认为行政机关提供的与其自身相关的政府信息记录不准确，要求该行政机关予以更正，该行政机关拒绝更正、逾期不予答复或者不予转送有权机关处理的； （5）认为行政机关在政府信息公开工作中的其他具体行政行为侵犯其合法权益的。 个人、组织认为政府信息公开行政行为侵权造成损害的，可一并或单独提起行政赔偿诉讼。 **特殊规定**：个人或者组织认为行政机关不依法履行主动公开政府信息义务，直接向人民法院提起诉讼的，应当告知其先向行政机关申请获取相关政府信息。对行政机关的答复或者逾期不予答复不服的，可以向人民法院提起诉讼。	（1）因申请内容不明确，行政机关要求申请人作出更改、补充且对申请人权利义务不产生实际影响的告知行为； （2）要求行政机关提供政府公报、报纸、杂志、书籍等公开出版物，行政机关予以拒绝的； （3）要求行政机关为其制作、搜集政府信息，或者对若干政府信息进行汇总、分析、加工，行政机关予以拒绝的； （4）行政程序中的当事人、利害关系人以政府信息公开名义申请查阅案卷材料，行政机关告知其应当按照相关法律、法规的规定办理的。

例1　法院应当受理下列哪些对政府信息公开行为提起的诉讼？

A. 黄某要求市政府提供公开发行的2010年市政府公报，遭拒绝后向法院起诉

B. 某公司认为工商局向李某公开的政府信息侵犯其商业秘密向法院起诉

C. 村民申请乡政府公开财政收支信息，因乡政府拒绝公开向法院起诉

D. 甲市居民高某向乙市政府申请公开该市副市长的兼职情况，乙市政府以其不具有申请人资格为由拒绝公开，高某向法院起诉

提示：《政府信息公开案件规定》第2条规定，要求行政机关提供政府公报等公开出版物，行政机关拒绝，申请人起诉的，不属于政府信息公开诉讼受案范围，选项A错误。依照该司法解释第2条规定，选项B、D均属于受案范围。选项C中的财政收支信息为乡政府主动公开的信息，当事人认为行政机关未公开主动公开相关信息的，需先向该机关提出信息公开申请，遭到拒绝的，再提起行政诉讼。选项C正确。

二、被告确定

（一）依申请公开

个人或组织对国务院部门、地方各级人民政府及县级以上地方人民政府部门依申请公开政府信息行政行为不服提起诉讼的，以作出答复的机关为被告；逾期未作出答复的，以受理申请的机关为被告。

（二）主动公开

个人或组织对主动公开政府信息行政行为不服提起诉讼的，以公开该政府信息的机关为被告。

（三）法定授权组织

个人或组织对法律、法规授权的具有管理公共事务职能的组织公开政府信息的行为不服提起诉讼的，以该组织为被告。

（四）文书上署名的机关

下列情形，以在对外发生法律效力的文书上署名的机关为被告：①政府信息公开与否的答复依法报经有权机关批准的；②政府信息是否可以公开系由国家保密行政管理部门或者省、自治区、直辖市保密行政管理部门确定的；③行政机关在公开政府信息前与有关行政机关进行沟通、确认的。

三、审理

（一）审理程序

人民法院审理政府信息公开行政案件，应当视情采取适当的审理方式，以避免泄露涉及国家秘密、商业秘密、个人隐私或者法律规定的其他应当保密的政府信息。

诉讼期间，原告申请停止公开涉及其商业秘密、个人隐私的政府信息，人民法院经审查认为公开该政府信息会造成难以弥补的损失，并且停止公开不损害公共利益的，可以依照《行政诉讼法》第56条的规定，裁定暂时停止公开。

（二）举证责任分配

1. 被告的举证责任

（1）被告拒绝向原告提供政府信息的，应当对拒绝的根据以及履行法定告知和说明理由义务的情况举证。

（2）因公共利益决定公开涉及商业秘密、个人隐私政府信息的，被告应当对认定公共利益以及不公开可能对公共利益造成重大影响的理由进行举证和说明。

（3）被告拒绝更正与原告相关的政府信息记录的，应当对拒绝的理由进行举证和说明。不过，被告能够证明政府信息涉及国家秘密，请求在诉讼中不予提交的，人民法院应当准许。

2. 原告的举证责任

原告起诉被告拒绝更正政府信息记录的，应当提供其向被告提出过更正申请以及政府信息与其自身相关且记录不准确的事实根据。

此外，被告主张政府信息不存在，原告能够提供该政府信息系由被告制作或者保存的相关线索的，可以申请人民法院调取证据。

四、裁判

（一）原告胜诉判决

（1）被告对依法应当公开的政府信息拒绝或者部分拒绝公开的，人民法院应当撤销或者部分撤销被诉不予公开决定，并判决被告在一定期限内公开。尚需被告调查、裁量的，判决其在一定期限内重新答复。

（2）被告提供的政府信息不符合申请人要求的内容或者法律、法规规定的适当形式的，人民法院应当判决被告按照申请人要求的内容或者法律、法规规定的适当形式提供。

（3）人民法院经审理认为被告不予公开的政府信息内容可以作区分处理的，应当判决被告限期公开可以公开的内容。

（4）被告依法应当更正而不更正与原告相关的政府信息记录的，人民法院应当判决被告在一定期限内更正。尚需被告调查、裁量的，判决其在一定期限内重新答复。被告无权更正的，判决其转送有权更正的行政机关处理。

（5）被告对原告要求公开或者更正政府信息的申请无正当理由逾期不予答复的，人民法院应当判决被告在一定期限内答复。原告一并请求判决被告公开或者更正政府信息且理由成立的，参照《政府信息公开案件规定》第9条规定处理。

（6）被告公开政府信息涉及原告商业秘密、个人隐私且不存在公共利益等法定事由的，人民法院应当判决确认公开政府信息的行为违法，并可以责令被告采取相应的补救措施；造成损害的，根据原告请求依法判决被告承担赔偿责任。政府信息尚未公开的，应当判决行政机关不得公开。

（二）原告败诉判决

有下列情形之一，被告已经履行法定告知或者说明理由义务的，人民法院应当判决驳回原告的诉讼请求：

（1）不属于政府信息、政府信息不存在、依法属于不予公开范围或者依法不属于被告公开的；

（2）申请公开的政府信息已经向公众公开，被告已经告知申请人获取该政府信息的方式和途径的；

（3）起诉被告逾期不予答复，理由不成立的；

（4）以政府信息侵犯其商业秘密、个人隐私为由反对公开，理由不成立的；

（5）要求被告更正与其自身相关的政府信息记录，理由不成立的；

（6）不能合理说明申请获取政府信息系根据自身生产、生活、科研等特殊需要，且被告据此不予提供的；

（7）无法按照申请人要求的形式提供政府信息，且被告已通过安排申请人查阅相关资料、提供复制件或者其他适当形式提供的；

（8）其他应当判决驳回诉讼请求的情形。

例 2　田某认为区人社局记载有关他的社会保障信息有误，要求更正，该局拒绝。田某向法院起诉。下列哪些说法是正确的？

A. 田某应先申请行政复议再向法院起诉

B. 区人社局应对拒绝更正的理由进行举证和说明

C. 田某应提供区人社局记载有关他的社会保障信息有误的事实根据

D. 法院应判决区人社局在一定期限内更正

提示：《政府信息公开条例》并未规定申请人就政府信息公开争议向人民法院提起行政诉讼之前，必须先经过行政复议，选项 A 说法错误。依照《政府信息公开案件规定》，原告起诉被告拒绝更正政府信息记录的，应当提供其向被告提出过更正申请以及政府信息与其自身相关且记录不准确的事实根据；被告拒绝更正与原告相关的政府信息记录的，应当对拒绝的理由进行举证和说明。据此，选项 B、C 有关举证责任分配的说法正确。依照前述司法解释，被告依法应当更正而不更正与原告相关的政府信息记录的，人民法院应当判决被告在一定期限内更正。尚需被告调查、裁量的，判决其在一定期限内重新答复。被告无权更正的，判决其转送有权更正的行政机关处理。据此，选项 D 表述不准确。

第九章　行政复议

第一节　行政复议参加人与行政复议机关

重要法条及司法解释

《行政复议法》第 11、12 ~ 15 条，第 17、18、20 条。

《行政复议法实施条例》第 6 ~ 14 条，第 23 ~ 25 条。

命题分析

行政复议参加人和行政复议机关的确定是行政复议程序知识的重要组成部分，也是历年考试重点考查的内容。从历年命题情况来看，考查次数多，分值占比高。从考查内容来看，本部分考查的重点集中在行政复议申请人的委托代理、行政复议第三人的确定及其权利，以及不同情况下行政复议机关的确定。从考查趋势来看，行政复议申请人的委托代理问题、行政复议第三人的确定标准及其权利以及行政复议机关的确定，仍将作为法律职业资格考试考查的重点。

知识点精讲

行政复议参加人包括行政复议申请人、被申请人以及特殊情况下的行政复议第三人。此外，受理行政复议申请，并依法对行政复议案件作出处理的是行政复议机关。以下依照《行政复议法》及其实施条例的规定，对上述内容分别进行介绍。

一、行政复议申请人

行政复议申请人是指认为行政机关作出的具体行政行为侵犯其合法权益，依法向行政复议机关提出复议申请，并受行政复议决定拘束的公民、法人或者其他组织。

有关行政复议申请人，需要注意以下问题：

第一，行政复议申请人恒定为作为行政相对人的公民、法人或者其他组织。国家行政机关在以被管理者身份出现时，同样可以成为行政复议申请人。

第二，行政复议申请人必须与被申请复议的具体行政行为有利害关系，即被申请复议的具体行政行为影响到了其合法权益。

第三，行政复议申请人须依法提出行政复议申请，申请受理后取得复议申请人身份。

第四，行政复议申请人资格依法可以转移。有权申请行政复议的公民死亡的，其近亲属可以申请行政复议。有权申请行政复议的法人或者其他组织终止的，承受其权利的法人或者其他组织可以申请行政复议。有权申请行政复议的公民为无民事行为能力人或者限制民事行为能力人的，其法定代理人可以代为申请行政复议。

《行政复议法实施条例》对行政复议申请人规定了以下特殊情况：

（1）合伙企业申请行政复议的，应当以核准登记的企业为申请人，由执行合伙事务的合伙人代表该企业参加行政复议；其他合伙组织申请行政复议的，由合伙人共同申请行政复议。不具备法人资格的其他组织申请行政复议的，由该组织的主要负责人代表该组织参加行政复议；没有主要负责人的，由共同推选的其他成员代表该组织参加行政复议。

（2）股份制企业的股东大会、股东代表大会、董事会认为行政机关作出的具体行政行为侵犯企业合法权益的，可以以企业的名义申请行政复议。

（3）同一行政复议案件申请人超过5人的，推选1~5名代表参加行政复议。

行政复议申请人可以本人提出行政复议申请，也可以委托1~2名代理人参加行政复议。申请人委托代理人的，应当向行政复议机构提交授权委托书。授权委托书应当载明委托事项、权限和期限。公民在特殊情况下无法书面委托的，可以口头委托。口头委托的，行政复议机构应当核实并记录在卷。申请人解除或者变更委托的，应当书面报告行政复议机构。

例1 国务院某部对一企业作出罚款50万元的处罚。该企业不服，向该部申请行政复议。下列哪一说法是正确的？

B. 企业委托代理人参加行政复议的，可以口头委托

提示：依照《行政复议法实施条例》的规定，申请人委托代理人的，应当提交授权委托书。公民在特殊情况下无法书面委托的，可以口头委托，由行政复议机构核实并记录在卷。据此，本题中，企业通过口头方式委托代理人参加行政复议，不符合前述规定，选项B的说法不正确。

二、行政复议被申请人

行政复议被申请人是指因其作出具体行政行为而被行政相对人申请行政复议，由行政复议机关通知参加复议程序的行政机关和法律法规授权组织。

除《行政复议法》对被申请人的原则规定外，《行政复议法实施条例》又作出了进一步明确规定：

（1）公民、法人或者其他组织对行政机关的具体行政行为不服，依法申请行政复议的，作出该具体行政行为的行政机关为被申请人。

（2）行政机关与法律、法规授权的组织以共同的名义作出具体行政行为的，行政机关和法律、法规授权的组织为共同被申请人。行政机关与其他组织以共同名义作出具体行政行为的，行政机关为被申请人。

（3）下级行政机关依照法律、法规、规章规定，经上级行政机关批准作出具体行政行为的，批准机关为被申请人。据此，在法律明确规定须经上级批准才能作出具体行政行为的场合，相对人不服具体行政行为申请复议的，并非以行为作出机关为被申请人，而是以

批准机关作为被申请人。

（4）行政机关设立的派出机构、内设机构或者其他组织，未经法律、法规授权，对外以自己名义作出具体行政行为的，该行政机关为被申请人。

三、行政复议第三人

行政复议第三人是指与被申请行政复议的具体行政行为有利害关系，通过主动申请或者由行政复议机关通知，参加到行政复议程序中的公民、法人或者其他组织。

行政复议第三人的特点是：①与被申请复议的具体行政行为有利害关系；②参加他人启动的行政复议程序；③具有独立的权利主张，参加复议程序是为了维护自己的利益；④行政复议决定影响到第三人权益的，其有独立的起诉权。

行政复议第三人参加复议程序分为两种情况：一是行政复议机构通知。即在复议期间，行政复议机构认为申请人以外的个人或者其他组织与被审查的具体行政行为有利害关系的，可以通知其作为第三人参加行政复议。二是本人主动申请。即复议期间，申请人以外的个人或者其他组织与被审查的具体行政行为有利害关系的，可以向行政复议机构申请作为第三人参加行政复议。

行政复议第三人可以委托1～2名代理人参加行政复议。第三人委托代理人的，应当向行政复议机构提交授权委托书。授权委托书应当载明委托事项、权限和期限。公民在特殊情况下无法书面委托的，可以口头委托。口头委托的，行政复议机构应当核实并记录在卷。第三人解除或者变更委托的，应当书面报告行政复议机构。

在行政复议程序中，行政复议机关应当保障第三人的程序权利，为第三人查阅有关材料提供必要条件。

例2 关于行政复议第三人，下列哪一选项是错误的？

A. 第三人可以委托1～2名代理人参加复议

B. 第三人不参加行政复议，不影响复议案件的审理

C. 复议机关应为第三人查阅有关材料提供必要条件

提示：复议程序中，第三人可以委托1～2名代理人参加行政复议。选项A说法正确。《行政复议法实施条例》第9条规定，第三人不参加行政复议，不影响行政复议案件的审理。据此，选项B说法正确。《行政复议法实施条例》第35条规定，行政复议机关应当为申请人、第三人查阅有关材料提供必要条件，选项C说法正确。

四、行政复议机关

行政复议机关是指依法受理行政复议申请，对被申请的具体行政行为进行合法性、适当性审查并作出决定的行政机关。依照《行政复议法》规定，行政复议机关负责法制工作的机构具体办理行政复议事项，称为行政复议机构。

《行政复议法》对行政复议机关的规定较多，从某个方面说明了行政复议机关确定时的复杂。按照法律规定，行政复议机关的确定情况见下表：

序号	具体行政行为的作出机关	行政复议机关
1	县级以上地方各级人民政府工作部门。	该部门本级人民政府、上一级主管部门均可。
2	海关、金融、国税、外汇管理等实行垂直领导的行政机关和国家安全机关。	上一级主管部门。
3	地方各级人民政府。	上一级地方人民政府。
4	省、自治区人民政府依法设立的派出机关所属的县级地方人民政府。	该派出机关。
5	国务院部门或者省、自治区、直辖市人民政府。	作出行为的国务院部门或者省、自治区、直辖市人民政府自身（不服复议决定，可提起行政诉讼，或者申请国务院终局裁决）。
6	县级以上地方人民政府依法设立的派出机关。	设立该派出机关的人民政府。
7	政府工作部门依法设立的派出机构依法以自己名义作出具体行政行为。	设立该派出机构的部门或者该部门的本级地方人民政府。
8	法律、法规授权的组织。	直接管理该组织的地方人民政府、地方人民政府工作部门或者国务院部门。
9	以共同名义作出行为的两个或者两个以上行政机关。	共同上一级行政机关。
10	被撤销的行政机关在撤销前作出行为。	继续行使其职权的行政机关的上一级行政机关。

以下根据行政复议机关的不同情况，分别举出相应例子：

例 3　肖某提出农村宅基地用地申请，乡政府审核后报县政府审批。肖某收到批件后，不满批件所核定的面积。下列哪些选项是正确的？

B. 肖某申请行政复议，复议机关为县政府的上一级政府

提示：本题中，作出实质批准决定是县级人民政府，因此，复议机关应为县政府的上一级政府。选项 B 表述正确。

例 4　A 市李某驾车送人前往 B 市，在 B 市甲区与乙区居民范某的车相撞，并将后者打伤。B 市甲区公安分局决定扣留李某的汽车，对其拘留 5 日并处罚款 300 元。下列哪些选项是正确的？

A. 李某可向 B 市公安局申请行政复议

提示：本题中，作出治安处罚决定的是 B 市甲区公安分局，其属于该市人民政府的工作部门，且不属于实行垂直领导的行政机关，对该局作出的处罚行为不服，申请人可以选择向 B 市公安局申请，也可以选择向区人民政府申请行政复议。选项 A 表述正确。

例 5　2002 年底，王某按照县国税局要求缴纳税款 12 万元。2008 年初，王某发现多缴税款 2 万元。同年 7 月 5 日，王某向县国税局提出退税书面申请。7 月 13 日，县国税局向王某送达不予退税决定。王某在复议机关维持县国税局决定后向法院起诉。下列选项正

确的是：

A. 复议机关是县国税局的上一级国税局

提示：国税机关是实行上下级垂直领导的行政机关，依照《行政复议法》规定，对国税机关作出的具体行政行为不服申请行政复议的，应当向上一级国税机关申请。选项 A 说法正确。

例 6 甲市乙区公安分局所辖派出所以李某制造噪声干扰他人正常生活为由，处以 500 元罚款。李某不服申请复议。下列哪些机关可以成为本案的复议机关？

A. 乙区公安分局　　B. 乙区政府

C. 甲市公安局　　D. 甲市政府

提示：本题中，作出行政处罚行为的是甲市乙区公安分局所辖派出所。依照《治安管理处罚法》第 91 条的规定，治安派出所有权作出警告、500 元以下的罚款决定。因此，李某对其行为不服，以派出所为行政复议被申请人。依照《行政复议法》第 15 条第（二）项规定，对政府工作部门依法设立的派出机构依照法律、法规或者规章规定，以自己的名义作出的具体行政行为不服的，向设立该派出机构的部门或者该部门的本级地方人民政府申请行政复议。据此，乙区公安分局和乙区政府均可作为行政复议机关。故选项 A、B 正确。

例 7 甲县政府设立的临时机构基础设施建设指挥部，认定有 10 户居民的小区自建的围墙及附属房系违法建筑，指令乙镇政府具体负责强制拆除。10 户居民对此决定不服起诉。下列说法正确的是：

D. 如 10 户居民对此决定申请复议，复议机关为甲县政府

提示：本题的决定者为甲县政府，行政复议机关应为上一级政府或其隶属的派出机关。选项 D 说法错误。

例 8 国务院某部对一企业作出罚款 50 万元的处罚。该企业不服，向该部申请行政复议。下列哪一说法是正确的？

D. 如企业对复议决定不服向国务院申请裁决，企业对国务院的裁决不服向法院起诉的，法院不予受理

提示：依照《行政复议法》规定，对国务院部门作出的行政行为不服，相对人可以向该部门申请复议，对复议决定不服，其可以向人民法院提起行政诉讼，或者向国务院申请裁决，国务院的裁决为终局裁决，不能再提起行政诉讼。据此，本题中的选项 D 表述正确。

第二节 行政复议的申请与受理

重要法条及司法解释

《行政复议法》第 9、11、23 ~ 28、29 ~ 31 条。

《行政复议法实施条例》第 15 ~ 22、27 ~ 31 条。

命题分析

行政复议的申请与受理是行政复议程序的启动环节，其涉及的程序规定较多，法条适用具有一定的灵活性，是历年考试重点，考查次数多，考查内容详细。主要考查内容涉及行政复议申请期限、复议申请方式、行政复议机关对复议申请的审查与处理。从考查趋势看，复议申请期限、对复议申请的处理、行政复议与行政诉讼的关系将可能成为考查重点，值得引起注意。

知识点精讲

一、行政复议的申请时间和方式

（一）行政复议申请期限

行政复议申请期限是指行政相对人向行政复议机关提出复议申请的法定时间限制。超过该申请时间，行政复议机关有权不予受理其复议申请。

行政复议申请期限有两种情况：一是一般申请期限。依照《行政复议法》第 9 条规定，相对人认为具体行政行为侵犯其合法权益的，可以自知道该具体行政行为之日起 60 日内提出行政复议申请。二是特别申请期限。即其他单行法律规定的申请时间，不过，单行法律规定申请期限不得少于 60 日。此外，因不可抗力或者其他正当理由耽误法定申请期限的，申请期限自障碍消除之日起继续计算。

为解决实践中出现的复杂问题，《行政复议法实施条例》对复议申请期限又作出了以下规定：

（1）行政作为行为复议申请期限的起算点。行政复议申请期限的计算，依照下列规定办理：

①当场作出具体行政行为的，自具体行政行为作出之日起计算。

②载明具体行政行为的法律文书直接送达的，自受送达人签收之日起计算。

③载明具体行政行为的法律文书邮寄送达的，自受送达人在邮件签收单上签收之日起计算；没有邮件签收单的，自受送达人在送达回执上签名之日起计算。

④具体行政行为依法通过公告形式告知受送达人的，自公告规定的期限届满之日起计算。

⑤行政机关作出具体行政行为时未告知公民、法人或者其他组织，事后补充告知的，

自该公民、法人或者其他组织收到行政机关补充告知的通知之日起计算。

⑥被申请人能够证明公民、法人或者其他组织知道具体行政行为的，自证据材料证明其知道具体行政行为之日起计算。

行政机关作出具体行政行为，依法应当向有关公民、法人或者其他组织送达法律文书而未送达的，视为该公民、法人或者其他组织不知道该具体行政行为。

（2）行政不作为的复议申请期限起算点。相对人依法申请行政机关履行法定职责，行政机关未履行的，行政复议申请期限依照下列规定计算：

①有履行期限规定的，自履行期限届满之日起计算。

②没有履行期限规定的，自行政机关收到申请满60日起计算。

公民、法人或者其他组织在紧急情况下请求行政机关履行保护人身权、财产权的法定职责，行政机关不履行的，行政复议申请期限不受前款规定的限制。

例1 某区公安分局以沈某收购赃物为由，拟对沈某处以1000元罚款。该分局向沈某送达了听证告知书，告知其可以在3日内提出听证申请，沈某遂提出听证要求。次日，该分局在未进行听证的情况下向沈某送达1000元罚款决定。沈某申请复议。下列哪些说法是正确的？

B. 沈某申请复议的期限为60日

提示：确定本题中选项B的表述需要注意《治安管理处罚法》对被处罚人申请复议的期限有无长于60日的规定。由于《治安管理处罚法》并未对治安管理处罚的复议申请期限作出规定，因此，本题适用《行政复议法》所规定的一般复议期限，即60日。选项B说法正确。

例2 郑某因某厂欠缴其社会养老保险费，向区社保局投诉。2004年9月22日，该局向该厂送达《决定书》，要求为郑某缴纳养老保险费1万元。同月30日，该局向郑某送达告知书，称其举报一事属实，并要求他缴纳养老保险费（个人缴纳部分）2000元。郑某不服区社保局的《决定书》向法院起诉，法院的生效判决未支持郑某的请求。2005年4月19日，郑某不服告知书向市社保局申请复议，后者作出不予受理决定，郑某不服提起诉讼。下列选项正确的是：

A. 郑某向市社保局提出的复议申请已超过申请期限

提示：本题中不存在法律特别规定超过60日的情形，郑某申请行政复议的期限应为自知道该具体行政行为之日起60日内。区社保局于2004年9月30日向郑某直接送达告知书，申请行政复议的期限自签收该告知书之日起计算，郑某于2005年4月19日才提出复议申请，显然已超过申请复议期限。选项A的说法正确。

（二）行政复议的申请方式

《行政复议法》对相对人提出行政复议申请的方式并未作出明确规定。从便于原则出发《行政复议法实施条例》认可相对人可以书面方式或者口头方式提出复议申请。

申请人书面申请行政复议的，可以采取当面递交、邮寄或者传真等方式提出行政复议申请。有条件的行政复议机构可以接受以电子邮件形式提出的行政复议申请。

申请人书面申请行政复议的，应当在行政复议申请书中载明下列事项：申请人的基本情况；被申请人的名称；行政复议请求、申请行政复议的主要事实和理由；申请人的签名或者盖章；申请行政复议的日期。申请人提出复议申请时错列被申请人的，行政复议机构应当告知申请人变更被申请人。

申请人口头申请行政复议的，行政复议机构应当场制作行政复议申请笔录交申请人核对或者向申请人宣读，并由申请人签字确认。

有下列情形之一的，申请人应当提供证明材料：①认为被申请人不履行法定职责的，提供曾经要求被申请人履行法定职责而被申请人未履行的证明材料；②申请行政复议时一并提出行政赔偿请求的，提供受具体行政行为侵害而造成损害的证明材料；③法律、法规规定需要申请人提供证据材料的其他情形。

如有以下案例：

某区质监局以某企业生产超过保质期的产品为由，对该企业作出行政处罚决定。企业不服申请复议。问题：该企业能否以电子邮件形式提出行政复议申请?

对此问题，因为《行政复议条例》允许有条件的行政复议机构可以接受以电子邮件形式提出的行政复议申请，本案中的企业可以电子邮件形式提出行政复议申请。

二、对复议申请的审查和处理

行政复议机关接收相对人递交的行政复议申请后，应当在5日内进行审查，对不合法的复议申请，决定不予受理，并书面告知申请人；对合法申请但不属于本机关受理的行政复议申请，应当告知申请人向有关行政复议机关提出。除上述情况外，行政复议申请自复议机关负责法制工作的机构收到之日起即为受理。

行政相对人依法提出行政复议申请，行政复议机关无正当理由不予受理的，上级行政机关应当责令其受理；必要时，上级行政机关也可以直接受理。

申请人认为具体行政行为所依据的下列规定不合法的，可以在对具体行政行为申请行政复议的同时一并提出对该规定的审查申请：国务院部门的规定；县级以上地方各级人民政府及其工作部门的规定；乡、镇人民政府的规定。申请人在对具体行政行为提出行政复议申请时尚不知道该具体行政行为所依据的规定的，可以在复议机关作出复议决定前向行政复议机关提出对该规定的审查申请。

行政复议机关受理复议申请的条件如下：①有明确的申请人和符合规定的被申请人；②申请人与具体行政行为有利害关系；③有具体的行政复议请求和理由；④在法定申请期限内提出；⑤属于行政复议法规定的行政复议范围；⑥属于收到行政复议申请的行政复议机构的职责范围；⑦其他行政复议机关尚未受理同一行政复议申请，人民法院尚未受理同一主体就同一事实提起的行政诉讼。

行政复议申请材料不齐全或者表述不清楚的，行政复议机构可以自收到该复议申请之日起5日内书面通知申请人补正。补正通知应当载明需要补正的事项和合理的补正期限。无正当理由逾期不补正的，视为申请人放弃行政复议申请。补正申请材料所用时间不计入行政复议审理期限。

申请人就同一事项向两个或者两个以上有权受理的行政机关申请行政复议的，由最先收到行政复议申请的行政机关受理；同时收到行政复议申请的，由收到行政复议申请的行政机关在10日内协商确定；协商不成的，由其共同上一级行政机关在10日内指定受理机关。协商确定或者指定受理机关所用时间不计入行政复议审理期限。

上级行政机关认为行政复议机关不予受理行政复议申请的理由不成立的，可以先行督促其受理；经督促仍不受理的，应当责令其限期受理，必要时也可以直接受理；认为行政复议申请不符合法定受理条件的，应当告知申请人。

三、行政复议与行政诉讼的关系

就行政复议和行政诉讼的关系而言，行政复议法建立确立了以下制度：

第一，一级复议原则。原则上，行政相对人不服复议机关作出的行政复议决定，无须再向上一级申请复议，即可向人民法院提起行政诉讼。

第二，复议救济和诉讼救济不能并行。相对人申请行政复议，行政复议机关已经依法受理的，或者法律、法规规定应当先向行政复议机关申请行政复议、对行政复议决定不服再向人民法院提起行政诉讼的，在法定行政复议期限内不得向人民法院提起行政诉讼。相对人向人民法院提起行政诉讼，人民法院已经依法受理的，不得申请行政复议。

第三，法定复议前置情况下复议机关怠于履行复议职责的处理。法律、法规规定应当先向行政复议机关申请行政复议、对行政复议决定不服再向人民法院提起行政诉讼的，行政复议机关决定不予受理或者受理后超过行政复议期限不作答复的，相对人可以自收到不予受理决定书之日起或者行政复议期满之日起15日内，依法向人民法院提起行政诉讼。

四、具体行政行为在行政复议期间的执行力

行政复议期间具体行政行为不停止执行。在以下特殊情况下，可以停止执行：

（1）被申请人认为需要停止执行的。

（2）行政复议机关认为需要停止执行的。

（3）申请人申请停止执行，行政复议机关认为其要求合理，决定停止执行的。

（4）法律规定停止执行的。

如有以下案例：

某区环保局以超标排污为由，对某企业征收排污费30万元。该企业不服，向区人民政府申请行政复议。

问题：在区政府复议期间，该征收决定是否停止执行？很显然，复议期间不停止被复议具体行政行为是一项基本原则，除非有环保局自行决定停止执行，或者复议机关认为需要停止执行，或者复议机关对企业的停止执行申请予以肯定等情况，上述征收决定不停止执行。

第三节 行政复议的审理与决定

重要法条及司法解释

《行政复议法》第22~33条。

《行政复议法实施条例》第32~52条。

命题分析

行政复议的审理与决定是《行政复议法》及其实施条例重点规范的内容，也是考试重点考查的内容。从考查内容来看，本部分内容考查的重点集中在复议审查方式（书面审查或特殊情况下的听证）、复议期间证据的调查收集、撤回复议的处理、复议中止、复议调解以及复议决定及其监督执行。此种出题情况也再次印证了行政法试题覆盖知识点全面的特征。从考查趋势看，涉及行政复议审理与决定的立法规定仍将是考试重点，需要考生全面复习。

知识点精讲

一、行政复议的审理

（一）审理方式

为突出审查效率，行政复议原则上采取书面审查的办法，但申请人提出要求或者行政复议机关负责法制工作的机构认为有必要时，可以向有关组织和人员调查情况，听取申请人、被申请人和第三人的意见。

行政复议机构审理行政复议案件，应当由2名以上行政复议人员参加。行政复议机构认为必要时，可以实地调查核实证据；对重大、复杂的案件，申请人提出要求或者行政复议机构认为必要时，可以采取听证的方式审理。

（二）证据制度

（1）复议被申请人提交证据的时间。行政复议机构应自行政复议申请受理之日起7日内，将行政复议申请书副本或者行政复议申请笔录复印件发送被申请人。被申请人应当自收到申请书副本或者申请笔录复印件之日起10日内，提出书面答复，并提交当初作出具体行政行为的证据、依据和其他有关材料。申请原级行政复议的案件，由原承办具体行政行为有关事项的部门或者机构提出书面答复，并提交作出具体行政行为的证据、依据和其他有关材料。

（2）申请人、第三人的查阅材料权利。申请人、第三人可以查阅被申请人提出的书面答复、作出具体行政行为的证据、依据和其他有关材料，除涉及国家秘密、商业秘密或者个人隐私外，行政复议机关不得拒绝，并为申请人、第三人查阅有关材料提供必要条件。

（3）复议期间被申请人收集证据的限制。在行政复议过程中，被申请人不得自行向申请人和其他有关组织或者个人收集证据。

（4）行政复议机关的调查取证权。行政复议人员向有关组织和人员调查取证时，可以查阅、复制、调取有关文件和资料，向有关人员进行询问。调查取证时，行政复议人员不得少于2人，并应当向当事人或者有关人员出示证件。被调查单位和人员应当配合行政复议人员的工作，不得拒绝或者阻挠。需要现场勘验的，现场勘验所用时间不计入行政复议审理期限。

（5）鉴定问题。行政复议期间涉及专门事项需要鉴定的，当事人可以自行委托鉴定机构进行鉴定，也可以申请行政复议机构委托鉴定机构进行鉴定。鉴定费用由当事人承担。鉴定所用时间不计入行政复议审理期限。

（三）撤回复议申请

行政复议决定作出前，申请人要求撤回行政复议申请的，经说明理由，行政复议机构同意，可以撤回；撤回行政复议申请的，行政复议终止。

一旦申请人撤回复议申请，便不得再以同一事实和理由提出行政复议申请。除非申请人能够证明撤回行政复议申请违背其真实意思表示。

例1 国务院某部对一企业作出罚款50万元的处罚。该企业不服，向该部申请行政复议。下列哪一说法是正确的?

A. 在行政复议中，不应对罚款决定的适当性进行审查

C. 如在复议过程中企业撤回复议的，即不得再以同一事实和理由提出复议申请

提示：依照现行规定，行政复议机关既可以申请具体行政行为的合法性，又可以审查适当性，据此，选项A表述错误；行政复议期间，申请人撤回复议申请后，除非证明当场撤回复议申请非其真实意思表示，即不得再以同一事实和理由提出复议申请，选项C说法过于绝对，非正确选项。

（四）原具体行政行为的改变

行政复议期间被申请人改变原具体行政行为的，不影响行政复议案件的审理。但是，申请人依法撤回行政复议申请的除外。

（五）行政复议中的和解和调解

行政复议中的和解是指复议期间，申请人与被申请人就其相互之间发生的行政争议自愿达成解决方案，由此终结行政复议程序的制度。和解适用于行政机关行使自由裁量权的案件。在复议决定作出之前，申请人与被申请人自愿达成和解的，应向行政复议机构提交书面和解协议；和解内容不损害社会公共利益和他人合法权益的，行政复议机构应当准许。

行政复议中的调解是指行政复议机构组织行政争议双方自愿协商，达成争议解决方案，由此，终结行政复议程序的制度。依照规定，调解适用于下列案件：①行政机关行使自由裁量权的案件；②行政赔偿或者行政补偿纠纷。当事人经调解达成协议的，行政复议机关应当制作行政复议调解书。调解书应当载明行政复议请求、事实、理由和调解结果，并加

盖行政复议机关印章。行政复议调解书经双方当事人签字，即具有法律效力。调解未达成协议或者调解书生效前一方反悔的，行政复议机关应当及时作出行政复议决定。

例2 对下列哪些情形，行政复议机关可以进行调解？

A. 市政府征用某村土地，该村居民认为补偿数额过低申请复议

B. 某企业对税务机关所确定的税率及税额不服申请复议

C. 公安机关以张某非法种植罂粟为由对其处以拘留10日并处1000元罚款，张某申请复议

D. 沈某对建设部门违法拆除其房屋的赔偿决定不服申请复议

提示：选项A中的复议涉及行政补偿事项，可以适用调解；税务机关征收税款为羁束行为，不可调解，选项B中的事项不能调解；依照《治安管理处罚法》第71条规定，非法种植罂粟的治安管理机关处十日以上十五日以下拘留，可以并处三千元以下罚款。该法赋予了公安机关对非法种植罂粟处罚的裁量权，行政复议机关可以进行调解，选项C正确。选项D所涉事项为行政赔偿事项，属于可复议调解的范围。

（六）行政复议的中止与终止

行政复议中止是指行政复议机关因法定事由暂时停止复议案件审理，待阻碍事由消失，再回复复议案件审理的程序制度。

中止复议的情形包括：①作为申请人的自然人死亡，其近亲属尚未确定是否参加行政复议的；②作为申请人的自然人丧失参加行政复议的能力，尚未确定法定代理人参加行政复议的；③作为申请人的法人或者其他组织终止，尚未确定权利义务承受人的；④作为申请人的自然人下落不明或者被宣告失踪的；⑤申请人、被申请人因不可抗力，不能参加行政复议的；⑥案件涉及法律适用问题，需要有权机关作出解释或者确认的；⑦案件审理需要以其他案件的审理结果为依据，而其他案件尚未审结的；⑧其他需要中止行政复议的情形。

行政复议终止是指行政复议机关因法定事由而彻底终结案件审理的程序制度。

终止复议的情形包括：①申请人要求撤回行政复议申请，行政复议机构准予撤回的。②作为申请人的自然人死亡，没有近亲属或者其近亲属放弃行政复议权利的。③作为申请人的法人或者其他组织终止，其权利义务的承受人放弃行政复议权利的。④申请人与被申请人依照本条例第40条的规定，经行政复议机构准许达成和解的。⑤申请人对行政拘留或者限制人身自由的行政强制措施不服申请行政复议后，因申请人同一违法行为涉嫌犯罪，该行政拘留或者限制人身自由的行政强制措施变更为刑事拘留的。⑥因申请复议自然人死亡、丧失参加复议能力，或者法人或其他组织终止而中止行政复议，满60日行政复议中止的原因仍未消除的。

例3 关于行政复议有关事项的处理，下列哪些说法是正确的？

A. 申请人因不可抗力不能参加行政复议致行政复议中止满六十日的，行政复议终止

B. 复议进行现场勘验的，现场勘验所用时间不计入复议审理期限

C. 申请人对行政拘留不服申请复议，复议期间因申请人同一违法行为涉嫌犯罪，该行政拘留变更为刑事拘留的，行政复议中止

D. 行政复议期间涉及专门事项需要鉴定的，当事人可以自行委托鉴定机构进行鉴定

提示：选项A不属于复议终止的情形，为错误表述；选项B符合现有规定，为正确表述；选项C的说法适用终止复议，而非中止复议，为错误表述；选项D符合现有规定，为正确选项。

二、行政复议的决定

（一）对行政规定的审查和处理

《行政复议法》设置了对行政规定的一并审查申请制度。相对人可以在提起行政复议的同时，针对作为具体行政行为依据的行政规定向复议机关提出一并审查申请。针对该种申请，复议机关对该规定有权处理的，应当在30日内依法处理；无权处理的，应当在7日内按照法定程序转送有权处理的行政机关依法处理，有权处理的行政机关应当在60日内依法处理。处理期间，中止对具体行政行为的审查。

此外，即使相对人没有对行政规定提出审查申请，复议机关也可以依职权审查，如认为具体行政行为的依据不合法，该机关有权处理的，应当在30日内依法处理；无权处理的，应当在7日内按照法定程序转送有权处理的国家机关依法处理。处理期间，中止对具体行政行为的审查。

例4 为严格本地生猪屠宰市场管理，某县政府以文件形式规定，凡本县所有猪类屠宰单位和个人，须在规定期限内到生猪管理办公室申请办理生猪屠宰证，违者予以警告或罚款。个体户张某未按文件规定申请办理生猪屠宰证，生猪管理办公室予以罚款200元。下列哪些说法是错误的？

A. 若张某在对罚款不服申请复议时一并对县政府文件提出审查申请，复议机关应当转送有权机关依法处理

提示：本题中，作出具体行政行为的是县政府设立的生猪管理办公室，该临时机构作出的行为归属于县政府。张某申请行政复议，被申请人为县政府，复议机关为县政府的上一级政府，对县政府制定的文件有权处理，依规定应依法处理，而不是转送有权处理机关。选项A的说法错误。

（二）行政复议决定

依照《行政复议法》及其实施条例规定，行政复议机关有权作出以下决定：

	适用条件	备注
维持决定	认定事实清楚，证据确凿，适用依据正确，程序合法，内容适当。	
履行决定	被申请人不履行法定职责的，决定其在一定期限内履行。	

续表

	适用条件	备注
撤销或确认违法决定，并可责令重做行为	（1）主要事实不清、证据不足的； （2）适用依据错误的； （3）违反法定程序的； （4）超越或者滥用职权的； （5）具体行政行为明显不当的； （6）被申请人不及时提出书面答复、提交的证据、依据和其他有关材料，视为该具体行政行为没有证据、依据。	复议机关责令被申请人重做的，被申请人不得以同一事实和理由作出与原行为相同或基本相同的行为重做期限分两种情况：一为法律、法规、规章规定的期限；二为60日。
变更决定	（1）认定事实清楚，证据确凿，程序合法，但是明显不当或者适用依据错误的； （2）认定事实不清，证据不足，但是经行政复议机关审理查明事实清楚，证据确凿的。	在申请人的复议请求范围内，不得作出对申请人更为不利的行政复议决定。
行政赔偿决定	申请人在申请复议时一并提出行政赔偿请求，复议机关在决定撤销、变更或者确认行政行为违法时，同时决定给予赔偿申请人未提出行政赔偿请求的，复议机关在决定撤销或变更罚款，撤销违法集资、没收财物、征收财物、摊派费用以及查封、扣押、冻结等行为时，同时责令被申请人返还财产，解除查封、扣押、冻结措施，或者赔偿相应的价款。	
驳回复议申请决定	（1）因不履行法定职责引发复议，行政机关没有相应法定职责或在受理前已经履行法定职责的； （2）受理行政复议申请后，发现该行政复议申请不符合法定受理条件的。	上级行政机关认为复议机关驳回复议申请理由不成立的，应当责令其恢复审理。

依照《行政复议法》第30条规定，相对人认为行政机关的具体行政行为侵犯其已经依法取得的土地、矿藏、水流、森林、山岭、草原、荒地、滩涂、海域等自然资源的所有权或者使用权的，应当先申请行政复议；对行政复议决定不服的，可以依法向人民法院提起行政诉讼。根据国务院或者省、自治区、直辖市人民政府对行政区划的勘定、调整或者征用土地的决定，省、自治区、直辖市人民政府确认土地、矿藏、水流、森林、山岭、草原、荒地、滩涂、海域等自然资源的所有权或者使用权的行政复议决定为最终裁决。

《行政复议法》第31条规定，复议机关应当自受理申请之日起60日内作出行政复议决定；但是法律规定的行政复议期限少于60日的除外。情况复杂，不能在规定期限内作出行政复议决定的，经行政复议机关的负责人批准，可以适当延长，并告知申请人和被申请人；但是延长期限最多不超过30日。

（三）行政复议决定的执行

行政复议决定书一经送达，即发生法律效力。被申请人应当履行行政复议决定。被申请人不履行或者无正当理由拖延履行行政复议决定的，行政复议机关或者有关上级行政机关应当责令其限期履行。

申请人逾期不起诉又不履行行政复议决定的，或者不履行最终裁决的行政复议决定的，按照下列规定分别处理：①维持具体行政行为的行政复议决定，由作出具体行政行为的行政机关依法强制执行，或者申请人民法院强制执行；②变更具体行政行为的行政复议决定，由行政复议机关依法强制执行，或者申请人民法院强制执行。

例 5 某县政府依田某申请作出复议决定，撤销某县公安局对田某车辆的错误登记，责令在30日内重新登记，但某县公安局拒绝进行重新登记。田某可以采取下列哪一项措施？

A. 申请法院强制执行

B. 对某县公安局的行为申请行政复议

C. 向法院提起行政诉讼

D. 请求某县政府责令某县公安局登记

提示： 本题所涉及案件未进入行政诉讼，也不是非诉行政案件的执行，田某不能申请法院强制执行，选项A错误。本案中，某县公安局的登记行为已被作为复议机关的某县政府撤销，且明确要重新登记，田某不能再行申请复议，也不能提起行政诉讼，选项B、C错误。某县政府所作出的复议决定已明确了被申请人某县公安局的义务，而被申请人拒绝履行，某县政府作为复议机关有义务责令被申请人履行。选项D正确。

（四）行政复议的指导和监督

行政复议机关应当加强对行政复议工作的领导。行政复议机构在本级行政复议机关的领导下，按照职责权限对行政复议工作进行督促、指导。

县级以上地方各级人民政府应当按照职责权限，通过定期组织检查、抽查等方式，对所属工作部门和下级人民政府行政复议工作进行检查，并及时向有关方面反馈检查结果。

行政复议期间行政复议机关发现被申请人或者其他下级行政机关的相关行政行为违法或者需要做好善后工作的，可以制作行政复议意见书。有关机关应当自收到行政复议意见书之日起60日内将纠正相关行政违法行为或者做好善后工作的情况通报行政复议机构。

行政复议期间行政复议机构发现法律、法规、规章实施中带有普遍性的问题，可以制作行政复议建议书，向有关机关提出完善制度和改进行政执法的建议。

县级以上各级人民政府行政复议机构应当定期向本级人民政府提交行政复议工作状况分析报告。

下级行政复议机关应当及时将重大行政复议决定报上级行政复议机关备案。

例 6 关于行政复议，下列哪一说法是正确的？

A.《行政复议法》规定，被申请人应自收到复议申请书或笔录复印件之日起10日提出书面答复，此处的10日指工作日

B. 行政复议期间，被申请人不得改变被申请复议的具体行政行为

C. 行政复议期间，复议机关发现被申请人的相关行政行为违法，可以制作行政复议意见书

D. 行政复议实行对具体行政行为进行合法性审查原则

提示：依照《行政复议法》第40条第2款规定，有关行政复议期间“五日”“七日”的规定是指工作日，不含节假日。因此，选项A中的10日应该包括节假日，选项A的说法错误。复议期间，被告行政机关可以改变其具体行政行为，选项B的说法错误；复议期间，复议机关发现相关行政行为违法的，可以制作复议意见书，选项C的说法正确；选项D的表述不符合行政复议合法性和适当性均予以审查的原则，是错误选项。

第十章 行政诉讼受案范围

重要法条及司法解释

《行政诉讼法》第 12、13 条。

《最高人民法院关于适用〈中华人民共和国行政诉讼法〉的解释》第 1、2 条。

命题分析

行政诉讼受案范围既有现实意义，又有理论意义，在行政诉讼法知识中占有重要地位。近十年试题都会涉及受案范围，且以不予受理的案件考查更多。从考查内容来看，各种不受理的行为历来受到特殊青睐。诸如抽象行政行为、内部行政行为、法定终局裁决行为，刑事司法行为、行政指导行为、法定仲裁行为等都成为考查重点。此外，随着修订后的《行政诉讼法》以及《最高人民法院关于适用〈中华人民共和国行政诉讼法〉的解释》的实施，一些新增行为或事项，也将成为考查重点。从考查趋势来看，考生需要继续关注以下内容：第一，新法增加的新的事项；第二，各种不属于受案范围的行为或事项的判定。

知识点精讲

一、应予受理的案件

行政诉讼受案范围是指人民法院受理行政诉讼案件的范围。依照《行政诉讼法》第 12 条规定，应予受理的案件如下：

（1）行政处罚行为。包括行政拘留、暂扣或者吊销许可证和执照、责令停产停业、没收违法所得、没收非法财物、罚款、警告等行政处罚。

（2）行政强制措施和行政强制执行。行政强制措施分为限制人身自由的强制措施和限制财产权利的强制措施两种。前者如强制扣留、强制戒毒或者治疗、强制隔离、强制约束到酒醒等。后者如查封、扣押、冻结财产等。行政强制执行是新法增加的规定内容，分为直接强制执行和间接强制执行两种。后者又分为执行罚和代履行。

（3）行政许可行为。包括两种情况：一是相对人申请行政许可，行政机关拒绝或者在法定期限内不予答复，即行政许可的不作为行为；二是行政机关作出的有关行政许可的其他决定，比如行政许可的准予、变更、延续、撤销、撤回、注销等行为。

（4）行政确认行为。相对人对行政机关作出的关于确认土地、矿藏、水流、森林、山岭、草原、荒地、滩涂、海域等自然资源的所有权或者使用权的决定不服的，可以提起行政诉讼。

（5）行政征收、征用决定及其补偿决定。行政征收是指行政机关为了公共利益需要，依法将相对人财物收归国有并给予相应补偿的行为，如征收城市国有土地上的房屋决定；行政征用是指行政机关为了公共利益需要，依法使用相对人的财物或劳务并给予补偿的行为，如征用集体所有的土地、征用公民的交通工具等。

（6）不履行法定职责的行为。相对人申请行政机关履行保护人身权、财产权的法定职责，行政机关拒绝履行或者不予答复的，相对人可以提起行政诉讼。

（7）侵犯相对人经营自主权或者农村土地承包经营权、农村土地经营权的行为。如行政机关干预企业的生产经营决策权、用人权，行政机关干涉农民土地承包权等。

（8）滥用行政权力排除或者限制竞争的行为。如行政机关限定相对人购买其指定的经营者的商品，接受其指定的经营者的服务等。

（9）违法集资、摊派费用或者违法要求履行其他义务的行为。如以建设公共设施为名强行要求本地企业捐款捐助等。

（10）不履行行政给付义务的行为。表现为行政机关没有依法支付抚恤金、最低生活保障待遇或者社会保险待遇。

（11）行政协议争议。包括两种类型：一是不依法履行、未按照约定履行行政协议；二是行政机关违法变更、解除行政协议。《行政诉讼法》明确规定的行政协议类型是政府特许经营协议和土地房屋征收补偿协议。

（12）侵犯其他人身权、财产权等合法权益的行为。只要行政机关的行政行为侵犯了相对人的财产、人身等合法权益，相对人均可提起行政诉讼。需要注意的是，此处的“等”是“等外等”，不限于人身权、财产权受到侵害。

除前面列举的情况外，法律、法规规定可以提起诉讼的其他行政案件，同样属于行政诉讼受案范围。

二、不予受理的案件

依照《行政诉讼法》及《最高人民法院关于适用〈中华人民共和国行政诉讼法〉的解释》的规定，不予受理的案件包括：

（一）国防、外交等国家行为

国务院、中央军事委员会、国防部、外交部等根据宪法和法律的授权，以国家的名义实施的有关国防和外交事务的行为，以及经宪法和法律授权的国家机关宣布紧急状态等行为。比如宣战、军事演习、军事动员等属于与国防有关的行为，建交、断交、缔结国际条约等属于与外交有关的行为。在我国，上述行为主要由全国人大及其常委会决定，国务院作为执行机关，在行使上述职权时，只能由全国人大及其常委会监督，法院没有监督权。

（二）行政法规、规章或者行政机关制定、发布的具有普遍约束力的决定、命令

行政法规、规章或者行政机关制定、发布的具有普遍约束力的决定、命令等行为统称为抽象行政行为。其中，“普遍约束力的决定、命令”是指行政机关针对不特定对象发布的能反复适用的行政规范性文件。

如有以下案例：

为在征收某村农民集体所有的土地期间，县政府发布文件公布了全县征地补偿安置标准，村民李某认为该文件规定的补偿标准过低，向人民法院提起行政诉讼。

在此案中，人民法院能否受理其提起的行政诉讼呢？我们认为，县政府发布的征地补偿费标准针对对象不确定，且可反复适用，性质上属于行政规范性文件，不属于行政诉讼受案范围，人民法院依法不能受理村民李某对该文件提起的行政诉讼。

（三）行政机关对行政机关工作人员的奖惩、任免等决定

行政机关对行政机关工作人员的奖惩、任免等决定的行为在学理上称为内部人事管理行为。《最高人民法院关于适用〈中华人民共和国行政诉讼法〉的解释》将上述规定解释为“行政机关作出的涉及行政机关工作人员公务员权利义务的决定”。根据该解释，涉及公务员权利义务的决定包括机关内部所有人事管理行为，如工资、福利、住房分配等。

例1 当事人不服下列行为提起的诉讼，属于行政诉讼受案范围的是：

A. 某人保局以李某体检不合格为由取消其公务员录用资格

B. 某公安局以新录用的公务员孙某试用期不合格为由取消录用

C. 某人保局给予工作人员田某记过处分

D. 某财政局对工作人员黄某提出的辞职申请不予批准

提示：本题选项A中，某人保局取消李某的只是其被录用为公务员的资格，而不是其公务员身份。针对某人保局取消其录用资格的行为，李某有权提起行政诉讼。选项A说法正确。选项B中的孙某为在职公务员，虽然还在试用期内，但已具有公务员身份，适用《公务员法》的规定。因此，对单位取消其录用的行为，孙某只能提起申诉或控告，不能提起行政诉讼。选项C、D中同样是在职公务员针对所在机关对其作出的人事处理决定不服提起诉讼，均不属于行政诉讼受案范围。

（四）法律规定由行政机关最终裁决的行政行为

此处的“法律”专门指全国人大及其常委会制定通过的规范性文件。典型的代表性规定如：

《行政复议法》第14条规定，对国务院部门或者省、自治区、直辖市人民政府的具体行政行为不服的，向作出该具体行政行为的国务院部门或者省、自治区、直辖市人民政府申请行政复议。对行政复议决定不服的，可以向人民法院提起行政诉讼；也可以向国务院申请裁决，国务院依照本法的规定作出最终裁决。

《行政复议法》第30条第2款规定，根据国务院或者省、自治区、直辖市人民政府对行政区划的勘定、调整或者征用土地的决定，省、自治区、直辖市人民政府确认土地、矿藏、水流、森林、山岭、草原、荒地、滩涂、海域等自然资源的所有权或者使用权的行政复议决定为最终裁决。

《中华人民共和国出境入境管理法》第36条规定，公安机关出入境管理机构作出的不予办理普通签证延期、换发、补发，不予办理外国人停留居留证件、不予延长居留期限的决定为最终决定。

《中华人民共和国出境入境管理法》第64条规定，外国人对依照本法规定对其实施的继续盘问、拘留审查、限制活动范围、遣送出境措施不服的，可以依法申请行政复议，该行政复议决定为最终决定。其他境外人员对依照本法规定对其实施的遣送出境措施不服，

申请行政复议的，适用前款规定。

《中华人民共和国出境入境管理法》第81条规定，外国人从事与停留居留事由不相符的活动，或者有其他违反中国法律、法规规定，不适宜在中国境内继续停留居留情形的，可以处限期出境。外国人违反本法规定，情节严重，尚不构成犯罪的，公安部可以处驱逐出境。公安部的处罚决定为最终决定。

（五）其他

除以上四种情况外，《最高人民法院关于适用〈中华人民共和国行政诉讼法〉的解释》进一步明确以下几种情形不属于行政诉讼受案范围：

1. 公安、国家安全等机关依照刑事诉讼法的明确授权实施的行为

公安、国家安全等机关依照刑事诉讼法的明确授权实施的行为属于刑事司法行为，由人民检察院作为监督机关，造成侵权损害的，适用刑事司法赔偿程序解决。

公安、国家安全等机关具有双重职能，行政管理和刑事犯罪侦查。当上述机关混淆两种职能，非以侦查刑事犯罪为目的，而是以刑事侦查为名行侵犯相对人人身、财产权利之实时，不排除纳入行政诉讼受案范围。因此，此类行为排除司法审查必须做到：①行为目的纯正。即为了侦查刑事犯罪。②行为形式符合刑事诉讼法的明确授权。主要有两类行为：一是刑事侦查行为，包括专门调查活动（如讯问；询问；勘验、检查；搜查；扣押书证、物证；冻结存款汇款、通缉等）和刑事强制措施（取保候审；监视居住；拘传；拘留；逮捕）。二是刑罚执行行为（如批准保外就医等）。

如有以下案例：

张某因家中财物失窃公安局报案要求立案侦查，遭到拒绝，于是其向人民法院起诉请求公安局的不作为行为违法。

提问：人民法院能否受理张某的起诉？解答此问题，需要认定公安局决定是否立案侦查行为的属性。在我国，对刑事犯罪的立案侦查适用《刑事诉讼法》规定，行为属性为刑事司法行为，本案人民法院不能受理张某的起诉。

2. 调解行为以及法律规定的仲裁行为

调解行为不属于行政诉讼受案范围的理由是，在争议解决过程中，行政机关虽参与协调，但未作出处理决定，没有强制当事人遵从自己提出的调解方案，调解协议的达成完全是当事人自己意志作用的结果。需要注意的是，如果行政机关在调解过程中违背争议双方当事人的意志强迫其同意自己的解决方案时，即不再属于纯粹意义的调解活动，该类行为依然可诉。

法律规定的仲裁行为是行政机关依法对平等主体之间的民事争议进行裁断的行为。该类仲裁行为对当事人的争议作出了实体处理，带有强制性，但依照当前法律规定，当事人不服仲裁裁决，须向人民法院提起民事诉讼，如劳动争议仲裁、农村土地承包经营纠纷仲裁等。

3. 行政指导行为

行政指导是指行政机关以示范、劝告、说服、建议、咨询等非强制手段，引导相对人作出或者不作出某种行为，从而实现行政管理目的的行政行为。

行政指导行为不属于行政诉讼受案范围的理由是：①不具有强制力。行政指导只表明行政机关的某种期望，并未处分相对人权益；②是否接受指导相对人有自主权，对其自己选择自行承担责任。

须指出的是，如果行政机关以行政指导为名，行强迫相对人遵守之实，即指导带有强制性时，相对人有权提起行政诉讼。

4. 驳回当事人对行政行为提起申诉的重复处理行为

重复处理行为是指行政机关根据相对人的申请或者申诉，对原有的生效行政行为作出的没有任何改变的二次决定。属于重复处理的情形包括：一是对相对人提出申诉的历史遗留问题的维持处理；二是对超过法定救济期限的行政行为提出申诉的维持处理。三是对终局裁决行为进行申诉的维持处理。

重复处理行为不能被提起行政诉讼的主要理由是：①重复处理行为未在行政机关与相对人之间建立起新的权利义务关系；②重复处理行为一旦可诉，将导致起诉期限制度失去意义。

例2 郑某因某厂欠缴其社会养老保险费，向区社保局投诉。2004 年 9 月 22 日，该局向该厂送达《决定书》，要求为郑某缴纳养老保险费 1 万元。同月 30 日，该局向郑某送达告知书，称其举报一事属实，并要求他缴纳养老保险费（个人缴纳部分）2000 元。郑某不服区社保局的《决定书》向法院起诉，法院的生效判决未支持郑某的请求。2005 年 4 月 19 日，郑某不服告知书向市社保局申请复议，后者作出不予受理决定，郑某不服提起诉讼。下列选项正确的是：

C. 郑某的起诉属重复起诉

D. 如郑某对告知书不服直接向法院起诉，法院可以被诉行为系重复处理行为为由不受理郑某的起诉

提示：被告为区社保局的告知书尽管具有告知《决定书》内容的性质，但涉及郑某本人的实体权利，即要求他缴纳养老保险费中个人缴纳部分出现了《决定书》没有的内容。郑某对该告知书申请复议，是对一个新的行政行为申请复议。即使复议机关不予受理，也不属于驳回当事人对行政行为提起申诉的重复处理行为。选项 D 说法不正确。

5. 行政机关作出的不产生外部法律效力的行为

此类行为主要指行政机关在行政程序内部所做的行为，如内部意见沟通、内部报批等行为。此类行为并不直接涉及相对人的权利义务，也不对外发生法律效力，属于不可诉的行为。

6. 行政机关为作出行政行为而实施的准备、论证、研究、层报、咨询等过程性行为

此类行为又被称为过程性行为，诸如论证、研究、层报、咨询等行为，其尚处于行政机关意思表示形成过程中，只是为最终的行政行为作出进行准备，在此阶段，司法机关过早介入审查，将可能中断正常的行政执法过程，不利于行政执法的正常进行。

7. 行政机关实施的执行人民法院生效裁判、协助执行通知书的行为

此类行为之所以不能纳入行政诉讼受案范围，主要是因为该类行为并不属于行政机关

自己独立的意思表示，其内容只是在执行司法机关的意志。因此，在执行过程中，行政机关至多只是司法机关的执行工具。不过，需要注意的是，当行政机关的执行活动超出了司法机关意志的范围，如扩大执行范围或者采取违法方式实施执行，此时即具有独立存在的行为属性，不排除被提起行政诉讼的可能。

8. 上级行政机关基于内部层级监督关系对下级行政机关作出的听取报告、执法检查、督促履责等行为

此类行为之所以不可诉，主要是因为内部层级监督行为属于行政机关的内部行政行为，其并不直接设定相对人的权利义务。此外，从对该类行为的作出是否直接处分相对人合法权益的角度讲，可以认为，立法规定的上级层级监督义务的履行并非为了保护相对人的权益，而是为了维护客观的行政管理秩序。因此，无论上级是否履行、如何履行其层级监督义务，起诉人都不具有原告资格。对该类行为的起诉同样应予驳回。

9. 行政机关针对信访事项作出的登记、受理、交办、转送、复查、复核意见等行为

此类行为不可诉具有一定的限制条件。诸如行政机关根据《信访条例》规定作出的登记、受理、交办、转送等行为属于纯粹程序性行为，并未直接设定、变更或者消灭信访人的实体权益，本身不具有可诉性；针对复查、复核行为而言，如果其复查、复核结论只是重复确认原行政行为的内容，即并未实质改变其内容，则实质上等同于重复处理行为，不具有可诉性；如果复查、复核结论事实上改变了原行政行为，则不排除被诉的可能。

10. 对相对人权利义务不产生实际影响的行为

此类行为主要是指行政机关作出的观念通知类行为，如通报交通事故处理情况等。该种行为本质上属于行政事实行为，其并未给相对人设定、变更或者消灭权利义务，不属于行政诉讼受案范围。

例 3 下列哪一选项不属于行政诉讼的受案范围？

A. 因某企业排污影响李某的鱼塘，李某要求某环保局履行监督职责，遭拒绝后向法院起诉

B. 某市政府发出通知，要求非本地生产乳制品须经本市技术监督部门检验合格方可在本地销售，违者予以处罚。某外地乳制品企业对通知提起诉讼

C. 刘某与某公司签订房屋预售合同，某区房管局对此进行预售预购登记。后刘某了解到某公司向其销售的房屋系超出规划面积和预售面积房屋，遂以某区房管局违法办理登记为由提起诉讼

D. 《公司登记管理条例》规定，设立公司应当先向工商登记管理机关申请名称预先核准。张某对名称预先核准决定不服提起诉讼

提示：选项 A 属于行政机关不履行保护人身权、财产权的法定职责的行为，属于行政诉讼受案范围。选项 B 中的通知对象具有不特定性，且可以反复适用，属于抽象行政行为，不可诉。选项 C 中某区房管局的房屋预售合同登记行为属于行使行政职权的行为，直接影响刘某的权利，且不属于法定的排除事项，属于行政诉讼受案范围。选项 D 中涉及的公司名称预先核准登记是针对具体名称作出的决定，对张某的权利有直接影响，且不属于法定

排除事项，属于行政诉讼受案范围。

例 4 规划局认定一公司所建房屋违反规划，向该公司发出《拆除所建房屋通知》，要求公司在 15 日内拆除房屋。到期后，该公司未拆除所建房屋，该局发出《关于限期拆除所建房屋的通知》，要求公司在 10 日内自动拆除，否则将依法强制执行。下列哪些说法是正确的？

A. 《拆除所建房屋通知》与《关于限期拆除所建房屋的通知》性质不同

C. 公司可以对《拆除所建房屋通知》提起行政诉讼

提示：本题中，规划局发出的《拆除所建房屋通知》的内容是要求公司在 15 日内拆除房屋。该通知旨在制裁公司的违法行为，并予以纠正。故该通知属于行政处罚，属于可诉行政行为。规划局发出的《关于限期拆除所建房屋的通知》是行政强制执行中的催告行为，目的在于督促当事人自动履行义务，不具有可诉性。据此，选项 A、C 说法正确。

第十一章　行政诉讼管辖

重要法条及司法解释

《行政诉讼法》第 14～20、24 条。

《最高人民法院关于适用〈中华人民共和国行政诉讼法〉的解释》第 5、8、9、11 条。

命题分析

行政诉讼管辖问题虽只是一个程序问题，却是任何行政诉讼案件都要处理的问题，且立法规定较为详细，因此为历年考试所重视，除个别年份未明确涉及管辖问题外，管辖问题几乎每年必考。从考查内容看，级别管辖中的中级人民法院一审管辖案件的范围，地域管辖中的作为特殊地域管辖形式之一的限制人身自由的管辖法院确定，以及复议维持情况下案件的级别管辖法院确定、地域管辖法院确定等内容曾被多次反复考查。从今后考查趋势来看，管辖问题尤其是立法和司法解释规定的特殊地域管辖相关内容仍将会结合案例反复考查，需要考生重点准备。

知识点精讲

一、级别管辖

我国普通法院系统分为最高人民法院、高级人民法院、中级人民法院与基层人民法院。级别管辖确定四级法院之间受理第一审行政案件的分工问题。依照《行政诉讼法》和《最高人民法院关于适用〈中华人民共和国行政诉讼法〉的解释》的规定，级别管辖包括以下内容：

第一，基层人民法院的管辖。基层人民法院管辖第一审行政案件。

第二，中级人民法院的管辖。中级人民法院管辖下列案件：①对国务院部门或者县级以上地方人民政府所作的行政行为提起诉讼的案件。②海关处理的案件。③本辖区内重大、复杂的案件。主要有以下几类案件：①社会影响重大的共同诉讼案件；②涉外或者涉及香港特别行政区、澳门特别行政区、台湾地区的案件；③其他重大、复杂案件。④其他法律规定由中级人民法院管辖的案件。如根据全国人大常委会《关于在北京、上海、广州设立知识产权法院的决定》，知识产权法院管辖有关专利、植物新品种等专业性和技术性较强的第一审知识产权行政案件；北京知识产权法院管辖不服国务院行政部门裁定或者决定而提起的第一审知识产权授权确权行政案件。

第三，高级人民法院的管辖。高级人民法院管辖本辖区内重大、复杂的第一审行政案件。

第四，最高人民法院的管辖。最高人民法院管辖全国范围内重大复杂的第一审行政案件。

例 1 甲县政府设立的临时机构基础设施建设指挥部，认定有 10 户居民的小区自建的围墙及附属房系违法建筑，指令乙镇政府具体负责强制拆除。10 户居民对此决定不服起诉。下列说法正确的是：

B. 本案应由中级人民法院管辖

提示：因被诉决定由基础设施建设指挥部作出，而指挥部为临时机构，无行政主体资格，其行为后果应由设立它的行政机关承担。因此，本题被诉决定的实施主体应为甲县政府，其为本案的被告，案件应由中级人民法院管辖。选项 B 的说法正确。

根据《行政诉讼法》第 18 条的规定，行政案件由最初作出行政行为的行政机关所在地人民法院管辖。经复议的案件，也可以由复议机关所在地人民法院管辖。该条虽然主要规定的复议情况下的行政诉讼案件的地域管辖，但由于《行政诉讼法》明确规定，复议维持的，由作出原行政行为的行政机关和行政复议机关作为共同被告。因此，在复议维持情况下，一旦复议机关属于县级以上地方人民政府，则是否会因此提高一审行政诉讼案件的管辖法院级别，即可能由中级人民法院作为一审管辖法院？对此问题，《最高人民法院关于适用〈中华人民共和国行政诉讼法〉的解释》第 134 条第 3 款规定，复议机关作共同被告的案件，以作出原行政行为的行政机关确定案件的级别管辖。据此，即使复议机关作为共同被告，但并不必然提升案件的级别管辖法院。

例 2 某药厂以本厂过期药品作为主原料，更改生产日期和批号生产出售。甲市乙县药监局以该厂违反《药品管理法》第 49 条第 1 款关于违法生产药品规定，决定没收药品并处罚款 20 万元。药厂不服向县政府申请复议，县政府依《药品管理法》第 49 条第 3 款关于生产劣药行为的规定，决定维持处罚决定。药厂起诉。关于本案的被告和管辖，下列说法正确的有：

A. 被告为乙县药监局，由乙县法院管辖
B. 被告为乙县药监局，甲市中级人民法院对此案有管辖权
C. 被告为乙县政府，乙县法院对此案有管辖权
D. 被告为乙县政府，由甲市中级人民法院管辖

提示：本案属于复议维持的情况，根据《行政诉讼法》的规定，县药监局和县政府为共同被告。首先确定级别管辖，根据《最高人民法院关于适用〈中华人民共和国行政诉讼法〉的解释》的规定，作出原行政行为的行政机关和复议机关为共同被告的，以作出原行政行为的行政机关确定案件的级别管辖。本案共同被告是乙县药监局和乙县政府，应该以作出原行政行为的行政机关确定案件的级别管辖，即乙县药监局确定级别管辖。在级别管辖方面，本案应该由乙县法院管辖。

二、地域管辖

地域管辖解决不同行政区域的法院之间管辖第一审行政案件的权限分工问题。地域管辖分为以下几种情况：

（一）一般地域管辖

一般地域管辖是指以最初作出行政行为的行政机关的所在地为标准来确定案件的管辖法院。《行政诉讼法》第 18 条规定，行政案件由最初作出行政行为的行政机关所在地人民法院管辖。经复议的案件，也可以由复议机关所在地人民法院管辖。经最高人民法院批准，高级人民法院可以根据审判工作的实际情况，确定若干人民法院跨行政区域管辖行政案件。

依照上述规定，通常情况下，相对人不服行政机关作出的行政行为，需要向作出行政行为的行政机关所在地的法院提起行政诉讼。比如针对区工商局作出的工商登记行为，应当向该工商局所在地的基层人民法院提起行政诉讼。针对地级市政府作出的房屋征收决定，向该市政府所在地的中级人民法院提起行政诉讼。

例 3　A 市李某驾车送人前往 B 市，在 B 市甲区与乙区居民范某的车相撞，并将后者打伤。B 市甲区公安分局决定扣留李某的汽车，对其拘留 5 日并处罚款 300 元。下列哪些选项是正确的？

B. 对扣留汽车行为，李某可向甲区人民法院起诉

提示：本案中，扣留汽车行为由甲区公安分局作出，没有由中级以上人民法院管辖的特殊情况，甲区人民法院对扣留汽车行为提起的行政诉讼享有管辖权。选项 B 说法正确。

需要特别注意的是，依照现行法律规定，经复议的案件，无论复议结果如何，都成立共同管辖的情况，即当事人不服复议的结果，既可以向原行政机关所在地的法院提起行政诉讼，也可以向复议机关所在地的法院提起行政诉讼，两地的法院均有地域管辖权。

例 4　李某从田某处购得一辆轿车，但未办理过户手续。在一次查验过程中，某市公安局认定该车系走私车，予以没收。李某不服，向省公安厅申请复议，后者维持了没收决定。李某提起行政诉讼。下列哪一选项是正确的？

C. 市公安局所在地的法院对本案有管辖权

D. 省公安厅所在地的法院对本案有管辖权

提示：本题属经复议但复议机关维持原行政行为的情形，最初作出行政行为的行政机关和复议机关所在地人民法院都有管辖权，即市公安局所在地的法院、复议机关省公安厅所在地的法院对本案都有管辖权。故选项 C、D 均正确。

（二）特殊地域管辖

针对特殊情况确定案件的管辖法院，具有优先于其他管辖的效力。

（1）对限制人身自由的行政强制措施不服提起的诉讼，由被告所在地或者原告所在地人民法院管辖。其中，“原告所在地”包括原告的户籍所在地、经常居住地和被限制人身自

由地。经常居住地是指公民离开住所地连续居住满 1 年以上的地方。被限制人身自由地是指公民被收容、拘禁、强制治疗等被限制人身自由的场所所在地。

例 5 甲县宋某到乙县访亲，因醉酒被乙县公安局扣留 24 小时。宋某认为乙县公安局的行为违法，提起行政诉讼。下列哪些说法是正确的？

B. 甲县法院对此案有管辖权

C. 乙县法院对此案有管辖权

提示：本题中被诉的扣留行为属于限制人身自由的行政强制措施，宋某对其行为不服提起行政诉讼，依法应当由被告所在地或者原告所在地人民法院管辖。即乙县公安局所在地的乙县法院，宋某所在地的甲县法院均有管辖权。选项 B、C 说法正确。

例 6 黄某与张某之妻发生口角，被张某打成轻微伤。某区公安分局决定对张某拘留五日。黄某认为处罚过轻遂向法院起诉，法院予以受理。下列哪些选项是正确的？

C. 本案既可以由某区公安分局所在地的法院管辖，也可以由黄某所在地的法院管辖

提示：《行政诉讼法》第 19 条是针对被限制人身自由的特别保护而设置的特殊地域管辖。其针对的对象应是被限制人身自由者。即只有被限制人身自由者作为行政诉讼原告时，方能适用特殊地域管辖。本题中，受到拘留处罚者是张某，而提起行政诉讼者则是受害人黄某，故不适用特殊地域管辖。选项 C 说法错误。

此外，《最高人民法院关于适用〈中华人民共和国行政诉讼法〉的解释》第 8 条第 2 款规定，对行政机关基于同一事实，既采取限制公民人身自由的行政强制措施，又采取其他行政强制措施或者行政处罚不服的，由被告所在地或者原告所在地的人民法院管辖。此规定旨在将与限制人身自由的行政强制措施存在牵连关系的其他强制措施或处罚行为，一并纳入同一受诉法院管辖范围，便于查明事实，并节约司法资源。

例 7 公安局认定朱某嫖娼，对其拘留十五日并处罚款 5000 元。关于此案，下列哪些说法是正确的？

D. 如朱某对拘留和罚款处罚不服起诉，该案应由公安局所在地的法院管辖

提示：本题中，涉案行为均属于行政处罚，并非行政强制措施，起诉人针对上述行为提起行政诉讼，适用一般地域管辖。即被告公安局所在地法院享有管辖权。选项 D 中"该案应由公安局所在地的法院管辖"应是正确的。

（2）因不动产提起的行政诉讼案件，由不动产所在地人民法院管辖。依照《最高人民法院关于适用〈中华人民共和国行政诉讼法〉的解释》第 9 条第 1 款规定，所谓"因不动产提起的行政诉讼案件"，是指因行政行为导致不动产物权变动而提起的诉讼。如因登记导致物权变动的行为，或者由于征收、拆除等行为导致物权变动的行为等，而诸如房屋征收补偿决定等因不涉及物权变动，并不适用不动产所在地法院管辖。关于不动产所在地的确定，本条第 2 款规定，不动产已登记的，以不动产登记簿记载的所在地为不动产所在地；

不动产未登记的，以不动产实际所在地为不动产所在地。

三、指定管辖

指定管辖是裁定管辖的一种形式，是指人民法院依法指定案件管辖法院的情形。依照《行政诉讼法》第 23 条的规定，指定管辖发生在两种情形下：一是有管辖权的人民法院由于特殊原因不能行使管辖权的，由上级人民法院指定管辖。二是人民法院对管辖权发生争议，在协商不成的情况下，报它们的共同上级人民法院指定管辖。

此外，《最高人民法院关于适用〈中华人民共和国行政诉讼法〉的解释》第 6 条规定，当事人以案件重大复杂为由，认为有管辖权的基层人民法院不宜行使管辖权或者根据《行政诉讼法》第 52 条的规定，向中级人民法院起诉，中级人民法院应当根据不同情况在 7 日内分别作出以下处理：①决定自行审理；②指定本辖区其他基层人民法院管辖；③书面告知当事人向有管辖权的基层人民法院起诉。

四、管辖异议

管辖异议是指当事人针对人民法院受理案件的行为提出的异议，认为受案人民法院并无本案的管辖权。该项异议如果成立，人民法院应当移送案件。

《最高人民法院关于适用〈中华人民共和国行政诉讼法〉的解释》第 10 条规定，人民法院受理案件后，被告针对人民法院提出管辖异议的，应当在收到起诉状副本之日起 15 日内提出。对当事人提出的管辖异议，人民法院应当进行审查。异议成立的，裁定将案件移送有管辖权的人民法院；异议不成立的，裁定驳回。人民法院对管辖异议审查后确定有管辖权的，不因当事人增加或者变更诉讼请求等改变管辖，但违反级别管辖、专属管辖规定的除外。

此外，《最高人民法院关于适用〈中华人民共和国行政诉讼法〉若干问题的解释》第 11 条还规定，有下列情形之一的，人民法院不予审查：①人民法院发回重审或者按第一审程序再审的案件，当事人提出管辖异议的；②当事人在第一审程序中未按照法律规定的期限和形式提出管辖异议，在第二审程序中提出的。

五、管辖权的转移

管辖权转移是指行政案件的管辖权在上下级人民法院之间的转移。需要特别指出的是，修订后的《行政诉讼法》明确规定，行政案件的管辖权只能由下级人民法院转移至上级人民法院，而不能再由上级人民法院转移至下级人民法院。即上级人民法院有权审理下级人民法院管辖的第一审行政案件。下级人民法院对其管辖的第一审行政案件，认为需要由上级人民法院审理或者指定管辖的，可以报请上级人民法院决定。据此，《最高人民法院关于适用〈中华人民共和国行政诉讼法〉的解释》第 7 条规定："基层人民法院对其管辖的第一审行政案件，认为需要由中级人民法院审理或者指定管辖的，可以报请中级人民法院决定。中级人民法院应当根据不同情况在 7 日内分别作出以下处理：①决定自行审理；②指定本辖区其他基层人民法院管辖；③决定由报请的人民法院审理。"

第十二章　行政诉讼参加人

重要法条及司法解释

《行政诉讼法》第 25、26、29 条。

《最高人民法院关于适用〈中华人民共和国行政诉讼法〉的解释》第 3 部分（诉讼参加人）。

命题分析

行政诉讼参加人包括原告、被告、共同诉讼人、第三人以及代理人。历年考试中，本部分知识多次被考查。从考查内容看，主要涉及原告资格、被告确定以及第三人的确定及其权利保护。其中，原告资格考查较少，被告确定方面，因立法和司法解释对其内容的规定较为细碎，考查较多。行政诉讼第三人方面，因新修订的《行政诉讼法》对其作出了新规定，最后两年司考均进行了考查。从考查趋势来看，法考客观题考试更加注重知识的灵活运用，因此，有关个案中起诉人原告资格的确定、被告的确定、第三人的确定等，依然会是集中考查的知识点，值得引起注意。

知识点精讲

一、行政诉讼原告

行政诉讼原告是指认为行政机关的行政行为侵犯其合法权益，依法以自己的名义向人民法院提起诉讼的公民、法人或者其他组织。

依照《行政诉讼法》第 25 条规定，行政诉讼的原告分为两种情况：

一是行政行为的相对人，比如行政处罚的直接对象，被行政机关拒绝颁发许可证的申请人等。

二是其他与行政行为有利害关系的公民、法人或者其他组织。其是指虽没有被直接列为行政行为的直接对象，但其合法权益也受到了行政行为的影响，由此具有了原告资格的个人或者组织。根据《最高人民法院关于适用〈中华人民共和国行政诉讼法〉的解释》第 12 条的规定，所谓的“与行政行为有利害关系”主要包括以下情形：①被诉的具体行政行为涉及其相邻权或者公平竞争权的；②在行政复议等行政程序中被追加为第三人的；③要求行政机关依法追究加害人法律责任的；④撤销或者变更行政行为涉及其合法权益的；⑤为维护自身合法权益向行政机关投诉，具有处理投诉职责的行政机关作出或者未作出处理的；⑥其他与行政行为有利害关系的情形。上述情形中，投诉人是否具有行政诉讼原告资格，理论界还有不同看法。按照当前司法解释规定，当投诉人是基于自身权益受到侵害而向主管部门投诉，主管部门具有处理职责而没有处理的，或者作出处理未达到投诉人预期目的的，可以认定该行政行为与投诉人自身的权益之间具有利害关系，承认投诉人具有原告资格。

确定起诉人是否具有原告资格，关键是判断起诉人与被诉行政行为之间是否存在利害关系。一般认为，所谓的利害关系是指公民个人或者组织与被诉行政行为之间具有直接、内在的关联，受到了行政行为的直接影响。依此标准，可通过个案解释的方式确定起诉人是否具有原告资格。

例 1　某县政府与甲开发公司签订《某地区改造项目协议书》，对某地区旧城改造范围、拆迁补偿费及支付方式和期限等事宜加以约定。乙公司持有经某市政府批准取得的国有土地使用证的第 15 号地块，位于某地区改造范围。甲开发公司获得改造范围内新建的房屋预售许可证，并向社会公开预售。乙公司认为某县政府以协议形式规划、管理和利用项目改造的行为违法，向法院起诉，法院受理。下列哪一选项是正确的？

C. 因乙公司不是《某地区改造项目协议书》的当事人，法院应驳回起诉

提示：本题中，某县政府与甲开发公司签订《某地区改造项目协议书》的行为，本质是行使行政职权的行为，即使乙公司不是协议当事人，但乙公司拥有改造范围内的土地使用权，协议内容直接影响到乙公司的利益。该公司具有原告资格，有权提起诉讼。选项 C 说法错误。

除立法对行政诉讼原告作出一般性规定外，针对实务中出现的原告确定方面的一些特殊情况，《最高人民法院关于适用〈中华人民共和国行政诉讼法〉的解释》还作出了以下更加详细的规定：

（1）债权人以行政机关对债务人所作的行政行为损害债权实现为由提起行政诉讼的，人民法院应当告知其就民事争议提起民事诉讼，但行政机关作出行政行为时依法应予保护或者应予考虑的除外。

（2）合伙企业向人民法院提起诉讼的，应当以核准登记的字号为原告。未依法登记领取营业执照的个人合伙的全体合伙人为共同原告；全体合伙人可以推选代表人，被推选的代表人，应当由全体合伙人出具推选书。个体工商户向人民法院提起诉讼的，以营业执照上登记的经营者为原告。有字号的，以营业执照上登记的字号为原告，并应当注明该字号经营者的基本信息。

（3）股份制企业的股东大会、股东会、董事会等认为行政机关作出的行政行为侵犯企业经营自主权的，可以企业名义提起诉讼。

（4）联营企业、中外合资或者合作企业的联营、合资、合作各方，认为联营、合资、合作企业权益或者自己一方合法权益受行政行为侵害的，可以自己的名义提起诉讼。

例 2　市工商局发现，某中外合资游戏软件开发公司生产的一种软件带有暴力和色情内容，决定没收该软件，并对该公司处以三万元罚款。中方投资者接受处罚，但外方投资者认为处罚决定既损害了公司的利益也侵害自己的权益，向法院提起行政诉讼。下列哪一选项是正确的？

A. 外方投资者只能以合资公司的名义起诉
B. 外方投资者可以自己的名义起诉
C. 法院受理外方投资者起诉后，应追加未起诉的中方投资者为共同原告
D. 外方投资者只能以保护自己的权益为由提起诉讼

提示： 本题涉及的正是中外合资企业，依照《最高人民法院关于适用〈中华人民共和国行政诉讼法〉的解释》第16条第2款的规定，联营企业、中外合资或者合作企业的联营、合资、合作各方，认为联营、合资、合作企业权益或者自己一方合法权益受行政行为侵害的，可以自己的名义提起诉讼。据此，作为合资一方的外方投资者，无论认为合资企业的权益受到侵害，还是认为自己一方的权益受到侵害，都可以自己的名义独立提起行政诉讼。因此，只有选项B的说法正确，其他选项均错误。

（5）非国有企业被行政机关注销、撤销、合并、强令兼并、出售、分立或者改变企业隶属关系的，该企业或者其法定代表人可以提起诉讼。

例3 甲厂是某市建筑装潢公司下属的独立核算的集体企业，2007年1月某市建筑装潢公司经批准与甲厂脱离隶属关系。2007年4月，行政机关下达文件批准某市建筑装潢公司的申请，将甲厂并入另一家集体企业乙厂。对此行为，下列何者有权向法院起诉？

A. 甲厂　　B. 乙厂
C. 甲厂法定代表人　　D. 乙厂法定代表人

提示： 依照《最高人民法院关于适用〈中华人民共和国行政诉讼法〉的解释》第16条第3款规定，非国有企业被行政机关注销、撤销、合并、强令兼并、出售、分立或者改变企业隶属关系的，该企业或者其法定代表人可以提起诉讼。此规定赋予了法定代表人独立的诉权和原告资格，即非国有企业的法定代表人可以不以企业的名义，而以自己的名义独立起诉。本题中，甲、乙厂均为非国有企业，而行政机关强令将甲厂并入乙厂，符合《最高人民法院关于适用〈中华人民共和国行政诉讼法〉的解释》第16条规定的情形，故甲厂、乙厂、甲厂法定代表人、乙厂法定代表人，均有权以自己的名义提起行政诉讼，且法定代表人可以独立起诉，并不以乙企业是否实际存在为前提。因此，本题的答案为ABCD。

（6）事业单位、社会团体、基金会、社会服务机构等非营利法人的出资人、设立人认为行政行为损害法人合法权益的，可以自己的名义提起诉讼。

（7）业主委员会对于行政机关作出的涉及业主共有利益的行政行为，可以自己的名义提起诉讼。业主委员会不起诉的，专有部分占建筑物总面积过半数或者占总户数过半数的业主可以提起诉讼。

依照《行政诉讼法》和《最高人民法院关于适用〈中华人民共和国行政诉讼法〉的解释》的规定，当事人一方超过10人的共同诉讼，可以由当事人推选2至5名代表人进行诉讼。当事人推选不出代表人的，可以由人民法院在起诉的当事人中指定代表人。代表人可以委托1至2人作为诉讼代理人。代表人的诉讼行为对其所代表的当事人发生效

力，但代表人变更、放弃诉讼请求或者承认对方当事人的诉讼请求，应当经被代表的当事人同意。

此外，《行政诉讼法》还对人民检察院依法提起行政公益诉讼作出了特殊规定，即人民检察院在履行职责中发现生态环境和资源保护、食品药品安全、国有财产保护、国有土地使用权出让等领域负有监督管理职责的行政机关违法行使职权或者不作为，致使国家利益或者社会公共利益受到侵害的，应当向行政机关提出检察建议，督促其依法履行职责。行政机关不依法履行职责的，人民检察院依法向人民法院提起诉讼。

关于原告资格的承受问题，《行政诉讼法》第25规定，有权提起诉讼的公民死亡，其近亲属可以提起诉讼。有权提起诉讼的法人或者其他组织终止，承受其权利的法人或者其他组织可以提起诉讼。此条中的"近亲属"，包括配偶、父母、子女、兄弟姐妹、祖父母、外祖父母、孙子女、外孙子女和其他具有扶养、赡养关系的亲属。公民因被限制人身自由而不能提起诉讼的，其近亲属可以依其口头或者书面委托以该公民的名义提起诉讼。

例4 经王某请求，国家专利复审机构宣告授予李某的专利权无效，并于2011年5月20日向李某送达决定书。6月10日李某因交通意外死亡。李某妻子不服决定，向法院提起行政诉讼。下列哪一说法是正确的?

A. 李某妻子应以李某代理人身份起诉

提示： 选项A考查行政诉讼的原告资格以及原告与诉讼代理人的区别。依照《行政诉讼法》第25条和《最高人民法院关于适用〈中华人民共和国行政诉讼法〉的解释》第14条第1款的规定，李某妻子的身份应当是原告，而非代理人。选项A说法错误。

二、行政诉讼被告

行政诉讼被告是指因作出行政行为而被原告提起行政诉讼，经人民法院通知应诉的行政机关、法律、法规、规章授权的组织。

确定适格被告需要符合以下几个条件：被告须是行政机关或法定授权组织；被告须是作出行政行为的主体；被告须是被指控并经人民法院通知应诉的人。

依照《行政诉讼法》与《最高人民法院关于适用〈中华人民共和国行政诉讼法〉的解释》的规定，行政诉讼被告的一般情形如下：

情形	被告确定	备注
原告直接起诉的。	作出行政行为的行政机关。	
经复议的案件。	复议维持的，作出原行政行为的行政机关和复议机关是共同被告；复议改变的，复议机关是被告。	复议维持原行为的，包括复议机关驳回复议申请或复议请求的情形，但以复议申请不符合受理条件为由驳回的除外。复议改变原行为，指复议机关改变原行政行为的处理结果。

续表

情形	被告确定	备注
复议机关在法定期限内未作出复议决定。	相对人起诉原行为的，原行为作出机关是被告；起诉复议机关不作为的，复议机关是被告。	
两个以上行政机关作出同一行政行为的。	共同作出行政行为的行政机关是共同被告。	不具有行政主体资格的组织不能成为共同被告。
法律、法规、规章授权的组织作出行政行为的。	作出该行为的组织是被告。	
行政机关委托的组织所作的行政行为。	委托机关是被告。	
行政机关被撤销或者职权变更的。	继续行使职权的行政机关是被告。	没有继续行使其职权的行政机关的，以其所属的人民政府为被告；实行垂直领导的，以垂直领导的上一级行政机关为被告。
经上级行政机关批准作出行政行为的。	以在对外发生法律效力的文书上署名的机关为被告。	
行政机关组建并赋予行政管理职能但不具有独立承担法律责任能力的机构，以自己的名义作出行政行为的。	以组建该机构的行政机关为被告。	
法律、法规或者规章授权行使行政职权的行政机关内设机构、派出机构或者其他组织，超出法定授权范围实施行政行为。	以实施该行为的机构或者组织为被告。	
没有法律、法规、规章规定行政机关授权其内设机构、派出机构或其他组织行使行政职权的。	该授权视为委托，以该行政机关为被告。	
由国务院、省级人民政府批准设立的开发区管理机构作出的行政行为。	开发区管理机构为被告。	
由国务院、省级人民政府批准设立的开发区管理机构所属职能部门作出的行政行为。	以职能部门为被告。	
对其他开发区管理机构所属职能部门作出的行政行为不服提起诉讼的。	以开发区管理机构为被告；开发区管理机构没有行政主体资格的，以设立该机构的地方人民政府为被告。	

续表

情形	被告确定	备注
对村民委员会或者居民委员会的行为提起诉讼的。	依据法律、法规、规章的授权履行行政管理职责的，以村民委员会或者居民委员会为被告。 受行政机关委托的，以委托行政机关为被告。	高等学校等事业单位以及律师协会、注册会计师协会等行业协会亦同。
不服市、县级人民政府确定的房屋征收部门组织实施房屋征收与补偿工作过程中作出行政行为的。	以房屋征收部门为被告。	征收实施单位受房屋征收部门委托，在委托范围内从事的行为，被征收人不服提起诉讼的，以房屋征收部门为被告。

例5　某县工商局认定王某经营加油站系无照经营，予以取缔。王某不服，向市工商局申请复议，在该局作出维持决定后向法院提起诉讼，要求撤销取缔决定。关于此案，下列哪些说法是正确的？

B. 此案的被告应为某县工商局

提示：本题考查复议维持后的行政诉讼被告的确定。依照《行政诉讼法》第26条第2款规定，经复议的案件，复议机关决定维持原行政行为的，作出原具体行政行为的行政机关和复议机关是共同被告……据此，如果复议决定维持原行政行为，由作出行政行为的行政机关和复议机关作共同被告。本题中，市工商局维持了某县工商局的取缔决定，应由某县工商局与市工商局作共同被告。选项B说法错误。

例6　市城管执法局委托镇政府负责对一风景区域进行城管执法。镇政府接到举报并经现场勘验，认定刘某擅自建房并组织强制拆除。刘某父亲和嫂子称房屋系二人共建，拆除行为侵犯合法权益，向法院起诉，法院予以受理。关于此案，下列哪些说法是正确的？

A. 此案的被告是镇政府

提示：本题中，镇政府实施强制拆除行为是受市城管执法局的委托，依据公务委托理论，受委托机关实施的行为，其法律后果应由委托行政机关承担。据此，本题中实质的行政行为实施主体应为市城管执法局，该局应当成为本案被告。选项A说法错误。

例7　甲县政府设立的临时机构基础设施建设指挥部，认定有10户居民的小区自建的围墙及附属房系违法建筑，指令乙镇政府具体负责强制拆除。10户居民对此决定不服起诉。下列说法正确的是：

A. 本案被告为乙镇政府

提示：依照《最高人民法院关于适用〈中华人民共和国行政诉讼法〉的解释》第20条第1款的规定，行政机关组建并赋予行政管理职能但不具有独立承担法律责任能力的机构，以自己的名义作出具体行政行为，当事人不服提起诉讼的，应当以组建该机构的行政机关为被告。本案所涉决定由甲县政府设立的临时机构基础设施建设指挥部作出，该指挥部是县政府设立的临时机构，并无行政主体资格，其行为后果由设立的县政府承担，被告应为县政府。选项A表述错误。

例8 某区公安局派出所突击检查孔某经营的娱乐城，孔某向正在赌博的人员通风报信，派出所突击检查一无所获。派出所工作人员将孔某带回调查，孔某因受到逼供而说出实情。派出所据此决定对孔某拘留10日，孔某不服提起诉讼。下列哪一选项是正确的?

C. 某区公安分局派出所是本案被告

提示： 本题中，公安派出所以自己的名义对孔某作出拘留处罚，属于超出法定授权范围。依照《最高人民法院关于适用〈中华人民共和国行政诉讼法〉的解释》第20条第2款规定，法律、法规或者规章授权行使行政职权的行政机关内设机构、派出机构或者其他组织，超出法定授权范围实施行政行为，当事人不服提起诉讼的，应当以实施该行为的机构或者组织为被告。据此，本题中的被告是公安派出所。选项C表述正确。

被告确定之后，发生特定情形的，其被告资格会发生转移。如根据《行政诉讼法》第26条的相关规定，行政机关被撤销或者职权变更的，继续行使其职权的行政机关是被告。据此，继续行驶该行政机关职权的行政机关承受了被告的主体资格。

三、行政诉讼第三人

行政诉讼第三人是指同被诉行政行为有利害关系但没有提起诉讼，或者同案件处理结果有利害关系的，主动参加诉讼或者由人民法院通知参加诉讼的个人或者组织。

行政诉讼第三人分为两种情况：一是与被诉的行政行为有利害关系但未提起行政诉讼。即被诉的行政行为对该第三人的权益产生一定的影响；二是与行政诉讼案件的处理结果有利害关系，即与行政行为没有利害关系，但案件审理的结果将对其权益产生影响。

行政诉讼第三人参加诉讼有两种方式：一是主动申请参加；二是由人民法院通知参加诉讼。

行政诉讼第三人在诉讼中具有独立的法律地位，可以提出自己独立的诉讼主张，行政诉讼案件的判决其承担义务或者减损其权益的，第三人有权依法提起上诉。依照《最高人民法院关于适用〈中华人民共和国行政诉讼法〉的解释》第30条的规定，人民法院判决其承担义务或者减损其权益的第三人，有权提出上诉或者申请再审。《行政诉讼法》第29条规定的第三人，因不能归责于本人的事由未参加诉讼，但有证据证明发生法律效力的判决、裁定、调解书损害其合法权益的，可以依照《行政诉讼法》第90条的规定，自知道或者应当知道其合法权益受到损害之日起6个月内，向上一级人民法院申请再审。

关于第三人与被诉行政行为有利害关系的判断，实践中较为复杂，需要结合具体案件具体判断。以下为几个利害关系判定的例子：

例9 肖某提出农村宅基地用地申请，乡政府审核后报县政府审批。肖某收到批件后，不满批件所核定的面积。下列哪些选项是正确的?

D. 肖某提起行政诉讼，县政府是被告，乡政府为第三人

提示： 根据《土地管理法》第62条的规定，农村村民住宅用地经乡（镇）人民政府审核，由县级人民政府批准，县政府才是决定的最终作出者，乡政府的审核只是决定中的一个环节，乡政府不宜作第三人。即使认定县、乡两级政府的行为为两个独立的行政行为，但由于本题并未交代肖某起诉何种行政行为，也不能得出县政府是被告、乡政府是第三人的结论。选项D表述错误。

例10　李某从田某处购得一辆轿车，但未办理过户手续。在一次查验过程中，某市公安局认定该车系走私车，予以没收。李某不服，向省公安厅申请复议，后者维持了没收决定。李某提起行政诉讼。下列哪一选项是正确的?

B. 田某不能成为本案的第三人

提示： 本题中，某市公安局认定田某的轿车为走私车的行为与田某存在利害关系。如果法院支持某市公安局的认定，李某将因此要求田某承担相应的责任，因此，田某与被诉行政行为有直接利害关系，可以成为本案的第三人。选项B说法错误。

例11　黄某与张某之妻发生口角，被张某打成轻微伤。某区公安分局决定对张某拘留五日。黄某认为处罚过轻遂向法院起诉，法院予以受理。下列哪些选项是正确的?

A. 某区公安分局在给予张某拘留处罚后，应及时通知其家属

B. 张某之妻为本案的第三人

C. 本案既可以由某区公安分局所在地的法院管辖，也可以由黄某所在地的法院管辖

D. 张某不符合申请暂缓执行拘留的条件

提示： 本题中，与被诉行政处罚决定存在利害关系的是黄某和张某，虽然争议因张某之妻引起，但张某之妻与被诉处罚行为并无利害关系，不宜列为本案第三人。选项B说法错误。

一般而言，行政诉讼第三人主要表现为以下情形：

（1）在行政行为涉及存在利益冲突的两方当事人的情况下，在其中一方当事人针对行政行为提起行政诉讼时，另一方当事人宜列为第三人。如竞争性行政许可决定作出后，存在竞争关系的申请人一方认为许可行为违法，提起撤销之诉，获得许可证的一方当事人自然成为第三人。

例12　经王某请求，国家专利复审机构宣告授予李某的专利权无效，并于2011年5月20日向李某送达决定书。6月10日李某因交通意外死亡。李某妻子不服决定，向法院提起行政诉讼。下列哪一说法是正确的?

B. 法院应当通知王某作为第三人参加诉讼

提示： 本题中，李某与王某之间存在利益冲突，双方与专利复审机构作出的宣告专利权无效的行为具有利害关系。当李某妻子针对专利复审机构的宣告专利权无效的决定提起行政诉讼时，王某作为利害关系人，具有行政诉讼第三人资格。选项B叙述正确。

（2）作出相互矛盾行政行为的两个行政机关，当其中一个行政机关被提起行政诉讼时，有必要通知另一个行政机关作为第三人参加诉讼。如规划局批准某甲建房一座，但水利局认为该房妨碍防洪，是违章建筑，通知甲拆除。甲不服，提起行政诉讼。此案中，如果法院维持水利局的决定，则必然确认规划局的行为违法，规划局将承担赔偿责任。在此情况下，规划局可以作为第三人参加诉讼。

例 13 段某拥有两块山场的山林权证。林改期间，王某认为该山场是自家的土改山，要求段某返还。经村委会协调，段某同意把部分山场给王某，并签订了协议。事后，段某反悔，对协议提出异议。王某请求镇政府调处，镇政府依王某提交的协议书复印件，向王某发放了山林权证。段某不服，向县政府申请复议，在县政府作出维持决定后向法院起诉。下列哪些选项是正确的？

B. 县政府为本案第三人

提示：依照《行政诉讼法》的规定，在复议维持的情况下，作出原行政行为的行政机关与复议机关为共同被告。据此，选项 B 的表述错误。

（3）多个相对人之间存在相同利益关系，行政行为处分了上述共同利益，部分相对人提起行政诉讼，部分相对人没有起诉，人民法院应通知其他利害关系人参加诉讼。

例 14 村民甲带领乙、丙等人，与造纸厂协商污染赔偿问题。因对提出的赔偿方案不满，甲、乙、丙等人阻止生产，将工人李某打伤。公安局接该厂厂长举报，经调查后决定对甲拘留 15 日、乙拘留 5 日，对其他人未作处罚。甲向法院提起行政诉讼，法院受理。下列哪些人员不能成为本案的第三人？

A. 丙

B. 乙

C. 李某

D. 造纸厂厂长

提示：本题中，丙并未受到行政处罚，其与被诉的行政处罚行为之间没有任何利害关系，不能列为第三人。乙在同一治安案件中受到处罚，其并未提起行政诉讼，符合《最高人民法院关于适用〈中华人民共和国行政诉讼法〉的解释》第 30 条第 1 款规定的情形，即行政机关的同一行政行为涉及两个以上利害关系人，其中一部分利害关系人对行政行为不服提起诉讼，人民法院应当通知没有起诉的其他利害关系人作为第三人参加诉讼。据此，乙可以成为本案第三人。李某作为受害人，与被诉的处罚决定有利害关系，应列为第三人。造纸厂的厂长是举报人，与被诉处罚行为不存在利害关系，不能列为第三人。综上，本题的正确答案为 AD。

（4）多个行政机关共同作出了某个行政行为，相对人只起诉了其中部分被告，不同意起诉其他被告，人民法院应当将其他未被起诉的行政机关列为第三人。如《最高人民法院关于适用〈中华人民共和国行政诉讼法〉的解释》第 26 条第 2 款规定，应当追加被告而原告不同意追加的，人民法院应当通知其以第三人的身份参加诉讼，但行政复议机关作共同被告的除外。比如甲、乙、丙三机关以共同名义作出了某个行政行为，该行为被公民丁提起了行政诉讼。但丁只将甲、乙两机关列为共同被告，而不愿意起诉丙机关。经法院释明，其依然不愿意追加丙机关为共同被告。在此情况下，因丙机关与被诉行政行为直接有关，人民法院可以将其列为第三人。

（5）行政机关与没有行政主体资格的其他组织以共同名义作出了一个行政行为，相对人请求撤销该行政行为，同时提出了行政赔偿请求，在其情况下，虽然不能将其他组织列为被告，但为了分配行政赔偿责任，有必要将其他组织列为第三人。

第十三章　行政诉讼程序

第一节　起诉与受理

重要法条及司法解释

《行政诉讼法》第 44～52 条。

《最高人民法院关于适用〈中华人民共和国行政诉讼法〉的解释》第 6 部分。

命题分析

《行政诉讼法》有关起诉与受理的规定内容较多而且细致，为历年考试所关注。从考查内容来看，起诉期限、复议前置和修法之后的立案登记制是考试重点。起诉期限主要考查两方面内容：一是一般起诉期限；二是各种特殊起诉期限（需要联系各部门单行立法确定）。复议前置同样涉及单行立法规定问题，需要考生注意。立案登记制主要考查的是具体程序规则的操作。从考查趋势看，本部分的考查将结合具体案例展开，考查重点仍将集中于起诉期限、复议前置、立案登记制的具体操作等内容。

知识点精讲

一、起诉的条件

起诉是指行政相对人认为行政机关的行政行为侵犯其合法权益，依法请求人民法院行使国家审判权给予司法救济的诉讼行为。

《行政诉讼法》重点对行政相对人提起行政诉讼的条件作出了规定，同时，对人民法院能否受理相对人的起诉所涉及的其他条件也作出了规定，以下分别加以介绍。

（一）一般条件

依照《行政诉讼法》第 49 条规定，相对人提起行政诉讼需要符合以下条件：

（1）原告是符合《行政诉讼法》第 25 条规定的公民、法人或者其他组织。即是行政行为的相对人以及其他与行政行为有利害关系的公民、法人或者其他组织，具有原告主体资格。

（2）有明确的被告。原告起诉需要明确指出实施具体行政行为的行政机关、法律、法规、规章授权组织的名称。

（3）有具体的诉讼请求和事实根据。诉讼请求是指当事人就其与被告存在的行政争议向人民法院提出的诉讼主张。事实根据是指原告向法院起诉所依据的事实和根据。包括案件的案情事实和证据事实。

（4）属于人民法院受案范围和受诉人民法院管辖。指原告请求人民法院保护的权益，必须是人民法院行政审判权作用的领域。同时，当事人起诉的行政案件必须属于接受起诉状的人民法院管辖。

（二）时间条件

相对人向人民法院提请司法救济，不能超过法定起诉期限。起诉期限是指相对人针对处分其权益的行政行为不服，依法向人民法院请求司法保护的期间限制。因行政行为的处理决定一旦作出即具有法律效力，为维护行政管理秩序的稳定，《行政诉讼法》明确规定，相对人不服该处理决定必须在法定期限内提起行政诉讼。该起诉期限为法定不变期间。起诉期限进一步分为一般期限与特殊期限。依照《行政诉讼法》和《最高人民法院关于适用〈中华人民共和国行政诉讼法〉的解释》的规定，超过法定起诉期限，人民法院将裁定不予立案或者驳回起诉。

有关起诉期限的规定，主要分为以下几种情况：

1. 一般期限

根据《行政诉讼法》第46条规定，行政相对人直接向人民法院提起诉讼的，应当自知道或者应当知道作出行政行为之日起6个月内提出。

例1 甲公司与乙公司开办中外合资企业丙公司，经营房地产。因急需周转资金，丙公司与某典当行签订合同，以某宗国有土地作抵押贷款。典当期满后，丙公司未按约定回赎，某典当行遂与丁公司签订协议，将土地的使用权出售给丁公司。经丁公司申请，2001年4月17日市国土局的派出机构办理土地权属变更登记。丙公司未参与变更土地登记过程。2008年3月3日，甲公司查询土地抵押登记情况，得知该土地使用权已变更至丁公司名下。甲公司对变更土地登记行为不服向法院起诉。下列说法正确的是：

B. 若丙公司对变更土地登记行为不服，应当自2008年3月3日起3个月内起诉

提示：丙公司未参与变更土地登记过程，不知道国土部门作出变更某宗国有土地的变更登记，其起诉期限从知道或者应当知道该行政行为内容之日起计算，2008年3月3日是甲公司知道变更某宗国有土地登记的时间，而非丙公司知道或者应当知道的时间。因此，选项B说法错误。另外，本题是《行政诉讼法》修订之前的司法考试题，按照修订后的法律规定，一般起诉期限已经由3个月改为6个月。

依照《行政诉讼法》第45条规定，经过行政复议的，相对人不服复议决定，可以在收到复议决定书之日起15日内向人民法院提起诉讼。复议机关逾期不作决定的，申请人可以在复议期满之日起15日内向人民法院提起诉讼。

比如，依照《反不正当竞争法》的规定，当事人对监督检查部门作出的处罚决定不服的，可以自收到处罚决定之日起15日内向上一级主管机关申请复议；对复议决定不服的，可以自收到复议决定书之日起15日内向法院提起诉讼；也可以直接向法院提起诉讼。某县工商局认定某企业存在利用有奖销售的手段推销质次价高的商品的违法行为，责令其停止

违法行为，并处8万元罚款。该企业不服，申请复议。提问：如果复议机关将罚款改为1万元，企业不服，应当在多长时间内提起行政诉讼？对此问题，应当考虑《行政诉讼法》有关经过复议之后起诉期限的规定。本题中，企业应当在收到复议决定之日起15日内向人民法院提起行政诉讼。

2. 特殊期限

特殊期限是指单行法律另行规定的起诉期限。如果其他法律对于起诉期限有特殊规定的，须遵守该法律的规定。此处的法律是指全国人大及其常委会制定的法律。

例2 某国土资源局以陈某违反《土地管理法》为由，向陈某送达决定书，责令其在10日内拆除擅自在集体土地上建造的房屋3间，恢复土地原状。陈某未履行决定。下列哪一说法是错误的？

C. 因《土地管理法》对起诉期限有特别规定，陈某对决定不服提起诉讼的，应依该期限规定

提示：《土地管理法》第83条规定了土地管理领域的起诉期限，即建设单位或者个人对责令限期拆除的行政处罚决定不服的，可以在接到责令限期拆除决定之日起十五日内，向人民法院起诉。因此，陈某应当按照该条规定，在15日内向人民法院提起诉讼。选项C说法正确。

3. 行政机关不履行法定职责的起诉期限

《行政诉讼法》第47条规定，公民、法人或者其他组织申请行政机关履行保护其人身权、财产权等合法权益的法定职责，行政机关在接到申请之日起2个月内不履行的，公民、法人或者其他组织可以向人民法院提起诉讼。法律、法规对行政机关履行职责的期限另有规定的，从其规定。公民、法人或者其他组织在紧急情况下请求行政机关履行保护其人身权、财产权等合法权益的法定职责，行政机关不履行的，提起诉讼不受前款规定期限的限制。

需要注意的是，上述条款只是解决了行政机关不履行法定职责成立的时间点，即接到申请之日起两个月，但并未明确2个月届满之后，相对人应当在多长时间内提起行政诉讼。为此《最高人民法院关于适用〈中华人民共和国行政诉讼法〉的解释》第66条规定，公民、法人或者其他组织依照《行政诉讼法》第47条第1款的规定，对行政机关不履行法定职责提起诉讼的，应当在行政机关履行法定职责期限届满之日起6个月内提出。根据该条规定，相对人针对行政机关不履行法定职责的行为提起行政诉讼的，原则上依然适用6个月起诉期限。

4. 不知道行政行为内容时的起诉期限

由于某种原因，相对人可能并不知晓行政机关作出的影响其权益的行政行为。待其知晓行政行为内容时，事实上已经超过了前述法定起诉期限的规定。为给相对人提供充分的保护机会，《行政诉讼法》规定了最长的诉讼保护期限。该法第46条第2款规定，因不动产提起诉讼的案件自行政行为作出之日起超过20年，其他案件自行政行为作出之日起超过5年提起诉讼的，人民法院不予受理。对此，《最高人民法院关于适用〈中华人民共和国行

政诉讼法〉的解释》第65条进一步明确规定，公民、法人或者其他组织不知道行政机关作出的行政行为内容的，其起诉期限从知道或者应当知道该行政行为内容之日起计算，但最长不得超过《行政诉讼法》第46条第2款规定的起诉期限。

5. 行政机关未告知起诉期限的处理

实践中，还可能存在以下特殊情况，即行政机关作出行政行为时，未履行教示义务，告知相对人提起行政诉讼的起诉期限。在此情况下，应当如何确定相对人的起诉期限？对此，《最高人民法院关于适用〈中华人民共和国行政诉讼法〉的解释》第64条作出了明确规定：行政机关作出行政行为时，未告知公民、法人或者其他组织起诉期限的，起诉期限从公民、法人或者其他组织知道或者应当知道起诉期限之日起计算，但从知道或者应当知道行政行为内容之日起最长不得超过1年。复议决定未告知公民、法人或者其他组织起诉期限的，适用前款规定。根据上述规定，当行政机关虽然告知相对人行政行为内容但未告知其起诉期限的，相对人的起诉期限也要做相应延长，即从其知道行政行为内容之日起最长延长1年。

6. 起诉期限的扣除与延长

第一，公民、法人或者其他组织因不可抗力或者其他不属于其自身的原因耽误起诉期限的，被耽误的时间不计算在起诉期限内。也就是说，因不可抗力或者其他不属于其自身的原因耽误起诉期限，不再由人民法院决定是否延长，而是直接从起诉期限内扣除。此处的不可抗力是指相对人不能预见、不能避免又无力克服的情况，比如自然灾害、社会动乱等。其他不属于相对人自身的原因，主要是指其他客观原因，如突发疾病等。

第二，公民、法人或者其他组织因前款规定以外的其他特殊情况耽误起诉期限的，在障碍消除后十日内，可以申请延长期限，是否准许由人民法院决定。此处构成延长起诉期限的其他特殊情况，是指除不可抗力以及其他不属于相对人自身原因以外的其他情况，其判断由人民法院在个案中认定。

（三）程序条件：起诉与申请行政复议的关系

关于申请行政复议和提起行政诉讼的关系问题，我国采用的是当事人选择为原则、行政复议前置为例外的立法体例。

1. 当事人选择为原则

对属于人民法院受案范围的行政案件，相对人可以先向行政机关申请复议，对复议决定不服的，再向人民法院提起诉讼；也可以直接向人民法院提起诉讼。

2. 法定复议前置为例外

法律、法规规定应当先向行政机关申请复议，对复议决定不服再向人民法院提起诉讼的，依照法律、法规的规定。

此外，《最高人民法院关于适用〈中华人民共和国行政诉讼法〉的解释》对复议与诉讼的关系又作出了以下明确规定：

法律、法规规定应当先申请复议，公民、法人或者其他组织未申请复议直接提起诉讼的，人民法院裁定不予立案。依照《行政诉讼法》第45条的规定，复议机关不受理复议申请或者在法定期限内不作出复议决定，公民、法人或者其他组织不服，依法向人民法院提起诉讼的，人民法院应当依法立案（第56条）。

法律、法规未规定行政复议为提起行政诉讼必经程序，公民、法人或者其他组织既提起诉讼又申请行政复议的，由先立案的机关管辖；同时立案的，由公民、法人或者其他组织选择。公民、法人或者其他组织已经申请行政复议，在法定复议期间内又向人民法院提起诉讼的，人民法院裁定不予立案（第57条）。

法律、法规未规定行政复议为提起行政诉讼必经程序，公民、法人或者其他组织向复议机关申请行政复议后，又经复议机关同意撤回复议申请，在法定起诉期限内对原行政行为提起诉讼的，人民法院应当依法立案（第58条）。

公民、法人或者其他组织向复议机关申请行政复议后，复议机关作出维持决定的，应当以复议机关和原行为机关为共同被告，并以复议决定送达时间确定起诉期限（第59条）。

例3 A市李某驾车送人前往B市，在B市甲区与乙区居民范某的车相撞，并将后者打伤。B市甲区公安分局决定扣留李某的汽车，对其拘留5日并处罚款300元。下列哪些选项是正确的？

C. 李某应先申请复议，方能提起行政诉讼

提示：依照现行法律规定，除法律、法规明确规定采用复议前置的情况外，相对人可以在申请复议和提起行政诉讼之间选择。《治安管理处罚法》第102条规定并未规定被处罚人提起诉讼前，必须先申请行政复议，据此，在治安管理领域不适用复议前置制度，选项C表述错误。

例4 田某认为区人社局记载有关他的社会保障信息有误，要求更正，该局拒绝。田某向法院起诉。下列哪些说法是正确的？

A. 田某应先申请行政复议再向法院起诉

提示：选项A涉及政府信息公开行政案件是否实行复议前置问题，依照《政府信息公开条例》第33条的规定，相对人认为行政机关在政府信息公开工作中的具体行政行为侵犯其合法权益的，可以依法申请行政复议或者提起行政诉讼。据此，在政府信息公开领域，相对人提起行政诉讼不需要适用复议前置，选项A表述错误。

例5 段某拥有两块山场的山林权证。林改期间，王某认为该山场是自家的土改山，要求段某返还。经村委会协调，段某同意把部分山场给王某，并签订了协议。事后，段某反悔，对协议提出异议。王某请求镇政府调处，镇政府依王某提交的协议书复印件，向王某发放了山林权证。段某不服，向县政府申请复议，在县政府作出维持决定后向法院起诉。下列哪些选项是正确的？

A. 对镇政府的行为，段某不能直接向法院提起行政诉讼

提示：依照《行政复议法》第30条第1款的规定，相对人认为行政机关的具体行政行为侵犯其已经依法取得的土地、矿藏、水流、森林、山岭、草原、荒地、滩涂、海域等自然资源的所有权或者使用权的，应当先申请行政复议；对行政复议决定不服的，可以依法

向人民法院提起行政诉讼。本题中，拥有山林权证的段某认为镇政府向王某发放山林权证的行为侵犯了其拥有的山林权利，需要依照《行政复议法》的规定，先申请行政复议，才能提起行政诉讼。选项 A 的表述正确。

（四）起诉方式

原告提起行政诉讼，原则上应当向人民法院递交起诉状，并按照被告人数提出副本。起诉状应当包括以下内容：①当事人的基本情况。原告的基本情况；被告的基本情况；诉讼代理人的基本情况。②诉讼请求和所根据的事实理由。③证据和证据来源、证人姓名和住址。此外，起诉状还应写明接受起诉状的人民法院的名称和起诉的具体日期，并由原告签名或者盖章。

为方便相对人起诉，《行政诉讼法》同时规定，起诉人书写起诉状确有困难的，可以口头起诉，由人民法院记入笔录，出具注明日期的书面凭证，并告知对方当事人。

《最高人民法院关于适用〈中华人民共和国行政诉讼法〉的解释》第 67 条规定，原告提供被告的名称等信息足以使被告与其他行政机关相区别的，可以认定为《行政诉讼法》第 49 条第（二）项规定的“有明确的被告”。起诉状列写被告信息不足以认定明确的被告的，人民法院可以告知原告补正；原告补正后仍不能确定明确的被告的，人民法院裁定不予立案。

此外，关于具体的诉讼请求的列举，《最高人民法院关于适用〈中华人民共和国行政诉讼法〉的解释》第 68 条规定，《行政诉讼法》第 49 条第（三）项规定的“有具体的诉讼请求”是指：①请求判决撤销或者变更行政行为；②请求判决行政机关履行特定法定职责或者给付义务；③请求判决确认行政行为违法；④请求判决确认行政行为无效；⑤请求判决行政机关予以赔偿或者补偿；⑥请求解决行政协议争议；⑦请求一并审查规章以下规范性文件；⑧请求一并解决相关民事争议；⑨其他诉讼请求。当事人单独或者一并提起行政赔偿、补偿诉讼的，应当有具体的赔偿、补偿事项以及数额；请求一并审查规章以下规范性文件的，应当提供明确的文件名称或者审查对象；请求一并解决相关民事争议的，应当有具体的民事诉讼请求。当事人未能正确表达诉讼请求的，人民法院应当要求其明确诉讼请求。

二、立案登记制

《行政诉讼法》修订后，将旧法规定的立案审查制改为立案登记制。根据《行政诉讼法》及《最高人民法院关于适用〈中华人民共和国行政诉讼法〉的解释》的规定，立案登记制主要包括以下内容：

（1）接收诉状。对当事人依法提起的诉讼，人民法院应当根据行政诉讼法规定，一律接收起诉状。

（2）接收诉状后，对于能够判断符合起诉条件的，应当当场登记立案；对当场不能判定是否符合本法规定的起诉条件的，应当接收起诉状，出具注明收到日期的书面凭证，并在 7 日内决定是否立案。不符合起诉条件的，作出不予立案的裁定。裁定书应当载明不予立案的理由。原告对裁定不服的，可以提起上诉。当场不能判断是否符合起诉条件的，应当在接收起诉状后 7 日内决定是否立案；7 日内仍不能作出判断的，应当先予立案。

（3）指导与释明。人民法院应当就起诉状内容和材料是否完备以及是否符合行政诉讼法规定的起诉条件进行审查。起诉状内容或者材料欠缺的，人民法院应当给予指导和释明，并一次性全面告知当事人需要补正的内容、补充的材料及期限。在指定期限内补正并符合起诉条件的，应当登记立案。当事人拒绝补正或者经补正仍不符合起诉条件的，退回诉状并记录在册；坚持起诉的，裁定不予立案，并载明不予立案的理由。

（4）监督与救济。对于不接收起诉状、接收起诉状后不出具书面凭证，以及不一次性告知当事人需要补正的起诉状内容的，当事人可以向上级人民法院投诉，上级人民法院应当责令改正，并对直接负责的主管人员和其他直接责任人员依法给予处分。人民法院既不立案，又不作出不予立案裁定的，当事人可以向上一级人民法院起诉。上一级人民法院认为符合起诉条件的，应当立案、审理，也可以指定其他下级人民法院立案、审理。

第二节　行政诉讼第一审程序

重要法条及司法解释

《行政诉讼法》第67、68条，第82～84条。

《最高人民法院关于适用〈中华人民共和国行政诉讼法〉的解释》第7部分。

命题分析

行政诉讼第一审程序涉及内容较多，是历年考试重点。从考查情况来看，部分内容主要考查以下方面：第一，普通程序和简易程序，尤其是简易程序，因是《行政诉讼法》修订新增加的内容，其适用范围、具体程序操作成为近三年重点考查内容；第二，审理对象。包括一审案件的审理对象（部分试题还涉及二审案件的审理对象）。从考查趋势来看，本部分内容的考查仍会结合具体案例展开，诸如简易程序的适用范围、操作程序以及复议维持情况下的人民法院的审理对象等问题，因其属于新法规定的内容，将成为“重点中的重点”。

知识点精讲

一、第一审普通程序

行政诉讼一审普通程序是人民法院审理常规案件适用的程序。《行政诉讼法》并未就一审案件的普通审理程序作出详细规定，但一个行政诉讼案件的审理一般要经过以下环节：

（一）审理前的准备

（1）组成合议庭。人民法院审理行政案件，由审判员组成合议庭，或者由审判员、陪审员组成合议庭。合议庭的成员，应当是3人以上的单数。

（2）通知被告应诉和发送诉讼文书。人民法院应当在立案之日起5日内，将起诉状副本发送被告。被告应当在收到起诉状副本之日起15日内向人民法院提交作出行政行为的证据和所依据的规范性文件，并提出答辩状。人民法院应当在收到答辩状之日起5日内，将答辩状副本发送原告。被告不提出答辩状的，不影响人民法院审理。

（3）处理管辖异议。

（4）审查诉讼文书和调查收集证据。

（5）更换和追加诉讼当事人，决定或通知第三人参加诉讼。

（6）确定案件审理的形式，确定开庭审理的时间、地点，并通知当事人和其他诉讼参与人。

（二）开庭审理

行政诉讼法并未规定开庭审理的具体程序规则。但就以下内容作出了明确：

第一，开庭审理遵循公开原则，即人民法院公开审理行政案件，但涉及国家秘密、个人隐私和法律另有规定的除外。涉及商业秘密的案件，当事人申请不公开审理的，可以不公开审理。

第二，当事人有申请回避的权利。即当事人认为审判人员与本案有利害关系或者有其他关系可能影响公正审判，有权申请审判人员回避。

第三，人民法院应当在立案之日起5日内，将起诉状副本发送被告。被告应当在收到起诉状副本之日起15日内向人民法院提交作出行政行为的证据和所依据的规范性文件，并提出答辩状。人民法院应当在收到答辩状之日起5日内，将答辩状副本发送原告。被告不提出答辩状的，不影响人民法院审理。

此外，关于一审案件的审理期限，《行政诉讼法》第81条规定，人民法院应当在立案之日起6个月内作出第一审判决。有特殊情况需要延长的，由高级人民法院批准，高级人民法院审理第一审案件需要延长的，由最高人民法院批准。

例1　县计生委认定孙某违法生育第二胎，决定对孙某征收社会抚养费40000元。孙某向县政府申请复议，要求撤销该决定。县政府维持该决定，并在征收总额中补充列入遗漏的3000元未婚生育社会抚养费。孙某不服，向法院起诉。下列哪些选项是正确的？

D. 被告应当在收到起诉状副本之日起十日内提交答辩状

提示：依照《行政诉讼法》第67条第1款的规定，人民法院应当在立案之日起5日内，将起诉状副本发送被告。被告应当在收到起诉状副本之日起15日内向人民法院提交作出行政行为的证据和所依据的规范性文件，并提出答辩状。人民法院应当在收到答辩状之日起5日内，将答辩状副本发送原告。据此，选项D表述错误。

二、简易程序

简易程序是一审人民法院审理简单行政案件所适用的简便易行的诉讼程序。依照《行政诉讼法》和《最高人民法院关于适用〈中华人民共和国行政诉讼法〉的解释》，简易程序涉及以下问题：

（一）适用范围

即哪些行政诉讼案件能够适用简易程序审理。对此问题，《行政诉讼法》规定了两种情况：

1. 法定情形

《行政诉讼法》第82条第1款规定，人民法院审理下列第一审行政案件，认为事实清楚、权利义务关系明确、争议不大的，可以适用简易程序：①被诉行政行为是依法当场作出的；②案件涉及款额2000元以下的；③属于政府信息公开案件的。据此，法定适用简易程序审理的案件必须具备以下条件：第一，第一审行政案件，二审案件、发回重审、按照审判监督程序再审的案件不适用简易程序；第二，案件事实清楚、权利义务关系明确、争议不大；第三，须为法定三类诉讼案件。此处的“事实清楚”，是指当事人对争议的事实陈述基本一致，并能提供相应的证据，无须人民法院调查收集证据即可查明事实；“权利义务关系明确”，是指行政法律关系中权利和义务能够明确区分；“争议不大”是指当事人对行政行为的合法性、责任承担等没有实质分歧。

2. 意定情形

《行政诉讼法》第82条第2款规定，除前款规定以外的第一审行政案件，当事人各方同意适用简易程序的，可以适用简易程序。也就是说，即使案情复杂、当事人争议较大的案件，当事人自愿同意适用简易程序审理的，人民法院也可尊重其选择权，适用简易程序审理。

（二）简易程序的具体操作

1. 独任制

适用简易程序审理的行政案件，由审判员一人独任审理。

2. 审理过程

适用简易程序审理的行政案件，人民法院可以用口头通知、电话、短信、传真、电子邮件等简便方式传唤当事人、通知证人、送达裁判文书以外的诉讼文书。以简便方式送达的开庭通知，未经当事人确认或者没有其他证据证明当事人已经收到的，人民法院不得缺席判决。适用简易程序案件的举证期限由人民法院确定，也可以由当事人协商一致并经人民法院准许，但不得超过十五日。被告要求书面答辩的，人民法院可以确定合理的答辩期间。人民法院应当将举证期限和开庭日期告知双方当事人，并向当事人说明逾期举证以及拒不到庭的法律后果，由双方当事人在笔录和开庭传票的送达回证上签名或者捺印。当事人双方均表示同意立即开庭或者缩短举证期限、答辩期间的，人民法院可以立即开庭审理或者确定近期开庭。

3. 程序转换

人民法院在审理过程中，发现案件不宜适用简易程序的，裁定转为普通程序。人民法院发现案情复杂，需要转为普通程序审理的，应当在审理期限届满前作出裁定并将合议庭组成人员及相关事项书面通知双方当事人。

4. 审理期限

适用简易程序审理的案件，应当在立案之日起45日内审结。案件由简易程序转为普通程序审理的，审理期限自人民法院立案之日起计算。

如有以下案例：

某交警大队以李某未遵守道路交通标志要求从事驾驶行为为由，当场对其处以200元罚款。李某不服，向法院提起行政诉讼。

问：法院如何适用简易程序进行审理？对此，依照《行政诉讼法》前述规定，本案属于可以适用简易程序审理的案件，受诉法院应当指定一名审判员独任审理，并应在立案之日起45日内审结，在审理期间发现不宜适用简易程序的，应当裁定转为普通程序。人民法院适用简易程序作出判决的，可以当庭宣判，也可以定期宣判。对适用简易程序作出的判决，李某有权提出上诉。

三、审理对象

审理对象是指行政诉讼当事人之间争议的核心问题，是人民法院行政审判权直接作用的对象。

在一审程序中，人民法院的审理对象因案件争议种类不同而存在差异。概括言之，分为以下两种情况：第一，被诉行政行为。即人民法院以行政机关作出的处分相对人权益的行政处理决定为审理对象，其审理活动围绕着行政行为的合法性、有效性这一核心问题展开。第二，当事人之间的公法权利义务争议。即人民法院是以行政诉讼原告提出的公法权利主张是否成立为审理对象，如原告主张的赔偿、补偿请求权是否成立等，其审理活动围绕着原被告之间的法律关系争议展开。

例2 甲公司与乙公司开办中外合资企业丙公司，经营房地产。因急需周转资金，丙公司与某典当行签订合同，以某宗国有土地作抵押贷款。典当期满后，丙公司未按约定回赎，某典当行遂与丁公司签订协议，将土地的使用权出售给丁公司。经丁公司申请，2001年4月17日市国土局的派出机构办理土地权属变更登记。丙公司未参与变更土地登记过程。2008年3月3日甲公司查询土地抵押登记情况，得知该土地使用权已变更至丁公司名下。甲公司对变更土地登记行为不服向法院起诉。下列说法正确的是：

C. 丙公司与某典当行签订的合同是否合法，是本案的审理对象

提示：本题中，甲公司起诉的对象是变更土地登记行为，人民法院的审理活动围绕着该行政行为是否合法展开，变更登记是本案审理对象。丙公司与某典当行签订的合同是否合法虽与被诉行政行为有关，但并给本案审理对象，法院不能把该合同是否合法作为审理对象。选项C表述错误。

此外，按照《行政诉讼法》的规定，在复议维持的情况下，作出原行政行为的行政机关和行政复议机关为共同被告。依照《最高人民法院关于适用〈中华人民共和国行政诉讼法〉的解释》第135条第1款规定，复议机关决定维持原行政行为的，人民法院应当在审查原行政行为合法性的同时，一并审查复议决定的合法性。由此，在复议维持情况下的行政诉讼案件中，审理对象为两个：一为原行政行为的合法性，二为行政复议决定的合法性。

顺便提及的是，在二审程序中，人民法院的审理对象会有增加，即除一审法院的审理对象之外，还要以一审法院的未生效裁判是否合法为审理对象。对此，《行政诉讼法》第87条规定，人民法院审理上诉案件，应当对原审人民法院的判决、裁定和被诉行政行为进行全面审查。

第十四章　行政诉讼的特殊制度与规则

第一节　行政诉讼证据

重要法条及司法解释

《行政诉讼法》第 33 ~ 43 条。

《最高人民法院关于适用〈中华人民共和国行政诉讼法〉的解释》第 4 部分。

《最高人民法院关于行政诉讼证据若干问题的规定》第 10 ~ 12 条，第 44、57、60、63 条。

命题分析

行政诉讼证据是行政诉讼法学知识的重要组成内容。从考试情况来看，本部分试题仍为必考项。从考查内容看，集中在以下几个方面：①证据种类的判断；②举证责任的分配；③提供证据的要求；④人民法院对证据的调取；⑤证据的审核认定。几乎覆盖全部证据法内容。再次印证行政法考试覆盖面宽泛的特点。从考查趋势来看，诸如举证责任分配、提供证据的形式要求，质证规则、非法证据排除规则等内容，可能成为考查重点。

知识点精讲

一、行政诉讼证据的概念、种类与提供证据的要求

行政诉讼的证据是指能够用来证明行政案件真实情况的一切材料。包括当事人向人民法院提交的证据，也包括人民法院在必要情况下依法收集的证据。

《行政诉讼法》规定了 9 类证据：书证、物证、视听资料、电子数据、当事人陈述、证人证言、鉴定意见、勘验笔录和现场笔录。对于每种证据应当如何提供，《最高人民法院关于行政诉讼证据若干问题的规定》（以下简称《证据规定》）提出了明确要求，具体内容见下表：

	定义	提交要求
书证	用文字、符号、图形所记载、表达的内容和含义来证明案件事实的证据。	应提供书证的原件，提供原件确有困难的，可以提供与原件核对无误的复印件、照片、节录本。 提供由有关部门保管的书证原件的复制件、影印件或者抄录件的，应当注明出处，经该部门核对无异后加盖其印章。 提供报表、图纸、会计账册、专业技术资料、科技文献等书证的，应当附有说明材料。 被告提供的被诉具体行政行为所依据的询问、陈述、谈话类笔录，应当有行政执法人员、被询问人、陈述人、谈话人签名或者盖章。 当事人向人民法院提供外文书证的，应当附有由具有翻译资质的机构翻译的或者其他翻译准确的中文译本，由翻译机构盖章或者翻译人员签名。
物证	以其存在、形状、质量等外部特征或者物理属性来证明案件事实的物品。	原则上须提供原物。提供原物确有困难的，可以提供与原物核对无误的复制件或者证明该物证的照片、录像等其他证据。 原物为数量较多的种类物的，提供其中的一部分。
视听资料	利用可视可听的音响、图像和电脑储存材料等证明案件事实的证据。	提供有关资料的原始载体。提供原始载体确有困难的，可以提供复制件。 注明制作方法、制作时间、制作人和证明对象等。 声音资料应当附有该声音内容的文字记录。 当事人向人民法院提供外国语视听资料的，应当附有由具有翻译资质的机构翻译的或者其他翻译准确的中文译本，由翻译机构盖章或者翻译人员签名。
电子数据	以电子形式存在的、能够证明案件事实的一切材料。包括电子邮件、电子数据交换（EDI）、电子公告板资料（BBS）、电子聊天记录、电子签名等基本形式。	
证人证言	了解案件情况的人就其理解的有关案件事实的情况依法所作出的陈述。	一般以口头形式提供。提供书面证人证言的，应当写明证人的姓名、年龄、性别、职业、住址等基本情况；有证人的签名，不能签名的，应当以盖章等方式证明；注明出具日期；附有居民身份证复印件等证明证人身份的文件。
当事人陈述	了解案件情况的人就其理解的有关案件事实的情况依法所作出的陈述。	
鉴定意见	鉴定人运用自己的专门知识，利用专门设备和材料，对专门问题所作的结论性意见。	被告提交的鉴定意见应遵守下列要求：载明委托人和委托鉴定的事项、向鉴定部门提交的相关材料、鉴定的依据和使用的科学技术手段、鉴定部门和鉴定人鉴定资格的说明，并应有鉴定人的签名和鉴定部门的盖章。通过分析获得的鉴定意见，应当说明分析过程。
勘验笔录	对物品、现场等进行查看、检验后所作的能够证明案件情况的记录。	
现场笔录	行政机关及其工作人员在执法现场所作的能够证明案件事实的记录。	应当载明时间、地点和事件等内容，并由执法人员和当事人签名。当事人拒绝签名或者不能签名的，应当注明原因。有其他人在现场的，可由其他人签名。

例 1 余某拟大修房屋，向县规划局提出申请，该局作出不予批准答复。余某向市规划局申请复议，在后者作出维持决定后，向法院起诉。县规划局向法院提交县政府批准和保存的余某房屋所在中心村规划布局图的复印件一张，余某提交了其房屋现状的录像，证明其房屋已破旧不堪。下列哪些说法是正确的?

A. 县规划局提交的该复印件，应加盖县政府的印章

B. 余某提交的录像应注明制作方法和制作时间

提示：依照《证据规定》，当事人向人民法院提供书证的，应当符合下列要求：提供书证的原件，原本、正本和副本均属于书证的原件。提供由有关部门保管的书证原件的复制件、影印件或者抄录件的，应当注明出处，经该部门核对无异后加盖其印章，据此，选项A表述正确。《证据规定》规定：当事人向人民法院提供录像等视听资料的，应当提供有关资料的原始载体，并注明制作方法、制作时间、制作人和证明对象等。据此，选项B表述正确。

二、行政诉讼的举证责任

举证责任是法律设定的一种风险，即承担举证责任的当事人应当提供证据证明自己的主张，否则将承担败诉后果的风险。

行政诉讼的举证责任分配的基本原则是：对行政行为合法性的举证责任由被告承担，原告对特定案件中的事实主张承担必要举证责任。其具体分配方式如下：

（一）被告的举证责任

1. 举证范围

被告对下列问题承担举证责任：

（1）被告对作出的行政行为负有举证责任，应当提供作出该行政行为的证据和所依据的规范性文件。原告可以提供证明行政行为违法的证据。原告提供的证据不成立的，不免除被告的举证责任。立法如此规定的主要理由是：第一，实施行政行为的基本程序规则是“先取证、后裁决”。在行政行为被起诉到法院时，行政机关应当已经完成证据的调查收集工作，能够完成举证义务。第二，行政机关的举证能力强于原告。行政机关在执法过程中拥有足够的经费、技术条件收集相关证据，取证优势强于相对人。

（2）根据《证据规定》的规定，被告主张原告起诉超过起诉期限时，需要承担举证责任。理由是，行政机关作出执法行为时，应当遵守法定送达程序，能够证明行政决定书送达相对人的准确时间。

2. 被告的举证期限

依照《行政诉讼法》第67条规定，被告的举证期限为在收到起诉状副本之日起15日内。

被告不提供或者无正当理由逾期提供证据，视为没有相应证据。但是，被诉行政行为涉及第三人合法权益，第三人提供证据的除外。

3. 延期举证与补充提供证据

被告在作出行政行为时已经收集了证据，但因不可抗力等正当事由不能提供的，经人民法院准许，可以延期提供。被告申请延期提供证据的，应当在收到起诉状副本之日起15

日内以书面方式向人民法院提出。人民法院准许延期提供的，被告应当在正当事由消除后15日内提供证据。逾期提供的，视为被诉行政行为没有相应的证据。

原告或者第三人提出了其在行政处理程序中没有提出的理由或者证据的，经人民法院准许，被告可以补充证据。

（二）原告的举证责任

1. 举证范围

（1）在起诉被告不履行法定职责的案件中，原告应当提供其向被告提出申请的证据。但有下列情形之一的除外：第一，被告应当依职权主动履行法定职责的；第二，原告因正当理由不能提供证据的。

（2）在行政赔偿、补偿的案件中，原告应当对行政行为造成的损害提供证据。因被告的原因导致原告无法举证的，由被告承担举证责任。对于各方主张损失的价值无法认定的，应当由负有举证责任的一方当事人申请鉴定，但法律、法规、规章规定行政机关在作出行政行为时依法应当评估或者鉴定的除外；负有举证责任的当事人拒绝申请鉴定的，由其承担不利的法律后果。当事人的损失因客观原因无法鉴定的，人民法院应当结合当事人的主张和在案证据，遵循法官职业道德，运用逻辑推理和生活经验、生活常识等，酌情确定赔偿数额。

（3）相对人向人民法院起诉时，应当提供其符合起诉条件的相应的证据材料。即须证明其具有原告资格，证明被告的行政行为侵害了其合法权益等。

2. 举证期限

原告应当在开庭审理前或者人民法院指定的交换证据清单之日提供证据。因正当事由申请延期提供证据的，经人民法院准许，可以在法庭调查中提供。逾期提供证据的，人民法院应当责令其说明理由；拒不说明理由或者理由不成立的，视为放弃举证权利。

原告在第一审程序中无正当事由未提供而在第二审程序中提供的证据，人民法院不予接纳。

例2　市城管执法局委托镇政府负责对一风景区域进行城管执法。镇政府接到举报并经现场勘验，认定刘某擅自建房并组织强制拆除。刘某父亲和嫂子称房屋系二人共建，拆除行为侵犯合法权益，向法院起诉，法院予以受理。关于此案，下列哪些说法是正确的？

B. 刘某父亲和嫂子应当提供证据证明房屋为二人共建或与拆除行为有利害关系

C. 如法院对拆除房屋进行现场勘验，应当邀请当地基层组织或当事人所在单位派人参加

D. 被告应当提供证据和依据证明有拆除房屋的决定权和强制执行的权力

提示：相对人向人民法院起诉时，应当提供其符合起诉条件的相应的证据材料。本题中，刘某父亲和嫂子不是被告认定的处罚对象，两人声称被拆除房屋是二人共建，该拆除行为侵犯了其合法权益，其具有原告资格，需向法院提供证据加以证明。据此，选项B正确。

依照《证据规定》第33条规定，人民法院可以依当事人申请或者依职权勘验现场。勘

验现场时，勘验人必须出示人民法院的证件，并邀请当地基层组织或者当事人所在单位派人参加。据此，法院在勘验现场时有义务邀请当地基层组织或者当事人所在单位派人参加。选项C表述正确。

本题中，被告市城管执法局决定并强制拆除了原告房屋，在该行为被诉至法院后，该局即有义务提供证据和依据加以证明。选项D表述正确。

三、证据的调取与保全

（一）证据的调取

人民法院对证据的调取分为两种情况：一为依职权调取；一为依申请调取。

1. 人民法院依职权调取证据的情况

在下列情况下，人民法院可以主动依职权调取证据：①涉及国家利益、公共利益或者他人合法权益的事实认定的。②涉及依职权追加当事人、中止诉讼、终结诉讼、回避等程序性事项的。

例3 甲公司与乙公司开办中外合资企业丙公司，经营房地产。因急需周转资金，丙公司与某典当行签订合同，以某宗国有土地作抵押贷款。典当期满后，丙公司未按约定回赎，某典当行遂与丁公司签订协议，将土地的使用权出售给丁公司。经丁公司申请，2001年4月17日市国土局的派出机构办理土地权属变更登记。丙公司未参与变更土地登记过程。2008年3月3日甲公司查询土地抵押登记情况，得知该土地使用权已变更至丁公司名下。甲公司对变更土地登记行为不服向法院起诉。下列说法正确的是：

D. 对市国土局与派出机构之间的关系性质，法院可以依法调取证据

提示：本题中，市国土局与派出机构之间的关系性质关系到行政诉讼被告的确定问题，属于《证据规定》所规定的程序性事项，为审理案件需要，法院可以依职权调取证据。选项D表述正确。

2. 人民法院依申请调取证据的情况

与本案有关的下列证据，原告或者第三人不能自行收集的，可以申请人民法院调取：①由国家机关保存而须由人民法院调取的证据；②涉及国家秘密、商业秘密和个人隐私的证据；③确因客观原因不能自行收集的其他证据。

原告或者第三人申请调取证据，需要提交调取证据申请书，人民法院应当予以审查，证据与待证事实无关联、对证明待证事实无意义或者其他无调查收集必要的，人民法院不予准许，并送达通知书、说明理由。当事人不服，可以在接到通知书之日起3日内书面申请复议。

（二）证据的保全

证据保全是指在证据可能灭失或以后难以取得的情况下，人民法院根据诉讼参加人的请求或者依职权采取措施对证据加以确定和保护的一种诉讼制度。对证人证言的保全，一般采用制作证人证言笔录或者进行录音、录像等方法；对物证的保全，一般由人民法院进

行勘验，制作勘验笔录，或者绘图、拍照、录像，也可以采用保存原物的方法；对书证的保全，一般采用拍照、复制等方法。

四、证据对质辨认与核实

人民法院对证据的审查应在庭审时进行。《行政诉讼法》第 33 条第 2 款规定，以上证据经法庭审查属实，才能作为认定案件事实的根据。第 43 条规定，证据应当在法庭上出示，并由当事人互相质证。对涉及国家秘密、商业秘密和个人隐私的证据，不得在公开开庭时出示。

关于证据的质证，《最高人民法院关于适用〈中华人民共和国行政诉讼法〉的解释》和《证据规定》规定了以下内容：

1. 质证的内容。当事人应当围绕证据的关联性、合法性和真实性，针对证据有无证明效力以及证明效力大小，进行质证。

2. 质证的方法。主要有：

（1）发问。经法庭准许，当事人及其代理人可以就证据问题相互发问，也可以向证人、鉴定人或者勘验人发问。当事人及其代理人相互发问，或者向证人、鉴定人、勘验人发问时，发问的内容应当与案件事实有关联，不得采用引诱、威胁、侮辱等语言或者方式。

（2）出示。对书证、物证和视听资料进行质证时，当事人应当出示证据的原件或者原物。但有下列情况之一的除外：第一，出示原件或者原物确有困难并经法庭准许可以出示复制件或者复制品；第二，原件或者原物已不存在，可以出示证明复制件、复制品与原件、原物一致的其他证据。

（3）播放或显示。视听资料应当当庭播放或者显示，并由当事人进行质证。

（4）证人出庭作证。凡是知道案件事实的人，都有出庭作证的义务。

当事人申请证人出庭作证的，应当在举证期限届满前提出，并经人民法院许可。人民法院准许证人出庭作证的，应当在开庭审理前通知证人出庭作证。当事人在庭审过程中要求证人出庭作证的，法庭可以根据审理案件的具体情况，决定是否准许以及是否延期审理。证人出庭作证时，应当出示证明其身份的证件。

人民法院在证人出庭作证前应当告知其如实作证的义务以及作伪证的法律后果。证人因履行出庭作证义务而支出的交通、住宿、就餐等必要费用以及误工损失，由败诉一方当事人承担。

（5）行政执法人员出庭说明。有下列情形之一，原告或者第三人可以要求相关行政执法人员出庭说明情况：对现场笔录的合法性或者真实性有异议的；对扣押财产的品种或者数量有异议的；对检验的物品取样或者保管有异议的；对行政执法人员的身份的合法性有异议的；需要出庭说明的其他情形。

比如，吴某与邻居王某因琐事发生争执，吴某将王某家中的物品损坏。区公安分局接警后，对现场进行了拍照、制作现场笔录，最终决定对吴某拘留 10 天。吴某向法院起诉，在审理期间，对区公安分局的现场笔录真实性提出异议，问题：人民法院对现场笔录的真实性问题如何审查核实？对此问题，依照《最高人民法院关于适用〈中华人民共和国行政诉讼法〉的解释》，针对吴某的异议，人民法院可以根据吴某的要求，通知区公安分局的相关执法人员出庭作出说明。

（6）鉴定人出庭接受询问。对于出庭接受询问的鉴定人，法庭应当核实其身份、与当事人及案件的关系，并告知鉴定人如实说明鉴定情况的法律义务和故意作虚假说明的法律责任。

（7）当事人本人或行政执法人员到庭接受询问。人民法院认为有必要的，可以要求当事人本人或者行政机关执法人员到庭，就案件有关事实接受询问。在询问之前，可以要求其签署保证书。保证书应当载明据实陈述、如有虚假陈述愿意接受处罚等内容。当事人或者行政机关执法人员应当在保证书上签名或者捺印。负有举证责任的当事人拒绝到庭、拒绝接受询问或者拒绝签署保证书，待证事实又欠缺其他证据加以佐证的，人民法院对其主张的事实不予认定。

（8）专业人员出庭说明。对被诉具体行政行为涉及的专门性问题，当事人可以向法庭申请由专业人员出庭进行说明，法庭也可以通知专业人员出庭说明。必要时，法庭可以组织专业人员进行对质。当事人对出庭的专业人员是否具备相应专业知识、学历、资历等专业资格等有异议的，可以进行询问。由法庭决定其是否可以作为专业人员出庭。专业人员可以对鉴定人进行询问。

五、证据的审核认定

证据的审核认定又称为“证据的认证”。认证的主要内容是确认证据材料的证明资格和证明力，并在此基础上认定案件的事实。

（一）证据三性的认定

1. 对证据关联性的审查

法庭应当对经过庭审质证的证据和无须质证的证据进行逐一审查和对全部证据综合审查，遵循法官职业道德，运用逻辑推理和生活经验，进行全面、客观和公正的分析判断，确定证据材料与案件事实之间的证明关系，排除不具有关联性的证据材料，准确认定案件事实。

2. 对证据合法性的审查

法庭应当根据案件的具体情况，从以下方面审查证据的合法性：①证据是否符合法定形式；②证据的取得是否符合法律、法规、司法解释和规章的要求；③是否有影响证据效力的其他违法情形。

3. 对证据真实性的审查

法庭应当根据案件的具体情况，从以下方面审查证据的真实性：①证据形成的原因；②发现证据时的客观环境；③证据是否为原件、原物，复制件、复制品与原件、原物是否相符；④提供证据的人或者证人与当事人是否具有利害关系；⑤影响证据真实性的其他因素。

例4 关于在行政诉讼中法庭对证据的审查，下列哪一说法是正确的？

A. 从证据形成的原因方面审查证据的合法性

B. 从证人与当事人是否具有利害关系方面审查证据的关联性

C. 从发现证据时的客观环境审查证据的真实性
D. 从复制件与原件是否相符审查证据的合法性

提示：依照《证据规定》，证据形成的原因是审查证据真实性应考虑的因素，而不是审查证据合法性的因素，选项A表述错误。选项B中的证人与当事人是否具有利害关系，是法院在审查证据的真实性时应考虑的因素，而非审查证据的关联性的要素，该选项表述错误。选项C中，从发现证据时的客观环境是审查证据的真实性应审查的内容，该选项表述正确。选项D中，复制件与原件是否相符是审查证据的真实性的内容，而不是证据合法性审查的内容，该选项表述错误。

（二）非法证据排除规则

《行政诉讼法》第43条第3款规定，以非法手段取得的证据，不得作为认定案件事实的根据。由此确立了非法证据排除规则。对此，《最高人民法院关于适用〈中华人民共和国行政诉讼法〉的解释》进一步规定：有下列情形之一的，属于《行政诉讼法》第43条第3款规定的"以非法手段取得的证据"：①严重违反法定程序收集的证据材料；②以违反法律强制性规定的手段获取且侵害他人合法权益的证据材料；③以利诱、欺诈、胁迫、暴力等手段获取的证据材料。

此外，依照《证据规定》的规定，以下证据也可考虑排除：当事人无正当事由超出举证期限提供的证据材料；在中华人民共和国领域以外或者在中华人民共和国香港特别行政区、澳门特别行政区和台湾地区形成的未办理法定证明手续的证据材料；当事人无正当理由拒不提供原件、原物，又无其他证据印证，且对方当事人不予认可的证据的复制件或者复制品；被当事人或者他人进行技术处理而无法辨明真伪的证据材料；不能正确表达意志的证人提供的证言；不具备合法性和真实性的其他证据材料。

例5 某县公安局接到有人在薛某住所嫖娼的电话举报，遂派员前往检查。警察到达举报现场，敲门未开破门入室，只见薛某一人。薛某拒绝在检查笔录上签字，警察在笔录上注明这一情况。薛某认为检查行为违法，提起行政诉讼。下列哪些选项是正确的？
D. 因薛某未在警察制作的检查笔录上签字，该笔录在行政诉讼中不具有证据效力

提示：依照《证据规定》，被告向人民法院提供的现场笔录，应当载明时间、地点和事件等内容，并由执法人员和当事人签名。当事人拒绝签名或者不能签名的，应当注明原因。有其他人在现场的，可由其他人签名。据此，本题中，现场笔录无薛某的签名，只要警察在笔录注明，并不当然不具有证据效力，选项D表述错误。

（三）优势证据规则

依照《证据规定》，证明同一事实的数个证据，其证明效力一般可以按照下列情形分别认定：

（1）国家机关以及其他职能部门依职权制作的公文文书优于其他书证；

（2）鉴定结论、现场笔录、勘验笔录、档案材料以及经过公证或者登记的书证优于其他书证、视听资料和证人证言；

（3）原件、原物优于复制件、复制品；

（4）法定鉴定部门的鉴定结论优于其他鉴定部门的鉴定结论；

（5）法庭主持勘验所制作的勘验笔录优于其他部门主持勘验所制作的勘验笔录；

（6）原始证据优于传来证据；

（7）其他证人证言优于与当事人有亲属关系或者其他密切关系的证人提供的对该当事人有利的证言；

（8）出庭作证的证人证言优于未出庭作证的证人证言；

（9）数个种类不同、内容一致的证据优于一个孤立的证据。

例 6 某市卫生局经调查取证，认定某公司实施了未经许可擅自采集血液的行为，依据有关法律和相关规定，决定取缔该公司非法采集血液的行为，同时没收 5 只液氮生物容器。下列哪些说法是正确的？

C. 若某公司起诉，市卫生局向法院提供的现场笔录的效力，优于某公司的证人对现场的描述

D. 没收 5 只液氮生物容器属于保全措施

提示：依照《证据规定》第 63 条规定，现场笔录优于其他书证、视听资料和证人证言，据此，选项 C 说法正确。

例 7 某区城管执法局以甲工厂的房屋建筑违法为由强行拆除，拆除行为被认定违法后，甲工厂要求某区城管执法局予以赔偿，遭到拒绝后向法院起诉。甲工厂除提供证据证明房屋损失外，还提供了甲工厂工人刘某与当地居民谢某的证言，以证明房屋被拆除时，房屋有办公用品、机械设备未搬出，应予赔偿。某区城管执法局提交了甲工厂工人李某和执法人员张某的证言，以证明房屋内没有物品。下列哪一选项是正确的？

A. 法院不能因李某为甲工厂工人而不采信其证言

B. 法院收到甲工厂提交的证据材料，应当出具收据，由经办人员签名并加盖法院印章

C. 张某的证言优于谢某的证言

D. 在庭审过程中，甲工厂要求刘某出庭作证，法院应不予准许

提示：依照《证据规定》规定，与当事人有亲属关系或者其他密切关系的证人提供的对该当事人有利的证言，证明力相对较弱，需要其他证据补强。甲工厂工人李某为被告作出证明房屋内没有物品的证言，该证言不利于其供职的甲工厂，法院不能因李某为甲工厂工人而不采信其证言。选项 A 的说法正确。

《证据规定》第 20 条规定：人民法院收到当事人提交的证据材料，应当出具收据，注明证据的名称、份数、页数、件数、种类等以及收到的时间，由经办人员签名或者盖章。选项 B 中增加了加盖法院印章的内容，不符合司法解释规定，为错误表述。

张某为某区城管执法局的执法人员，与被告某区城管执法局有密切关系，且提供的证言对被告有利。谢某则为当地居民，与案件当事人没有密切关系，由此似可认定谢某的证言效力优于张某的证言。选项 C 断言张某的证言效力优于谢某的证言缺乏根据，表述错误。

《证据规定》第 43 条规定："当事人申请证人出庭作证的，应当在举证期限届满前提

出，并经人民法院许可。人民法院准许证人出庭作证的，应当在开庭审理前通知证人出庭作证。当事人在庭审过程中要求证人出庭作证的，法庭可以根据审理案件的具体情况，决定是否准许以及是否延期审理。”据此，选项D表述错误。

（四）证据补强规则

依照《证据规定》，下列证据不能单独作为定案依据：

（1）未成年人所作的与其年龄和智力状况不相适应的证言；

（2）与一方当事人有亲属关系或者其他密切关系的证人所作的对该当事人有利的证言，或者与一方当事人有不利关系的证人所作的对该当事人不利的证言；

（3）应当出庭作证而无正当理由不出庭作证的证人证言；

（4）难以识别是否经过修改的视听资料；

（5）无法与原件、原物核对的复制件或者复制品；

（6）经一方当事人或者他人改动，对方当事人不予认可的证据材料；

（7）其他不能单独作为定案依据的证据材料。

例8　段某拥有两块山场的山林权证。林改期间，王某认为该山场是自家的土改山，要求段某返还。经村委会协调，段某同意把部分山场给王某，并签订了协议。事后，段某反悔，对协议提出异议。王某请镇政府调处，镇政府依王某提交的协议书复印件，向王某发放了山林权证。段某不服，向县政府申请复议，在县政府作出维持决定后向法院起诉。下列哪些选项是正确的？

C. 如当事人未能提供协议书原件，法院不能以协议书复印件单独作为定案依据

提示：依照《证据规定》规定，无法与原件、原物核对的复制件或者复制品，不能单独作为定案的依据，选项C表述正确。

例9　许某与汤某系夫妻，婚后许某精神失常。二人提出离婚，某县民政局准予离婚。许某之兄认为许某为无民事行为能力人，县民政局准予离婚行为违法，遂提起行政诉讼。县民政局向法院提交了县医院对许某作出的间歇性精神病的鉴定结论。许某之兄申请法院重新进行鉴定。下列哪些选项是正确的？

A. 原告需对县民政局准予离婚行为违法承担举证责任

B. 鉴定结论应有鉴定人的签名和鉴定部门的盖章

C. 当事人申请法院重新鉴定可以口头提出

D. 当事人申请法院重新鉴定应当在举证期限内提出

提示：本题中被诉行政行为是县民政局的准予离婚行为，该行为被诉后，应有民政局对其行政行为合法性承担举证责任。选项A的说法错误。选项B中，对鉴定结论的制作表述符合《证据规定》要求，说法正确。依照《证据规定》第29条规定，原告或者第三人有证据或者有正当理由表明被告据以认定案件事实的鉴定结论可能有错误，在举证期限内书面申请重新鉴定的，人民法院应予准许。据此，原告申请重新鉴定须采用书面形式，且应在举证期限内提出，选项C说法错误，选项D说法正确。

例10 某药厂以本厂过期药品作为主原料，更改生产日期和批号生产出售。甲市乙县药监局以该厂违反《药品管理法》第49条第1款关于违法生产药品规定，决定没收药品并处罚款20万元。药厂不服向县政府申请复议，县政府依《药品管理法》第49条第3款关于生产劣药行为的规定，决定维持处罚决定。药厂起诉。关于本案的举证与审理裁判，下列说法正确的有：

B. 药厂提供的证明被诉行政行为违法的证据不成立的，不能免除被告对被诉行政行为合法性的举证责任

C. 如在本案庭审过程中，药厂要求证人出庭作证的，法院不予准许

D. 法院对本案的裁判，应当以证据证明的案件事实为依据

提示：《行政诉讼法》第37条规定，原告可以提供证明行政行为违法的证据。原告提供的证据不成立的，不免除被告的举证责任。据此，选项B说法正确。依照《证据规定》第43条规定，当事人申请证人出庭作证的，应当在举证期限届满前提出，并经人民法院许可。人民法院准许证人出庭作证的，应当在开庭审理前通知证人出庭作证。当事人在庭审过程中要求证人出庭作证的，法庭可以根据审理案件的具体情况，决定是否准许以及是否延期审理。此规定要求当事人申请证人出庭作证，原则上应在举证期限届满前提出。对当事人在庭审过程中要求证人出庭作证的，法庭有权决定是否准许。选项C说法错误。依照《证据规定》第53条规定，人民法院裁判行政案件，应当以证据证明的案件事实为依据。据此，选项D说法正确。

第二节　行政案件审理中的特殊制度

重要法条及司法解释

《行政诉讼法》第56～62条。

《最高人民法院关于适用〈中华人民共和国行政诉讼法〉的解释》第7部分。

《最高人民法院关于行政诉讼撤诉若干问题的规定》。

命题分析

行政案件审理中的特殊制度涉及行政案件审理过程中各种特殊问题的处理，立法对其规定较为详细，是考试较为关注的内容。从考查内容看，有关诉讼期间行政行为的停止执行问题、排除妨害诉讼行为的强制措施、合并审理等是考查的重点。此外，随着修订后《行政诉讼法》的实施，行政诉讼附带民事诉讼、先予执行等审理制度也逐渐进入命题人的视野。从考查趋势来看，除前述几种审理制度外，其他诸如撤诉、诉讼调解、诉讼中止等制度也不排除成为考查对象的可能。

知识点精讲

一、撤诉与缺席判决

（一）撤诉

撤诉是原告明确表示或者依其行为推定其将已经成立的起诉行为撤销，法院审查后予以同意的诉讼行为。广义的撤诉应当包括一审撤诉、二审撤回上诉以及再审程序中撤回再审申请。

行政诉讼中的撤诉分为自愿申请撤诉和视为申请撤诉两种情况。自愿申请撤诉是指在裁判宣告前的诉讼期间内，原告自动撤回起诉，经人民法院准许而终结诉讼的制度。视为申请撤诉是指原告经人民法院合法传唤，无正当理由拒不到庭时，人民法院可视其自愿撤回起诉，经审查以裁定准许而终结诉讼的制度。

1. 自愿申请撤诉的条件

根据《行政诉讼法》第62条规定，人民法院对行政案件宣告判决或者裁定前，原告申请撤诉的，或者被告改变其所作的行政行为，原告同意并申请撤诉的，是否准许，由人民法院裁定。据此，行政诉讼过程中，自愿申请撤诉分为两种情况：一是原告在判决或裁定宣告之前，主动放弃诉讼的情况；二是被告改变行政行为，原告同意并申请撤诉。结合《最高人民法院关于适用〈中华人民共和国行政诉讼法〉的解释》和《最高人民法院关于行政诉讼撤诉若干问题的规定》，诉讼期间，被告改变其所作行政行为，主要是指被告撤销、部分撤销或者变更被诉行政行为处理结果。此外，下列情形可以视为被告改变其所作的行政行为：①根据原告的请求依法履行法定职责；②采取相应的补救、补偿等措施；③在行政裁决案件中，书面认可原告与第三人达成的和解。

对于第一种情况下的自愿申请撤诉，符合以下条件的，人民法院应当准许：①申请撤诉的必须是原告，包括原告特别授权的诉讼代理人；②撤诉申请必须是自愿并明确提出；③申请撤诉必须符合法律规定，不得借撤诉规避法律，不能损害国家、社会公共利益和他人合法利益；④撤诉申请须在裁判作出前提出；⑤撤诉须经人民法院准许。

对于第二种情况下的自愿申请撤诉，依照《最高人民法院关于行政诉讼撤诉若干问题的规定》，原告自愿申请撤诉须符合以下条件：①申请撤诉是当事人真实意思表示；②被告改变被诉具体行政行为，不违反法律、法规的禁止性规定，不超越或者放弃职权，不损害公共利益和他人合法权益；③被告已经改变或者决定改变被诉具体行政行为，并书面告知人民法院；④第三人无异议。

《最高人民法院关于适用〈中华人民共和国行政诉讼法〉的解释》第80条第2款规定，当事人申请撤诉的案件，当事人有违反法律的行为需要依法处理的，人民法院可以不准许撤诉。法庭辩论终结后原告申请撤诉，人民法院可以准许，但涉及国家利益和社会公共利益的除外。

例1　段某拥有两块山场的山林权证。林改期间，王某认为该山场是自家的土改山，要求段某返还。经村委会协调，段某同意把部分山场给王某，并签订了协议。事后，段某反悔，对协议提出异议。王某请求镇政府调处，镇政府依王某提交的协议书复印件，向王某发放了山林权证。段某不服，向县政府申请复议，在县政府作出维持决定后向法院起诉。下列哪些选项是正确的？

D. 如段某与王某在诉讼中达成新的协议，可视为本案被诉具体行政行为发生改变

提示：依照《最高人民法院关于行政诉讼撤诉若干问题的规定》，视为被告在诉讼期间改变其所作行政行为的情形包括：①根据原告的请求依法履行法定职责；②采取相应的补救、补偿等措施；③在行政裁决案件中，书面认可原告与第三人达成的和解。本题选项D与上述规定的情形均不相符：第一，本案被诉行为不是行政裁决；第二，仅是段某与王某在诉讼中达成和解，并未有被告的书面认可。选项D说法错误。

例2 下列情况属于或可以视为行政诉讼中被告改变被诉具体行政行为的是：

A. 被诉公安局把拘留三日的处罚决定改为罚款500元

B. 被诉土地局更正被诉处罚决定中不影响决定性质和内容的文字错误

C. 被诉工商局未在法定期限答复原告的请求，在二审期间作出书面答复

D. 县政府针对甲、乙两村土地使用权争议作出的处理决定被诉后，甲、乙两村达成和解，县政府书面予以认可

提示：选项A中，被诉公安局把拘留三日的处罚决定改为罚款500元，是变更被诉行政行为的处理结果，属于主动改变被诉行政行为；选项B中，被诉土地局更正被诉处罚决定中不影响决定性质和内容的文字错误，不属于对被诉行政行为的实质改变；选项C中，被诉工商局未在法定期限答复原告的请求，在二审期间作出书面答复，因一审裁判尚未生效，其在二审期间作出答复也属于诉讼期间根据原告的请求依法履行法定职责，属于视为改变的情形；选项D中，县政府针对甲乙两村土地使用权争议作出的处理决定被诉后，甲、乙两村达成和解，县政府书面予以认可，也属于视为改变的情形。综上，本题答案应是ACD。

2. 视为申请撤诉的条件

《行政诉讼法》第58条规定，经人民法院传票传唤，原告无正当理由拒不到庭，或者未经法庭许可中途退庭的，可以按照撤诉处理……根据该条规定，视为申请撤诉须符合以下条件：①经人民法院传票传唤，原告无正当理由拒不到庭；②原告未经法庭许可，中途退庭；③原告未按规定的期限预交案件受理费，又不提出缓交、减交、免交申请，或者提出申请未获批准的，按自动撤诉处理（在按撤诉处理后，原告或者上诉人在法定期限内再次起诉或者上诉，并依法解决诉讼费预交问题的，人民法院应予受理）。

3. 撤诉的法律后果

原告申请撤诉或视为撤诉，经法院准许的，终结诉讼；原告以同一事实和理由重新起诉的，人民法院不予立案。准予撤诉的裁定确有错误，原告申请再审的，人民法院应当通过审判监督程序撤销原准予撤诉的裁定，重新对案件进行审理。

（二）缺席判决

缺席判决是人民法院在开庭审理时，在一方当事人未到庭陈述、辩论的情况下，合议

庭经过审理所作的判决。

缺席判决适用于以下两种情形：第一，《行政诉讼法》第 58 条规定，经人民法院传票传唤，被告无正当理由拒不到庭，或者未经法庭许可中途退庭的，人民法院可以按期开庭或者继续开庭审理，对到庭的当事人诉讼请求、双方的诉辩理由以及已经提交的证据及其他诉讼材料进行审理后，依法缺席判决。第二，《最高人民法院关于适用〈中华人民共和国行政诉讼法〉的解释》第 79 条规定，原告或者上诉人申请撤诉，人民法院裁定不予准许的，原告或者上诉人经传票传唤无正当理由拒不到庭，或者未经法庭许可中途退庭的，人民法院可以缺席判决。

此外，对于被告无故拒绝出庭或者未经法庭许可中途退庭，人民法院在作出缺席判决的同时，还可以根据《行政诉讼法》第 66 条第 2 款的规定，采取以下措施：第一，将被告拒不到庭或者中途退庭的情况予以公告；第二，向监察机关或者被告的上一级行政机关提出依法给予其主要负责人或者直接责任人员处分的司法建议。

《最高人民法院关于适用〈中华人民共和国行政诉讼法〉的解释》第 79 条第 2 款还就行政诉讼第三人经合法传唤不到庭参加诉讼如何处理作出了规定，即：第三人经传票传唤无正当理由拒不到庭，或者未经法庭许可中途退庭的，不发生阻止案件审理的效果。

二、财产保全

财产保全，又称“诉讼保全”，是指在可能因为当事人一方的行为和其他原因使生效裁判不能执行或难以执行的情况下，人民法院根据对方当事人的申请，或依职权对有关财产采取的强制保护措施。

《行政诉讼法》并未对财产保全作出明确规定，《最高人民法院关于适用〈中华人民共和国行政诉讼法〉的解释》对此作出了补充。依照该解释规定，财产保全制度包括以下内容：

（1）财产保全的适用情形。对于因一方当事人的行为或者其他原因，可能使行政行为或者人民法院生效裁判不能或者难以执行的案件，根据对方当事人的申请，人民法院可以裁定对其财产进行保全、责令其作出一定行为或者禁止其作出一定行为；当事人没有提出申请的，人民法院在必要时也可以裁定采取上述保全措施。

（2）诉前财产保全。利害关系人因情况紧急，不立即申请保全将会使其合法权益受到难以弥补的损害的，可以在提起诉讼前向被保全财产所在地、被申请人住所地或者对案件有管辖权的人民法院申请采取保全措施。申请人应当提供担保，不提供担保的，裁定驳回申请。人民法院接受申请后，必须在 48 小时内作出裁定；裁定采取保全措施的，应当立即开始执行。申请人在人民法院采取保全措施后 30 日内不依法提起诉讼的，人民法院应当解除保全。当事人对保全的裁定不服的，可以申请复议；复议期间不停止裁定的执行。

（3）财产保全的实施。人民法院采取保全措施，可以责令申请人提供担保；申请人不提供担保的，裁定驳回申请。人民法院接受申请后，对情况紧急的，必须在 48 小时内作出裁定；裁定采取保全措施的，应当立即开始执行。当事人对保全的裁定不服的，可以申请复议；复议期间不停止裁定的执行。财产保全限于请求的范围，或者与本案有关的财物。财产保全采取查封、扣押、冻结或者法律规定的其他方法。人民法院保全财产后，应当立即通知被保全人。财产已被查封、冻结的，不得重复查封、冻结。涉及财产的案件，被申请人提供担保的，人民法院应当裁定解除保全。申请有错误的，申请人应当赔偿被申请人因保全所遭受的损失。

三、先予执行

先予执行是指人民法院在判决确定之前裁定由有给付义务的人，预先给付对方部分财物，或者为一定行为的法律制度。主要适用于控告行政机关未依法发给抚恤金、社会保险金、最低生活保障费的案件和申请行政机关履行保护人身权、财产权法定职责的案件。其适用的条件是：

（1）案件本身具有给付内容。即被告负有给付原告一方一定财物，或履行一定行为的义务。《行政诉讼法》第57条规定，人民法院对起诉行政机关没有依法支付抚恤金、最低生活保障金和工伤、医疗社会保险金的案件，权利义务关系明确、不先予执行将严重影响原告生活的，可以根据原告的申请，裁定先予执行。

（2）义务人拒绝自动履行法律规定的义务。先予执行是为了应急采取的实现未来判决中的部分权利，具有让给付一方当事人提前履行义务的性质。

先予执行发生在诉讼过程中，一般由当事人申请，人民法院裁定。当事人对先予执行的裁定不服的，可以申请复议一次，复议期间不停止裁定的执行。如果先予执行裁定有错误，或经过审理最后确认申请人不具备先予执行的条件的，申请人应退回已经得到的财物。

例3 陈某申请领取最低生活保障费，遭民政局拒绝。陈某诉至法院，要求判令民政局履行法定职责，同时申请法院先予执行。对此，下列哪一说法是正确的？

A. 陈某提出先予执行申请时，应提供相应担保

B. 陈某的先予执行申请，不属于《行政诉讼法》规定的先予执行范围

C. 如法院作出先予执行裁定，民政局不服可以申请复议

D. 如法院作出先予执行裁定，情况特殊的可以采用口头方式

提示： 本题中，陈某因民政局拒绝向其发放最低生活保障费，向法院提起行政诉讼，并申请法院先予执行。陈某的先予执行申请，属于《行政诉讼法》第57条规定的先予执行范围，选项B表述错误。出于保护原告权益的考虑，《行政诉讼法》并未规定原告申请先予执行时要提供相应担保，因此，选项A表述错误。针对法院作出的先予执行裁定，当事人如果不服，可以申请复议。作为被告的民政局，依此规定有权申请复议。选项C表述正确。针对原告提出的先予执行申请，法院应当依法作出书面裁定，《行政诉讼法》并无先予执行裁定可以采用口头形式的规定，选项D表述错误。

四、行政行为的停止执行问题

我国行政诉讼法采用的是起诉不停止被诉行政行为执行的原则。这主要是为了提高行政执法的效率，及时稳定行政管理秩序，以更好地维护国家利益和社会公共利益。

不过，特殊情况下，可以有条件地停止被诉行政行为的执行。特殊情况包括：第一，被告认为需要停止执行的；第二，原告或者利害关系人申请停止执行，人民法院认为该行

政行为的执行会造成难以弥补的损失，并且停止执行不损害国家利益、社会公共利益的；第三，人民法院认为该行政行为的执行会给国家利益、社会公共利益造成重大损害的；第四，法律法规规定可以停止执行的。当事人对停止执行或者不停止执行的裁定不服的，可以申请复议一次。

例4　某区公安局派出所突击检查孔某经营的娱乐城，孔某向正在赌博的人员通风报信，派出所突击检查一无所获。派出所工作人员将孔某带回调查，孔某因受到逼供而说出实情。派出所据此决定对孔某拘留10日，孔某不服提起诉讼。下列哪一选项是正确的？

D. 因孔某起诉，公安机关应暂缓执行拘留决定

提示：《行政诉讼法》第56条第（四）项规定，法律法规规定停止执行的，诉讼期间停止被诉行政行为的执行。本案属于治安行政案件，被处罚人起诉后，是否停止治安处罚决定的执行，需视《治安管理处罚法》有无特殊规定。《治安管理处罚法》第107条规定："被处罚人不服行政拘留处罚决定，申请行政复议、提起行政诉讼的，可以向公安机关提出暂缓执行行政拘留的申请。公安机关认为暂缓执行行政拘留不致发生社会危险的，由被处罚人或者其近亲属提出符合本法第一百零八条规定条件的担保人，或者按每日行政拘留二百元的标准交纳保证金，行政拘留的处罚决定暂缓执行。"本题选项D的表述，并无孔某提出暂缓执行的内容，也无公安机关审查的内容，更无孔某或者其近亲属提出担保人或交纳保证金的内容，不符合暂缓执行的立法规定，该选项表述错误。

五、合并审理、中止诉讼、终结诉讼

（一）合并审理

合并审理是指基于特别情况的存在，人民法院依法将多个不同的行政案件合并在一个诉讼程序中审理的制度。合并审理的主要目的在于节省司法资源。依照《最高人民法院关于适用〈中华人民共和国行政诉讼法〉的解释》第73条规定，合并审理适用于以下情形：

（1）两个以上行政机关分别对同一事实作出行政行为，公民、法人或者其他组织不服向同一人民法院起诉的；

（2）行政机关就同一事实对若干公民、法人或者其他组织分别作出行政行为，公民、法人或者其他组织不服分别向同一人民法院起诉的；

（3）在诉讼过程中，被告对原告作出新的行政行为，原告不服向同一人民法院起诉的；

（4）人民法院认为可以合并审理的其他情形。

例5　甲公司将承建的建筑工程承包给无特种作业操作资格证书的邓某，邓某在操作时引发事故。某省建设厅作出暂扣甲公司安全生产许可证三个月的决定，市安全监督管理局对甲公司罚款三万元。甲公司对市安全监督管理局罚款不服，向法院起诉。下列哪些选项是正确的？

A. 如甲公司对某省建设厅的决定也不服，向同一法院起诉的，法院可以决定合并审理

提示：选项A中，针对甲公司的违法行为，某省建设厅和市安全监督管理局分别依职

权对甲公司作出暂扣安全生产许可证三个月的决定和罚款三万元，而甲公司向同一法院起诉，此种情况符合“两个以上行政机关分别依据不同的法律、法规对同一事实作出具体行政行为，公民、法人或者其他组织不服向同一人民法院起诉的”的司法解释规定，属于可以合并审理的情形，选项A说法正确。

（二）中止诉讼

中止诉讼是指在诉讼进行中，诉讼程序因特殊情况的发生而中途停止的法律制度。根据《最高人民法院关于适用〈中华人民共和国行政诉讼法〉的解释》第87条的规定，中止诉讼适用于以下情形：

（1）原告死亡，须等待其近亲属表明是否参加诉讼的；

（2）原告丧失诉讼行为能力，尚未确定法定代理人的；

（3）作为一方当事人的行政机关、法人或者其他组织终止，尚未确定权利义务承受人的；

（4）一方当事人因不可抗力的事由不能参加诉讼的；

（5）案件涉及法律适用问题，需要送请有权机关作出解释或者确认的；

（6）案件的审判须以相关民事、刑事或者其他行政案件的审理结果为依据，而相关案件尚未审结的；

（7）其他应当中止诉讼的情形。

中止诉讼由人民法院以裁定形式作出。对于中止诉讼的裁定，当事人不得申请复议，也不得提出上诉，中止诉讼的情形消除后，恢复诉讼。诉讼程序恢复后，当事人在诉讼中止前进行的诉讼行为，依然继续有效。

例6 张某通过房产经纪公司购买王某一套住房并办理了转让登记手续，后王某以房屋买卖合同无效为由，向法院起诉要求撤销登记行为。行政诉讼过程中，王某又以张某为被告就房屋买卖合同的效力提起民事诉讼。下列选项正确的是：

A. 本案行政诉讼中止，等待民事诉讼的判决结果

提示：本题中，王某以房屋买卖合同无效为由诉请法院撤销登记行为，在诉讼期间，又以张某为被告就房屋买卖合同的效力提起民事诉讼，这一情形符合《最高人民法院关于适用〈中华人民共和国行政诉讼法〉的解释》第87条中关于“案件的审判须以相关民事、刑事或者其他行政案件的审理结果为依据，而相关案件尚未审结的”的规定，因此，本案应当中止行政诉讼，等待民事诉讼的判决结果。选项A表述正确。

（三）终结诉讼

终结诉讼是指在诉讼进行过程中，因特殊情况的发生而结束正在进行的诉讼程序的法律制度。根据《最高人民法院关于适用〈中华人民共和国行政诉讼法〉的解释》第88条规定，终结诉讼适用于下列情况：

（1）原告死亡，没有近亲属或者近亲属放弃诉讼权利的。

（2）作为原告的法人或者其他组织终止后，其权利义务承受人放弃诉讼权利的。

（3）中止诉讼的前三项情形满 90 日仍无人继续诉讼的，裁定终结诉讼，但有特殊情况的除外。

终结诉讼由人民法院作出裁定。对此裁定，当事人无权提请复议，也不能上诉。终结诉讼裁定书送达当事人即发生法律效力。

六、调解的适用

修订前的《行政诉讼法》第 50 条曾规定，人民法院审理行政案件，不适用调解。据此，早期多认为行政案件的审理不能采用调解方式。但是，该法第 67 条第 3 款同时规定，行政赔偿诉讼可以适用调解。可见，是否适用调解方式结案并非没有可商榷余地。

随着行政诉讼实践的发展，行政诉讼解决行政争议的种类不断增多，完全不适用调解方式的观点开始松动。根据不同案件中争议的内容不同，有选择地采用调解方式结案逐渐成为各界共识。此次修订后《行政诉讼法》即对调解方式的适用作出了进一步的规定。

（一）涉及行政行为合法性审查的诉讼，原则上不适用调解

《行政诉讼法》第 60 条规定，人民法院审理行政案件，不适用调解。据此，通常情况下，涉及行政行为合法性审查的案件，一般仍不适用调解方式结案。即如果行政案件的审理对象是行政机关依法行使职权作出的羁束行政行为，比如税款征收、法定收费等，或者相关行政立法对行政机关作出决定的内容已经作出了严格规定，相对人对上述行政处理决定提请法院撤销，在此类案件中，依然不能适用调解方式结案。其基本理由是：行政机关行使的职权基于法定，其没有任何自由处分的余地。人民法院在审查其合法性时，没有适用调解方式的空间。

（二）可以适用调解方式结案的例外情况

依照《行政诉讼法》第 60 条规定，下列案件，可以适用调解：

（1）行政赔偿、补偿案件。此类案件多涉及行政机关对相关金钱给付义务的履行，给付多少行政机关多有一定的处分余地。况且，行政赔偿诉讼早已由法律规定可以适用调解。

（2）行政机关行使法律、法规规定的自由裁量权的案件。此类案件之所以允许适用调解方式，主要在于行政机关对其职权的行使具有一定的灵活处理余地。

（三）调解的操作

人民法院审理可以适用调解方式处理的行政案件，认为法律关系明确、事实清楚，在征得当事人双方同意后，可以径行调解。

人民法院实施调解，应当遵循自愿、合法原则，不得损害国家利益、社会公共利益和他人合法权益。

调解达成协议，人民法院应当制作调解书。调解书应当写明诉讼请求、案件的事实和调解结果。调解书由审判人员、书记员署名，加盖人民法院印章，送达双方当事人。调解书经双方当事人签收后，即具有法律效力。调解书生效日期根据最后收到调解书的当事人签收的日期确定。

人民法院审理行政案件，调解过程不公开，但当事人同意公开的除外。经人民法院准

许，第三人可以参加调解。人民法院认为有必要的，可以通知第三人参加调解。调解协议内容不公开，但为保护国家利益、社会公共利益、他人合法权益，人民法院认为确有必要公开的除外。当事人一方或者双方不愿调解、调解未达成协议的，人民法院应当及时判决。当事人自行和解或者调解达成协议后，请求人民法院按照和解协议或者调解协议的内容制作判决书的，人民法院不予准许。

七、行政诉讼附带民事诉讼

（一）行政诉讼附带民事诉讼的概念与作用

行政诉讼附带民事诉讼是指人民法院在审理行政案件的同时，附带解决与行政案件相关联的民事争议，并作出裁判的诉讼活动。认可行政诉讼附带民事诉讼，可以方便当事人诉讼，节省诉讼成本；可以提高审判效率，避免行政审判结果与民事审判结果矛盾；可以彻底解决纠纷，维护法律关系和社会关系的稳定。

（二）行政附带民事诉讼的条件

（1）行政诉讼案件已经成立。附带民事诉讼出于从属地位，依赖于行政诉讼案件的成立。

（2）行政机关作出的行政行为引起了两个不同性质的争议。一方面当事人对行政机关作出的行政行为不服，引发行政争议；另一方面，行政行为的作出引发新的民事争议或对业已存在的民事纠纷产生了影响，由此引发两种不同性质但彼此关联的争议。

（3）两个分属于不同诉讼系列的诉讼请求之间具有内在的关联性。分为两个方面：一是同一行政行为引起了行政和民事两个不同的争议；二是民事争议的解决有待于行政争议的解决。

（4）附带民事诉讼的请求应当在行政诉讼过程中提出。行政诉讼附带民事诉讼可以在行政诉讼提起时同时提起，也可以在行政诉讼开始后、案件审理终结之前提出。

（5）行政附带民事诉讼属于同一人民法院管辖，适用同一审判程序。

（三）行政诉讼附带民事诉讼的范围

（1）涉及行政许可的案件。比如，小区居民甲针对规划主管部门为某开发商发放的建设规划许可不服，以侵害其采光权为理由请求法院撤销，同时对开发商提起民事诉讼，请求法院同时解决其与开发商之间的民事纠纷。由此，成立行政诉讼附带民事诉讼。

（2）涉及行政登记的案件。比如，公民乙以房屋所有权受到侵犯为由，请求法院撤销为其朋友甲办理的本属于自己房屋的产权登记行为，同时以民事侵权为由，请求法院一并处理与甲之间的民事侵权赔偿争议。由此，成立行政诉讼附带民事诉讼。

（3）涉及行政征收、征用的案件。比如，村民丙认为房屋征收部门对其邻居丁作出的房屋征收补偿决定中，处分了本属于自己的部分房产，提起行政诉讼请求撤销房屋征收补偿决定，同时对丁提起民事诉讼，要去返还属于自己所有的补偿款。由此，成立行政诉讼附带民事诉讼。

（4）当事人不服行政机关对其与他人之间的权属纠纷、赔偿纠纷所作的裁决，请求人民法院撤销行政裁决，并要求人民法院重新确定权属的案件。比如，县政府就甲、乙两村争议的某块集体所有的土地权属作出裁决之后，其中一方不服裁决，向人民法院起诉请求撤销该裁决，同时请求人民法院就两村之间的土地权属作出裁判。由此，成立行政诉讼附带民事诉讼。

（四）行政诉讼附带民事诉讼案件的审理

依照《最高人民法院关于适用〈中华人民共和国行政诉讼法〉的解释》，此类案件审理中涉及以下问题：

（1）行政诉讼附带民事诉讼的提起。公民、法人或者其他组织请求一并审理相关民事争议的，应当在第一审开庭审理前提出；有正当理由的，也可以在法庭调查中提出。有下列情形之一的，人民法院应当作出不予准许一并审理民事争议的决定，并告知当事人可以依法通过其他渠道主张权利：①法律规定应当由行政机关先行处理的；②违反民事诉讼法专属管辖规定或者协议管辖约定的；③约定仲裁或者已经提起民事诉讼的；④其他不宜一并审理民事争议的情形。对不予准许的决定可以申请复议一次。

（2）行政诉讼附带民事诉讼的立案。人民法院在行政诉讼中一并审理相关民事争议的，民事争议应当单独立案，由同一审判组织审理。审理行政机关对民事争议所作裁决的案件，一并审理民事争议的，不另行立案。

（3）行政诉讼附带民事诉讼的法律适用。人民法院一并审理相关民事争议，适用民事法律规范的相关规定，法律另有规定的除外。当事人在调解中对民事权益的处分，不能作为审查被诉行政行为合法性的根据。

（4）行政诉讼附带民事诉讼的裁判与上诉。行政争议和民事争议应当分别裁判。当事人仅对行政裁判或者民事裁判提出上诉的，未上诉的裁判在上诉期满后即发生法律效力。第一审人民法院应当将全部案卷一并移送第二审人民法院，由行政审判庭审理。第二审人民法院发现未上诉的生效裁判确有错误的，应当按照审判监督程序再审。

行政诉讼原告在宣判前申请撤诉的，是否准许由人民法院裁定。人民法院裁定准许行政诉讼原告撤诉，但其对已经提起的一并审理相关民事争议不撤诉的，人民法院应当继续审理。

人民法院一并审理相关民事争议，应当按行政案件、民事案件的标准分别收取诉讼费用。

此外，还需要注意的是，《行政诉讼法》第61条规定，在行政诉讼中，人民法院认为行政案件的审理需以民事诉讼的裁判为依据的，可以裁定中止行政诉讼。即所谓“审判前提问题”，当民事争议的解决是解决行政争议的前提条件时，人民法院应当先裁定中止行政案件的审理，等待民事争议的处理结果。

八、妨害行政诉讼行为的排除

针对行政案件审理期间出现的各种妨害诉讼秩序行为的个人和组织，人民法院为了保证行政诉讼活动的正常进行，有权依法采取措施对妨害行为加以排除。

（一）妨害行政诉讼行为的表现

（1）有义务协助调查、执行的人，对人民法院的协助调查决定、协助执行通知书，无故推拖、拒绝或者妨碍调查、执行的；

（2）伪造、隐藏、毁灭证据或者提供虚假证明材料，妨碍人民法院审理案件的；

（3）指使、贿买、胁迫他人作伪证或者威胁、阻止证人作证的；

（4）隐藏、转移、变卖、毁损已被查封、扣押、冻结的财产的；

（5）以欺骗、胁迫等非法手段使原告撤诉的；

（6）以暴力、威胁或者其他方法阻碍人民法院工作人员执行职务，或者以哄闹、冲击法庭等方法扰乱人民法院工作秩序的；

（7）对人民法院审判人员或者其他工作人员、诉讼参与人、协助调查和执行的人员恐吓、侮辱、诽谤、诬陷、殴打、围攻或者打击报复的。

（二）排除妨害诉讼行为的措施与适用

《行政诉讼法》第 59 条对诉讼参与人或者其他人实施的妨害诉讼秩序的行为，根据情节轻重，规定了以下处置措施：

（1）训诫。对有妨害诉讼行为的人，进行严厉的批评教育并警告其不得再犯的一种措施。

（2）责令聚结悔过。对有妨害诉讼行为的人，责令其承认错误，写出悔过书，保证不再重返的一种措施。

（3）罚款。对有妨害诉讼行为的人，强制其缴纳一定数额的金钱的措施。金额在 1 万元以下。

（4）拘留。人民法院依法对有妨害诉讼行为的人，短期内限制人身自由的一种强制措施。期限在 15 日以下。

除上述强制措施外，对情节严重构成犯罪行为的，还要依法追究刑事责任。

依照《行政诉讼法》的规定，训诫和责令具结悔过由合议庭决定，由审判长口头训诫、责令当事人具结悔过。罚款、拘留须经人民法院院长批准。当事人不服的，可以向上一级人民法院申请复议一次。复议期间不停止执行。

例 7 县环保局以一企业逾期未完成限期治理任务为由，决定对其加收超标准排污费并处以罚款 1 万元。该企业认为决定违法诉至法院，提出赔偿请求。一审法院经审理维持县环保局的决定。该企业提出上诉。下列哪一说法是正确的？

B. 一审法院开庭审理时，如该企业未经法庭许可中途退庭，法院应予训诫

提示：《行政诉讼法》第 59 条规定的可以适用训诫的妨害诉讼行为，并不包括原告一方未经法庭许可中途退庭的情形。依照《行政诉讼法》的规定，庭审期间，原告未经法庭许可中途退庭的，可以按照撤诉处理。据此，选项 B 说法错误。

九、被告在诉讼中改变被诉行政行为的处理

行政机关作出的行政行为被诉至法院接受司法审查期间，由于人民法院尚未对被诉行政行为作出具有法律拘束力的裁判，行政机关还是有机会自行纠正其行政行为的错误的。也就是说，诉讼期间并不限制行政机关自行改变其所作出的行政行为。

不过，一旦行政机关在诉讼期间改变了其作出的行政行为，将可能引起行政诉讼案件

审理对象的变化，会出现一系列程序问题，需要法院解决。

第一，被告改变其被诉的行政行为的，应当书面告知人民法院。

第二，被告改变其行政行为，原告认可行政机关改变的结果，并提出撤诉申请的，经人民法院审核准许，即可终结诉讼。

第三，原告或者第三人对改变后的行政行为不服提起诉讼的，发生诉讼期间审理对象的改变，人民法院应就改变后的行政行为进行审理，并作出裁判。

第四，被告改变原行政行为，原告仍要求确认原行政行为违法的，人民法院审查认为原行政行为违法的，应当作出确认其违法的判决；认为原行政行为合法的，应当判决驳回原告的诉讼请求。原告起诉被告不作为，在诉讼中被告作出了行政行为，原告不撤诉的，人民法院应当就不作为依法作出确认判决。

十、规范性文件的一并审查

《行政诉讼法》第53条建立了规范性文件的一并审查制度。同时，该法第64条规定，人民法院在审理行政案件中，经审查认为本法第53条规定的规范性文件不合法的，不作为认定行政行为合法的依据，并向制定机关提出处理建议。

为落实上述规定，《最高人民法院关于适用〈中华人民共和国行政诉讼法〉的解释》又作出了以下详细规定：

第一，行政相对人在对行政行为提起诉讼时一并请求对所依据的规范性文件审查的，由行政行为案件管辖法院一并审查。

第二，行政相对人请求人民法院一并审查规范性文件，应当在第一审开庭审理前提出；有正当理由的，也可以在法庭调查中提出。

第三，人民法院在对规范性文件审查过程中，发现规范性文件可能不合法的，应当听取规范性文件制定机关的意见。制定机关申请出庭陈述意见的，人民法院应当准许。行政机关未陈述意见或者未提供相关证明材料的，不能阻止人民法院对规范性文件进行审查。

第四，人民法院对规范性文件进行一并审查时，可以从规范性文件制定机关是否超越权限或者违反法定程序、作出行政行为所依据的条款以及相关条款等方面进行。有下列情形之一的，属于《行政诉讼法》第64条规定的“规范性文件不合法”：①超越制定机关的法定职权或者超越法律、法规、规章的授权范围的；②与法律、法规、规章等上位法的规定相抵触的；③没有法律、法规、规章依据，违法增加公民、法人和其他组织义务或者减损公民、法人和其他组织合法权益的；④未履行法定批准程序、公开发布程序，严重违反制定程序的；⑤其他违反法律、法规以及规章规定的情形。

第五，人民法院经审查认为行政行为所依据的规范性文件合法的，应当作为认定行政行为合法的依据；经审查认为规范性文件不合法的，不作为人民法院认定行政行为合法的依据，并在裁判理由中予以阐明。作出生效裁判的人民法院应当向规范性文件的制定机关提出处理建议，并可以抄送制定机关的同级人民政府、上一级行政机关、监察机关以及规范性文件的备案机关。

规范性文件不合法的，人民法院可以在裁判生效之日起3个月内，向规范性文件制定机关提出修改或者废止该规范性文件的司法建议。规范性文件由多个部门联合制定的，人民法院可以向该规范性文件的主办机关或者共同上一级行政机关发送司法建议。接收司法建议的行政机关应当在收到司法建议之日起60日内予以书面答复。情况紧急的，人民法院可以建议制定机关或者其上一级行政机关立即停止执行该规范性文件。

人民法院认为规范性文件不合法的，应当在裁判生效后报送上一级人民法院进行备案。涉及国务院部门、省级行政机关制定的规范性文件，司法建议还应当分别层报最高人民法院、高级人民法院备案。

第十五章　行政案件的裁判与执行

第一节　行政诉讼的判决

重要法条及司法解释

《行政诉讼法》第 69 ~ 79 条。

《最高人民法院关于适用〈中华人民共和国行政诉讼法〉的解释》第 89 ~ 99 条。

命题分析

行政诉讼判决的适用能够在一定程度上反映考生的学理掌握程度，成为历年考试必考内容。考查题型实现全覆盖，包括单选、多选、不定项选择以及案例分析。从考查内容来看，对行政诉讼判决的考查集中于各种典型判决的具体适用，如一审判决中的驳回诉讼请求判决、撤销判决、履行判决、变更判决、确认违法判决，二审判决中的改判等，都曾在考试题目中出现。从考查趋势来看，今后的法考客观题试题除继续对各种传统的判决形式（撤销、履行等）进行考查外，更可能对修订后的《行政诉讼法》新增的判决形式，如一般给付判决、确认无效判决、复议维持案件的判决等，结合具体案例进行考查，需要考生充分掌握如何具体适用。

知识点精讲

一、一审判决

（一）驳回诉讼请求判决

驳回诉讼请求是指人民法院经过审理，认为原告的诉讼请求在法律上不能成立，依法予以驳回的判决方式。驳回诉讼请求判决适用于以下几种情形。

1. 被诉行政行为合法。合法的具体要素具体包括：

（1）证据确凿。其是指行政行为认定的事实均有相应证据证明，且证据之间可以形成一个完整的证据链条。

（2）适用法律、法规正确。其包括以下内容：行政机关对执法依据的理解符合立法原意和立法精神，选择适用了正确的法律条文，在法律规范发生冲突时遵循了正确的规范冲突适用规则，行政机关未超越法定职权范围作出行政行为等。

（3）符合法定程序。其是指行政行为符合法律法规规定的步骤、顺序、方式和时限。

例1 张某通过房产经纪公司购买王某一套住房并办理了转让登记手续，后王某以房屋买卖合同无效为由，向法院起诉要求撤销登记行为。行政诉讼过程中，王某又以张某为被告就房屋买卖合同的效力提起民事诉讼。下列选项正确的是：

C. 如法院判决房屋买卖合同无效，应当判决驳回王某的行政诉讼请求

D. 如法院判决房屋买卖合同有效，应当判决确认转让登记行为合法

提示：就选项C而言，如果法院民事诉讼判决认定房屋买卖合同无效，即意味着王某在行政案件中的主张是成立的，可以推定登记行为违法，法院应撤销登记行为，最低限度不能以此为由判决驳回王某的行政诉讼请求。据此，选项C显然错误。就选项D而言，即使民事判决认定房屋买卖合同有效，也不能当然确认转让登记行为合法，因该行为合法还需要符合职权、程序等合法要件。即使登记行为合法，依照现行立法规定，法院也应作出驳回王某诉讼请求的判决，而非确认合法判决。据此，选项D也为错误。

2. 原告申请被告履行法定职责理由不成立。如被告不具有原告要求履行的法定职责，原告的请求超过法定期限，被告已经履行相应的法定职责等。

例2 余某拟大修房屋，向县规划局提出申请，该局作出不予批准答复。余某向市规划局申请复议，在后者作出维持决定后，向法院起诉。县规划局向法院提交县政府批准和保存的余某房屋所在中心村规划布局图的复印件一张，余某提交了其房屋现状的录像，证明其房屋已破旧不堪。下列哪些说法是正确的？

C. 如法院认定余某的请求不成立，可以判决驳回余某的诉讼请求

D. 如法院认定余某的请求成立，在对县规划局的行为作出裁判的同时，应对市规划局的复议决定作出裁判

提示：依照《行政诉讼法》第69条规定，原告申请被告履行法定职责理由不成立的，人民法院判决驳回原告诉讼请求。据此，选项C说法正确。依照《行政诉讼法》第79条规定，复议机关与作出原行政行为的行政机关为共同被告的案件，人民法院应当对复议决定和原行政行为一并作出裁判。据此，选项D说法正确。

例3 某银行以某公司未偿还贷款为由向法院起诉，法院终审判决认定其请求已过诉讼时效，予以驳回。某银行向某县政府发函，要求某县政府落实某公司的还款责任。某县政府复函："请贵行继续依法主张债权，我们将配合做好有关工作。"尔后，某银行向法院起诉，请求某县政府履行职责。法院经审理认为，某县政府已履行相应职责，某银行的债权不能实现的原因在于其主张债权时已超过诉讼时效。下列哪一选项是错误的？

C. 法院应当判决确认某县政府的复函合法

D. 法院应当判决驳回某银行的诉讼请求

提示：某县政府的复函不是本案的审理和裁判对象，法院对复函的合法性作出裁判显然是错误的。原告某银行的债权不能实现的原因在于其主张债权时已超过诉讼时效，与被告无关，因此原告诉被告不作为理由不成立，法院应判决驳回原告的诉讼请求。选项D的

说法正确，选项 C 的说法错误。

3. 原告申请被告履行给付义务理由不成立的。如原告要求被告给付抚恤金，但不符合给付条件等。

（二）撤销判决

撤销判决是指人民法院经过审理，认为被诉行政行为全部或者部分违法，从而全部或者部分撤销行政行为的判决形式。

根据《行政诉讼法》的规定，人民法院在作出部分或者全部撤销判决时，可以判决被告重新作出行政行为。全部撤销主要适用于被诉行政行为全部违法，或者虽然部分违法但该行为内容不可分；部分撤销适用于行政行为部分违法、部分合法，且内容可分，人民法院只作出撤销违法部分的判决；判决撤销并责令被告重新作出行政行为，适用于违法行政行为撤销后尚需被告对行政行为所涉及的事项作出处理的情况。

撤销判决适用于以下情形：

（1）主要证据不足。主要证据不足意味着行政机关作出的行政行为缺乏事实根据，所依据的事实不清，从而构成违法行为。“主要证据不足”包括：据以作出行政行为的证据不合法，如非法证据；证据是否属实无法查证，证据无法采信；证据结论不具有唯一性，不能排除其他可能结论；法定的事实要件缺少必要证据证明。

（2）适用法律法规错误。指行政机关在作出行政行为时，错误理解了法律法规的规定，适用了不应适用的法律法规，或者未适用应当适用的法律法规。其主要表现形式是：应适用甲法却适用了乙法；适用了无效的法律法规；适用正确的法律法规，但援引条文错误；违反了法律冲突适用规则，如应适用高位阶法却适用了低位阶法，应适用特别法却适用了一般法等；有明确的法律根据，但在决定文书中并不引用等。

（3）违反法定程序。指行政行为违反了法律、法规规定的步骤、顺序、时限和方式。法定程序是指一般是指由法律、法规、规章设定的行政程序，但在规范性文件对行政执法程序作出规定，且行政机关有长期遵循事实的情况下，不排除规范性文件设定的程序也可以成为法定程序。此外，违反法定程序还应包括违反了正当法律程序原则的要求。一般情况下，违反法定程序主要有以下表现形式：未按照法律法规规定采用集体讨论方式作出处理决定，行政执法人员未依法回避；遗漏了法律法规的必要步骤，如处罚作出前未履行告知听取意见程序义务等；颠倒了不同步骤的先后顺序，如“先裁决、后取证”；超过了法律法规规定的作出行政行为的时限等。

以违反法定程序作出撤销判决时应注意以下问题：第一，要注意区分法定程序与任意程序。任意程序是行政机关可以自由选择的程序，不能将行政机关选择的程序认定为违反法定程序，如通知可以采用书面方式，也可以采用口头方式时，行政机关选择口头通知并不违法。第二，注意区分内部程序和外部程序。违反法定程序通常是违反了涉及相对人权益处置的外部程序，至于内部程序的违反，只要不是法律法规明确规定，诸如内部请示汇报等，并不能作为认定行政行为违反法定程序的判断标准。第三，注意程序违法的严重程度。如超过法定时限不长作出的行政决定，人民法院需要考虑撤销重做产生的执法成本以及相对人实体权益受到该程序违法行为影响的程度，在撤销判决和确认行政行为违法判决之间作出选择。

（4）超越职权。指行政机关作出行政行为时超出法定权限范围。主要表现形式包括：①职权僭越。即行政机关在没有法律依据的情况下行使了其他国家机关的权力，如公安机关对民事侵权纠纷作出裁决。②超越事务管辖权。如工商机关作出吊销律师职业证书的决定等。③超越地域管辖，如甲地工商机关到乙地办理工商登记等。④超越层级管辖权。如下级行政机关越权行使了上级行政机关的权力。⑤超出法定数额、范围、幅度等。如派出所对违法行为处以600元的罚款等。⑥超出法定时间作出行政行为。如超过2年违法行为追诉时效，对相对人作出处罚决定等。

（5）滥用职权。指行政机关作出的行政行为虽在权限范围之内，但其违背了立法授予其该项权力的目的。滥用职权与超越职权的区别如下表所列：

	主观目的	外部表现
滥用职权	须出于故意，即行政机关明知其行为违反法律宗旨却积极实施行为，牟取不正当利益。	表面上符合法律法规的规定。
超越职权	既可以出于故意，也可以出于过失。	明显违反法律法规的规定。

滥用职权的表现形式主要包括：

①行政行为的实施是为了实现执法人员的私人利益和其所属团体、组织、单位的利益。如作出处罚决定并非为了惩戒违法行为，而是为了单位创收。

②行政行为的实施符合公共利益，但不符合法律授予该种权力的特定目的。如禁止不在市政府设立的更衣室更衣的人在海滨游泳，不是为了维持风化，而是为了增加财政收入。

③不适当的考虑。行政机关作出行政行为时考虑了不应当考虑的因素，如对有作出陈述申辩的相对人给予较重的处罚；或者未考虑应当考虑的因素，如未考虑当事人主动消除违法行为后果这一情节而作出较重处罚。

④不一致的解释和反复无常。前者指行政机关对其执法依据随意进行解释，前后不一，且应用于同类的案件处理；后者指在情况没有变化的情况下，行政机关为达到非法目的，故意朝令夕改，随意变动作出的行政决定。

⑤故意迟延或不作为。行政机关负有法定作为义务，但为实现非法目的，故意采用“拖延”方式迟迟不作出相应行为。

⑥明显不当。指行政行为虽然形式上合法，但其具体决定的内容已经达到一个普通人都无法认同、接受或容忍的程度。其主要表现形式：一是明显违反比例原则，处理结果与具体案件情况不相对应，如行政处罚畸轻畸重等；二是相同情况不同对待，不同情况，同样对待。

依照《行政诉讼法》第71条规定，人民法院判决被告重新作出行政行为的，被告不得以同一的事实和理由作出与原行政行为基本相同的行政行为。不过，依据《最高人民法院关于适用〈中华人民共和国行政诉讼法〉的解释》第90条规定，人民法院判决被告重新作出行政行为，被告重新作出的行政行为与原行政行为的结果相同，但主要事实或者主要理由有改变的，不属于《行政诉讼法》第71条规定的情形。人民法院以违反法定程序为由，判决撤销被诉行政行为的，行政机关重新作出行政行为不受《行政诉讼法》第71条规定的限制。行政机关以同一事实和理由重新作出与原行政行为基本相同的行政行为，人民法院应当依法判决撤销或者部分撤销，并根据《行政诉讼法》第 96 条的规定处理，即以拒不履行法院生效裁判为由采取相应强制执行措施。

关于复议机关改变原行政行为被诉的案件，《最高人民法院关于适用〈中华人民共和国行政诉讼法〉的解释》第 89 条规定，复议决定改变原行政行为错误，人民法院判决撤销复议决定时，可以一并责令复议机关重新作出复议决定或者判决恢复原行政行为的法律效力。

（三）履行判决

履行判决是指责令被告限期履行其法定职责的判决。履行判决的适用须符合以下条件：

第一，行政机关负有法定职责。法定职责的来源可以是法律、法规、规章以及规范性文件的规定。如工商机关负有颁发营业执照的职责等。

第二，行政机关没有履行法定职责。表现为拒绝，拖延或者不予答复，或者表面上有履责表现，但并未充分履责到位等。

第三，行政机关具有履行职责的可能。如由于客观条件的限制，如不可抗力等，行政机关不能履行其职责，不能认定不履行法定职责。

第四，行政机关履行职责依然有意义。如果在判决时，判令行政机关履行法定职责已经失去意义的，人民法院应改作其他判决。

适用履行判决需要注意处理司法权和行政权的关系，避免司法过度干预行政。基于司法权与行政权之间的分工，以及行政管理的专业性与技术性考虑，人民法院在作出履行判决时，需要注意判令被告履行法定职责的程度。据此，《最高人民法院关于适用〈中华人民共和国行政诉讼法〉的解释》第 91 条规定，原告请求被告履行法定职责的理由成立，被告违法拒绝履行或者无正当理由逾期不予答复的，人民法院可以根据《行政诉讼法》第 72 条的规定，判决被告在一定期限内依法履行原告请求的法定职责；尚需被告调查或者裁量的，应当判决被告针对原告的请求重新作出处理。

（四）给付判决

给付判决是指人民法院依法判令被告履行公法上的给付义务的判决。此处的给付义务不限于金钱给付义务，还可以包括作出其他不属于行政处理决定的行为义务。如履行行政协议等。

《行政诉讼法》第 73 条规定，人民法院经过审理，查明被告依法负有给付义务的，判决被告履行给付义务。第 76 条规定，人民法院判决确认违法或者无效的，可以同时判决责令被告采取补救措施；给原告造成损失的，依法判决被告承担赔偿责任。第 78 条规定，被告不依法履行、未按照约定履行或者违法变更、解除本法第 12 条第 1 款第（十一）项规定的协议的，人民法院判决被告承担继续履行、采取补救措施或者赔偿损失等责任。被告变更、解除本法第 12 条第 1 款第（十一）项规定的协议合法，但未依法给予补偿的，人民法院判决给予补偿。

依据上述规定，给付判决适用的情形主要包括：①给付抚恤金、最低生活保障待遇或者社会保险待遇。②履行行政协议承诺的义务，如给予相对人优惠待遇等。③采取相关补救措施。④支付赔偿金或补偿金等。此外，如果扩大对第 73 条的适用范围，给付判决还可以包含任何不属于行政决定的作为或不作为义务的履行。

依照《最高人民法院关于适用〈中华人民共和国行政诉讼法〉的解释》第92条规定，原告申请被告依法履行支付抚恤金、最低生活保障待遇或者社会保险待遇等给付义务的理由成立，被告依法负有给付义务而拒绝或者拖延履行义务且无正当理由的，人民法院可以根据《行政诉讼法》第73条的规定，判决被告在一定期限内履行相应的给付义务。

同时，由于履行判决和一般给付判决在功能上具有相似特点，为了严格该种判决的适用，针对明显不符合履行法定职责诉讼和一般给付诉讼构成要件的诉讼请求，《最高人民法院关于适用〈中华人民共和国行政诉讼法〉的解释》第93条进一步规定，原告请求被告履行法定职责或者依法履行支付抚恤金、最低生活保障待遇或者社会保险待遇等给付义务，原告未先向行政机关提出申请的，人民法院裁定驳回起诉。人民法院经审理认为原告所请求履行的法定职责或者给付义务明显不属于行政机关权限范围的，可以裁定驳回起诉。

（五）确认违法判决

确认违法判决是指人民法院依法确认被诉行政行为违法的一种判决方式。根据《行政诉讼法》的规定，确认违法判决适用于两种情况：

1. 基于利益衡量，以确认违法判决替代撤销判决

行政行为有下列情形之一的，人民法院判决确认违法，但不撤销行政行为：

（1）行政行为依法应当撤销，但撤销会给国家利益、社会公共利益造成重大损害的。即行政行为违法本应适用撤销判决，但考虑行政行为的撤销将严重危害国家利益和社会公共利益，作为利益平衡的结果，人民法院不适用撤销判决，而是改用确认违法判决，其目的在于维持行政行为效力，不改变既有现状，同时，也通过判决确认违法的方式明示被诉行政行为确实存在违法之处，进一步为行政机关承担补救责任或者使得相对人获得赔偿提供基础。

（2）行政行为程序轻微违法，但对原告权利不产生实际影响的。此处的程序轻微违法，《最高人民法院关于适用〈中华人民共和国行政诉讼法〉的解释》第96条作出了明确，即有下列情形之一，且对原告依法享有的听证、陈述、申辩等重要程序性权利不产生实质损害的：处理期限轻微违法；通知、送达等程序轻微违法；其他程序轻微违法的情形。针对上述情况，如果坚持行政行为违反法定程序即应判决撤销的处理方式，则可能导致以下结果，行政机关在其行为撤销之后，在完善程序的基础上，依然会作出内容相同的行政行为。此种结果构成“双输”的局面：一方面，相对人没有因提起诉讼获得实体救济；另一方面，行政机关增加了执法成本。在上述情况下适用确认违法判决，即满足了相对人的诉求，同时又不影响行政行为的效力，维持既有的行政管理秩序，节约了执法成本。

例4 县政府与甲开发公司签订《某地区改造项目协议书》，对某地区旧城改造范围、拆迁补偿费及支付方式和期限等事宜加以约定。乙公司持有经某市政府批准取得的国有土地使用证的第15号地块，位于某地区改造范围。甲开发公司获得改造范围内新建的房屋预售许可证，并向社会公开预售。乙公司认为某县政府以协议形式规划、管理和利用项目改造的行为违法，向法院起诉，法院受理。下列哪一选项是正确的？

D. 若法院经审理查明，某县政府以协议形式规划、管理和利用项目改造的行为违法，

应当判决确认某县政府的行为违法，并责令采取补救措施

提示：本题中，某地区旧城改造已展开，且新建的房屋已办理预售许可证，并向社会公开预售，撤销某县政府的行为会影响广泛，采取确认违法并采取补救措施是合理的判决形式。

2. 基于被诉行政行为的特殊性，只能适用确认违法判决

行政行为有下列情形之一，不需要撤销或者判决履行的，人民法院判决确认违法：

（1）行政行为违法，但不具有可撤销内容的。此种情况主要适用于行政机关作出的事实行为。如违法实施的强制约束行为，在相对人起诉时早已实施完毕，无可撤销内容，只能判决确认违法。

比如，某镇政府以 A 企业违反乡村建设规划从事建设为由，作出责令限期拆除决定。A 企业在指定期限内未履行拆除义务。为此，镇政府组织人员强制拆除了违建。A 企业不服，向法院提起行政诉讼。如果法院认定强制拆除行为违法，应当如何作出判决？对此问题，可以从强拆行为的法律属性来判断。由于该行为属于事实行为，原告起诉时，行为已经实施完毕，强拆行为违法也不能适用撤销判决，为此，法院只能作出确认强拆行为违法的判决。

（2）被告改变原违法行政行为，原告仍要求确认原行政行为违法的。此种情况下，相对人即使在最初提起的是撤销被诉行政行为的诉讼请求，但由于行政机关自行改变了其作出的原行政行为，在原告对该行为仍不撤诉的情况下，人民法院即使经审查认定原行政行为违法，但由于不存在撤销的对象，也只能采用确认违法判决方式。

（3）被告不履行或者拖延履行法定职责，判决履行没有意义的。此种情况主要是指相对人最初提起的是履行法定职责诉讼，但在案件审理期间，由于时间的经过，原告诉求法院判令被告作出履责的行为对其已经失去意义，比如申请履行保护职责，但案件审理期间，相关的损害已经发生，此时判决被告履行保护职责已经没有实际意义，为此，人民法院只能采用确认违法判决。

（六）确认无效判决

确认无效判决是指人民法院经过审理，依法宣告重大且明显违法的被诉行政行为无效的判决。

依照《行政诉讼法》第 75 条的规定，行政行为有实施主体不具有行政主体资格或者没有依据等重大且明显违法情形，原告申请确认行政行为无效的，人民法院判决确认无效。对于其他“重点且明显违法”情形，《最高人民法院关于适用〈中华人民共和国行政诉讼法〉的解释》第 99 条作出进一步列举：第一，行政行为实施主体不具有行政主体资格；第二，减损权利或者增加义务的行政行为没有法律规范依据；第三，行政行为的内容客观上不可能实施；第四，其他重大且明显违法的情形。此外，依照《行政诉讼法》第 76 条规定，人民法院判决确认无效的，可以同时判决责令被告采取补救措施；给原告造成损失的，依法判决被告承担赔偿责任。

关于原告诉讼请求与无效确认判决之间的关系处理问题，《最高人民法院关于适用〈中华人民共和国行政诉讼法〉的解释》第 94 条规定：“公民、法人或者其他组织起诉请求撤

销行政行为，人民法院经审查认为行政行为无效的，应当作出确认无效的判决。公民、法人或者其他组织起诉请求确认行政行为无效，人民法院审查认为行政行为不属于无效情形，经释明，原告请求撤销行政行为的，应当继续审理并依法作出相应判决；原告请求撤销行政行为但超过法定起诉期限的，裁定驳回起诉；原告拒绝变更诉讼请求的，判决驳回其诉讼请求。"

（七）变更判决

变更判决是指人民法院经过审理，依法对被诉行政行为的内容加以变更的判决。

根据《行政诉讼法》第77条的规定，行政处罚明显不当，或者其他行政行为涉及对款额的确定、认定确有错误的，人民法院可以判决变更。据此，变更判决适用于以下情形：

（1）行政处罚明显不当。其主要是指行政处罚畸轻畸重，或者同等情况不同对待、不同情况同等对待的情况。需要注意的是，撤销判决的适用情形中也有"明显不当"的情况，由于对于行政机关作出的处罚行为，人民法院既可适用撤销判决，也可适用变更判决。目前的通识认为，对于明显不当的行政处罚行为，考虑到司法权和行政权的分工问题，人民法院还是要优先选择撤销判决。

例5 市政府决定，将牛某所在村的集体土地征收转为建设用地。因对补偿款数额不满，牛某对现场施工进行阻挠。市公安局接警后派警察到现场处理。经口头传唤和调查后，该局对牛某处以10日拘留。牛某不服处罚起诉，法院受理。下列哪一说法是正确的？

C. 市政府征收土地决定的合法性不属于本案的审查范围

D. 本案不适用变更判决

提示：本案原告起诉的对象是行政处罚行为，因此，市政府的征收决定不属于本案审查对象。选项C说法正确。依照《行政诉讼法》第77条第1款规定，行政处罚明显不当，或者其他行政行为涉及对款额的确定、认定确有错误的，人民法院可以判决变更，人民法院可以判决变更，据此，本案的审理可以适用变更判决。选项D说法错误。

（2）其他行政行为涉及对款额的确定、认定确有错误的。主要是指行政行为对数额的计算有误的情况，以变更判决代替撤销判决主要是为了减少执法成本，提高解决争议的效率。比如，某企业不服税务机关作出的征收税款决定，向法院提起行政诉讼。法院经审理，认定税务机关确定的纳税数额错误，在此情况下，法院可以直接作出变更纳税数额的判决。

此外，依照《行政诉讼法》第77条第2款的规定，人民法院判决变更，不得加重原告的义务或者减损原告的权益。但利害关系人同为原告，且诉讼请求相反的除外。如法院在变更对原告的罚款数额时，只能在原有数额的基础上减少，而不能增加罚款数额。除非个案中存在与原告利益冲突的第三人。

（八）行政赔偿判决

实质上，行政赔偿判决即可以独立适用，也可以附带适用。

独立适用专门针对行政赔偿案件，即由于行政机关行使职权的行为给相对人造成损失、引起行政赔偿诉讼的情况下，人民法院依法作出的独立判决。虽然行政赔偿问题主要适用《国家赔偿法》的规定解决，但是，《行政诉讼法》和《最高人民法院关于适用〈中华人民共和国行政诉讼法〉的解释》中也有一些条款涉及这个问题。

《最高人民法院关于适用〈中华人民共和国行政诉讼法〉的解释》第97条规定，原告或者第三人的损失系由其自身过错和行政机关的违法行政行为共同造成的，人民法院应当依据各方行为与损害结果之间有无因果关系以及在损害发生和结果中作用力的大小，确定行政机关相应的赔偿责任。第98条规定，因行政机关不履行、拖延履行法定职责，致使公民、法人或者其他组织的合法权益遭受损害的，人民法院应当判决行政机关承担行政赔偿责任。在确定赔偿数额时，应当考虑该不履行、拖延履行法定职责的行为在损害发生过程和结果中所起的作用等因素。

附带适用是指在人民法院针对被诉行政行为作出违法或者无效确认判决的时候，依法可以一并处理相关行政赔偿问题。如《行政诉讼法》第76条规定，人民法院判决确认违法或者无效的，可以同时判决责令被告采取补救措施；给原告造成损失的，依法判决被告承担赔偿责任。《最高人民法院关于适用〈中华人民共和国行政诉讼法〉的解释》第95条进一步规定，人民法院经审理认为被诉行政行为违法或者无效，可能给原告造成损失，经释明，原告请求一并解决行政赔偿争议的，人民法院可以就赔偿事项进行调解；调解不成的，应当一并判决。人民法院也可以告知其就赔偿事项另行提起诉讼。上述情况下作出的赔偿判决具有一定的依附属性，某种意义上，是人民法院主动解决赔偿问题的一种体现。

（九）行政协议案件的判决方式

对于行政协议案件如何判决，《行政诉讼法》第78条作出了单独规定，即被告不依法履行、未按照约定履行或者违法变更、解除本法第12条第1款第（十一）项规定的协议的，人民法院判决被告承担继续履行、采取补救措施或者赔偿损失等责任。被告变更、解除本法第12条第1款第（十一）项规定的协议合法，但未依法给予补偿的，人民法院判决给予补偿。该种判决专门适用于行政协议案件的处理，与常规的单方行政行为引起的行政诉讼案件，在如何裁判上需要作出严格区分。

（十）复议维持案件的裁判

关于复议维持情况下的案件裁判问题，《行政诉讼法》第79条规定，复议机关与作出原行政行为的行政机关为共同被告的案件，人民法院应当对复议决定和原行政行为一并作出裁判。对此规定，《最高人民法院关于适用〈中华人民共和国行政诉讼法〉的解释》第135、136条进一步作出了详细规定。

（1）复议机关决定维持原行政行为的，人民法院应当在审查原行政行为合法性的同时，一并审查复议决定的合法性。作出原行政行为的行政机关和复议机关对原行政行为合法性共同承担举证责任，可以由其中一个机关实施举证行为。复议机关对复议决定的合法性承担举证责任。复议机关作共同被告的案件，复议机关在复议程序中依法收集和补充的证据，可以作为人民法院认定复议决定和原行政行为合法的依据。

（2）人民法院对原行政行为作出判决的同时，应当对复议决定一并作出相应判决。人民法院依职权追加作出原行政行为的行政机关或者复议机关为共同被告的，对原行政行为或者复议决定可以作出相应判决。人民法院判决撤销原行政行为和复议决定的，可以判决作出原行政行为的行政机关重新作出行政行为。人民法院判决作出原行政行为的行政机关履行法定职责或者给付义务的，应当同时判决撤销复议决定。原行政行为合法、复议决定违法的，人民法院可以判决撤销复议决定或者确认复议决定违法，同时判决驳回原告针对原行政行为的诉讼请求。原行政行为被撤销、确认违法或者无效，给原告造成损失的，应当由作出原行政行为的行政机关承担赔偿责任；因复议决定加重损害的，由复议机关对加重部分承担赔偿责任。原行政行为不符合复议或者诉讼受案范围等受理条件，复议机关作出维持决定的，人民法院应当裁定一并驳回对原行政行为和复议决定的起诉。

例6 某县工商局认定王某经营加油站系无照经营，予以取缔。王某不服，向市工商局申请复议，在该局作出维持决定后向法院提起诉讼，要求撤销取缔决定。关于此案，下列哪些说法是正确的？

D. 如法院认定取缔决定违法予以撤销，市工商局的复议决定自然无效

提示：本题出自《行政诉讼法》修订之前。按照当时的行政诉讼法司法解释，选项D表述正确。《行政诉讼法》修订后，对本题判决方式的解答如下：本题是复议维持情况下引起的行政诉讼案件，依照《行政诉讼法》和《最高人民法院关于适用〈中华人民共和国行政诉讼法〉的解释》的新规定，人民法院应当审查县工商局的取缔行为的合法性，同时审查市工商局复议决定的合法性。经审查，人民法院认定县工商局取缔行为违法予以判决撤销的同时，一并判决撤销市工商局的维持复议决定。

二、二审判决

二审判决又称“终审判决”，根据行政诉讼法的规定，二审判决有两种形式：维持原判与改判。

（一）维持原判

维持原判是指二审法院通过对上诉案件的审理，确认一审判决认定事实清楚，适用法律、法规正确，从而作出驳回上诉人的上诉，维持一审判决的决定。维持原判的条件是：第一，原判决认定事实清楚；第二，原判决适用法律法规正确。

（二）改判

改判是指二审法院作出的直接改变一审判决的判决。

依法改判有两种情况：一是原判决、裁定认定事实错误或者适用法律、法规错误；二是原判决认定基本事实不清，证据不足的，二审法院可以在查清事实后改判。

依照《行政诉讼法》第89条规定，原判决遗漏当事人或者违法缺席判决等严重违反法定程序的，裁定撤销原判决，发回原审人民法院重审。原审人民法院对发回重审的案件作出判决后，当事人提起上诉的，第二审人民法院不得再次发回重审。人民法院审理上诉案件，需要改变原审判决的，应当同时对被诉行政行为作出判决。

此外，《最高人民法院关于适用〈中华人民共和国行政诉讼法〉的解释》第109条规定，第二审人民法院经审理认为原审人民法院不予立案或者驳回起诉的裁定确有错误且当事人的起诉符合起诉条件的，应当裁定撤销原审人民法院的裁定，指令原审人民法院依法立案或者继续审理。第二审人民法院裁定发回原审人民法院重新审理的行政案件，原审人

民法院应当另行组成合议庭进行审理。原审判决遗漏了必须参加诉讼的当事人或者诉讼请求的，第二审人民法院应当裁定撤销原审判决，发回重审。原审判决遗漏行政赔偿请求，第二审人民法院经审查认为依法不应当予以赔偿的，应当判决驳回行政赔偿请求。原审判决遗漏行政赔偿请求，第二审人民法院经审理认为依法应当予以赔偿的，在确认被诉行政行为违法的同时，可以就行政赔偿问题进行调解；调解不成的，应当就行政赔偿部分发回重审。当事人在第二审期间提出行政赔偿请求的，第二审人民法院可以进行调解；调解不成的，应当告知当事人另行起诉。

例7　某区公安分局以蔡某殴打孙某为由对蔡某拘留十日并处罚款500元。蔡某向法院起诉，要求撤销处罚决定和赔偿损失。一审法院经审理认定处罚决定违法。下列哪一选项是正确的？

C. 如一审法院的判决遗漏了蔡某的赔偿请求，二审法院应当裁定撤销一审判决，发回重审

D. 如蔡某在二审期间提出赔偿请求，二审法院可以进行调解，调解不成的，应告知蔡某另行起诉

提示：依照《行政诉讼法》第89条第2款规定，原判决遗漏当事人或者违法缺席判决等严重违反法定程序的，裁定撤销原判决，发回原审人民法院重审。因此，一般而言，一审法院遗漏诉讼请求的，二审法院应当裁定撤销原判决，发回一审法院重审。不过，对于一审法院遗漏行政赔偿请求的情况，《最高人民法院关于适用〈中华人民共和国行政诉讼法〉的解释》第109条规定，原审判决遗漏行政赔偿请求，第二审人民法院经审查认为依法不应当予以赔偿的，应当判决驳回行政赔偿请求。原审判决遗漏行政赔偿请求，第二审人民法院经审理认为依法应当予以赔偿的，在确认被诉具体行政行为违法的同时，可以就行政赔偿问题进行调解；调解不成的，应当就行政赔偿部分发回重审。据此，一审判决遗漏行政赔偿请求的，需要分情况处理：一是二审法院经审理认为不应赔偿的，无须发回重审，直接判决驳回当事人的行政赔偿请求。二是认为应予赔偿的，在确认行政行为违法的同时，可以就行政赔偿问题调解，调解成功，案件无须发回重审；如果调解不成，再就行政赔偿部分发回重审。据此，选项C的表述错误。依照《最高人民法院关于适用〈中华人民共和国行政诉讼法〉的解释》第109条第6款规定，当事人在第二审期间提出行政赔偿请求的，第二审人民法院可以进行调解；调解不成的，应当告知当事人另行起诉。选项D与此规定相符，表述正确。

第二节　行政诉讼的执行

重要法条及司法解释

《行政诉讼法》第95、96条。

命题分析

《行政诉讼法》规定的执行分为两部分内容：一是行政诉讼生效裁判的执行；二是非诉行政案件的执行。由于后者与《行政强制法》规定的内容具有重合性，今后的法考将可能结合《行政强制法》的相关规定进行考查。此处只谈及行政诉讼生效裁判的执行。以前的历年考试基本没有涉及本部分内容，但由于修订后的行政诉讼法新增了一些针对行政机关不履行法院生效裁判的强制执行措施，所以，为做到全面复习，需要考生对相关内容有所掌握。

知识点精讲

行政诉讼执行是指执行组织对已生效的行政案件法律文书，在义务人逾期拒不履行时，依法采取强制措施，使生效法律文书的内容得以实现的活动。其特征包括：第一，执行主体是人民法院或有权行政机关。第二，执行申请人或被申请人有一方是行政机关。第三，强制执行的根据是已生效的诉讼文书，包括判决书、裁定书与调解书。第四，执行须以强制力为之。第五，强制执行的法律后果是裁判文书确定的义务得以实现。

《行政诉讼法》规定的行政诉讼执行既针对不履行人民法院发生法律效力的判决、裁定、调解书的公民、法人或者其他组织，也针对行政机关。其中，针对前者，《行政诉讼法》规定较为原则，仅规定：公民、法人或者其他组织拒绝履行判决、裁定、调解书的，行政机关或者第三人可以向第一审人民法院申请强制执行，或者由行政机关依法强制执行。

值得注意的是，当行政机关拒绝履行判决、裁定、调解书时，《行政诉讼法》明确规定了第一审人民法院可以的强制执行措施。主要包括：第一，对应当归还的罚款或者应当给付的款额，通知银行从该行政机关的账户内划拨。第二，在规定期限内不履行的，从期满之日起，对该行政机关负责人按日处五十元至一百元的罚款。第三，将行政机关拒绝履行的情况予以公告。第四，向监察机关或者该行政机关的上一级行政机关提出司法建议。接受司法建议的机关，根据有关规定进行处理，并将处理情况告知人民法院。第五，拒不履行判决、裁定、调解书，社会影响恶劣的，可以对该行政机关直接负责的主管人员和其他直接责任人员予以拘留；情节严重，构成犯罪的，依法追究刑事责任。

第十六章　国家赔偿

第一节　司法赔偿范围

重要法条及司法解释

《国家赔偿法》第 17～19、38 条。

《最高人民法院、最高人民检察院关于办理刑事赔偿案件适用法律若干问题的解释》第 2～3、5～7 条。

《最高人民法院关于审理民事、行政诉讼中司法赔偿案件适用法律若干问题的解释》第 2～9 条。

《最高人民法院关于人民法院执行〈中华人民共和国国家赔偿法〉几个问题的解释》第 1 条。

命题分析

《国家赔偿法》对司法赔偿范围规定内容较多，为历年考试的重点。从考查内容来看，刑事司法赔偿的范围和民事、行政司法赔偿范围以及国家免责的情形均是考试反复考查的内容。刑事司法赔偿重点涉及侵犯人身自由权利的赔偿问题，考查考生对侵犯人身自由权利的侵权行为范围的理解和把握；民事行政司法赔偿范围部分，考查考生对《国家赔偿法》及相关司法解释规定内容的掌握程度；国家免责的情形，依然考查的是相关规定的理解和适用。从考查趋势来看，前述列举的重点考查内容仍将会反复考查，其命题形式也将日益灵活，需要考生充分注意。

知识点精讲

司法赔偿范围是指司法机关及其工作人员在行使职权时侵犯公民、法人或者其他组织合法权益并造成损害时，国家承担赔偿责任的范围。

一、刑事司法赔偿范围

（一）侵犯人身权的刑事赔偿

根据《国家赔偿法》第 17 条规定，行使侦查、检察、审判职权的机关以及看守所、监狱管理机关及其工作人员在行使职权时有下列侵犯人身权情形之一的，受害人有取得赔偿的权利。

（1）违法拘留。

第一，违反刑事诉讼法的规定对公民采取拘留措施。对公民采取刑事拘留措施后终止追究刑事责任，具有下列情形之一的，属于国家赔偿法第 17 条第（一）项规定的违法刑事拘留：①违反刑事诉讼法规定的条件采取拘留措施的；②违反刑事诉讼法规定的程序采取拘留措施的；③依照刑事诉讼法规定的条件和程序对公民采取拘留措施，但是拘留时间超过刑事诉讼法规定的时限。违法刑事拘留的人身自由赔偿金自拘留之日起计算。

第二，合法采取刑事拘留措施后终止追究刑事责任。行使侦查权的机关采取刑事拘留本身合法，但拘留超过法定期限，且其后决定撤销案件、不起诉或者判决宣告无罪终止追究刑事责任，受害人有取得赔偿的权利。

《最高人民法院、最高人民检察院关于办理刑事赔偿案件适用法律若干问题的解释》第 2 条对“终止追究刑事责任”的情况进行了明确，即解除、撤销拘留或者逮捕措施后虽尚未撤销案件、作出不起诉决定或者判决宣告无罪，但是符合下列情形之一的，属于《国家赔偿法》第 17 条第（一）项、第（二）项规定的终止追究刑事责任：①办案机关决定对犯罪嫌疑人终止侦查的；②解除、撤销取保候审、监视居住、拘留、逮捕措施后，办案机关超过 1 年未移送起诉、作出不起诉决定或者撤销案件的；③取保候审、监视居住法定期限届满后，办案机关超过一年未移送起诉、作出不起诉决定或者撤销案件的；④人民检察院撤回起诉超过 30 日未作出不起诉决定的；⑤人民法院决定按撤诉处理后超过 30 日，人民检察院未作出不起诉决定的；⑥人民法院准许刑事自诉案件自诉人撤诉的，或者人民法院决定对刑事自诉案件按撤诉处理的。赔偿义务机关有证据证明尚未终止追究刑事责任，且经人民法院赔偿委员会审查属实的，应当决定驳回赔偿请求人的赔偿申请。

（2）逮捕后终止追究刑事责任。《刑事诉讼法》第 17 条第（二）项规定，对公民采取逮捕措施后，决定撤销案件、不起诉或者判决宣告无罪终止追究刑事责任的，公民有取得赔偿的权利。据此，对因逮捕被羁押的公民赔偿遵循的是结果责任原则。

（3）无罪错判、原判刑罚已经执行。国家承担赔偿责任的无罪错判须满足以下条件：

第一，人民法院对无罪的公民判处刑罚。无罪包括公民没有实施犯罪行为或者没有充足证据证明公民实施了犯罪两种情况。如果公民实施了犯罪行为，人民法院在法定量刑幅度内作出不适当的判决，或者超出法定刑幅度量刑，经改判处以较轻的刑罚，都不构成国家赔偿法上的错判。同时，《最高人民法院、最高人民检察院关于办理刑事赔偿案件适用法律若干问题的解释》第 6 条规定，数罪并罚的案件经再审改判部分罪名不成立，监禁期限超出再审判决确定的刑期，公民对超期监禁申请国家赔偿的，应当决定予以赔偿。

第二，原判刑罚已经执行。包括全部执行和部分执行两种情况。在自由刑执行期间，被告人被依法减刑或者假释的，被减部分和假释部分的错判刑罚，国家不负赔偿责任。在刑罚执行中保外就医的，保外就医的期间，国家不负赔偿责任。缓刑判决经再审程序撤销，公民被宣告无罪的，不发生国家赔偿责任。根据《最高人民法院关于人民法院执行〈中华人民共和国国家赔偿法〉几个问题的解释》第 4 条规定，人民法院判处管制、有期徒刑缓刑、剥夺政治权利等刑罚被依法改判无罪的，国家不承担赔偿责任，但赔偿请求人在判决生效前被羁押的，依法有权取得赔偿。

第三，原判决经审判监督程序撤销并且被告人被宣告无罪。

例 1 2009 年 2 月 10 日，王某因涉嫌诈骗被县公安局刑事拘留，2 月 24 日，县检察院批准逮捕王某。4 月 10 日，县法院以诈骗罪判处王某三年有期徒刑，缓期二年执行。5 月 10 日，县公安局根据县法院变更强制措施的决定，对王某采取取保候审措施。王某上诉，6 月 1 日，市中级人民法院维持原判。王某申诉，12 月 10 日，市中级人民法院再审认定王某行为不构成诈骗，撤销原判。对此，下列哪一说法是正确的？

A. 因王某被判无罪，国家应当对王某在 2009 年 2 月 10 日至 12 月 10 日期间的损失承担赔偿责任

B. 因王某被判处有期徒刑缓期执行，国家不承担赔偿责任

C. 因王某被判无罪，国家应当对王某在 2009 年 6 月 1 日至 12 月 10 日期间的损失承担赔偿责任

D. 因王某被判无罪，国家应当对王某在 2009 年 2 月 10 日至 5 月 10 日期间的损失承担赔偿责任

提示：本题中，王某被法院生效判决以构成诈骗罪判处三年有期徒刑，缓期二年执行，后经法院再审认定不构成诈骗，认定无罪，属于《最高人民法院关于人民法院执行〈中华人民共和国国家赔偿法〉几个问题的解释》第 4 条规定的情形。据此规定，对王某判处有期徒刑、缓期二年执行本身，国家不负赔偿责任。对判决生效前被羁押部分，国家承担赔偿责任。在市中级人民法院 2009 年 6 月 1 日作出判决前，王某的羁押期间从 2009 年 2 月 10 日至 5 月 10 日，国家应对这一期间王某人身自由受到的侵害承担赔偿责任。选项 D 说法正确，其余选项错误。

（4）刑讯逼供或者以殴打、虐待等行为或者唆使、放纵他人以殴打、虐待等行为造成公民身体伤害或者死亡。

上述行为可统称为暴力侵权行为。需要注意的是：第一，实施暴力行为的主体不限于司法机关的工作人员，还包括受到唆使、放纵实施暴力侵权的人员。第二，暴力行为发生与执行职务过程中，与执行职务具有关联。第三，暴力行为造成了公民身体伤害或者死亡的后果。

（5）违法使用武器、警械造成公民身体伤害或者死亡。

（二）侵犯财产权的刑事赔偿

《国家赔偿法》第 18 条规定，行使侦查、检察、审判职权的机关以及看守所、监狱管理机关及其工作人员在行使职权时有下列侵犯财产权情形之一的，受害人有取得赔偿的权利：

1. 违法对财产采取查封、扣押、冻结、追缴等措施

（1）查封。查封指司法机关将与刑事案件有关的可用作证据、不便提取的财物、文件就地封存或者责成专人保管，任何人不得擅自移动或处分，以防转移、隐匿或者毁损丢失，以待进一步查处的措施。

（2）扣押。扣押指司法机关将与刑事案件有关的物品、文件、邮件强制扣留，限制被采取该项措施的人占有和处分的强制措施。

《刑事诉讼法》对查封、扣押强制措施的实施作出了严格规定。如第139条规定，与案件无关的财物、文件，不得查封、扣押。对查封、扣押的财物、文件，要妥善保管或者封存，不得使用、调换或者损毁。第140条规定，对查封、扣押的财物、文件，应当会同在场见证人和被查封、扣押财物、文件持有人查点清楚，当场开列清单一式二份，由侦查人员、见证人和持有人签名或者盖章，一份交给持有人，另一份附卷备查。第141条规定，侦查人员认为需要扣押犯罪嫌疑人的邮件、电报的时候，经公安机关或者人民检察院批准，即可通知邮电机关将有关的邮件、电报检交扣押。第143条规定，对查封、扣押的财物、文件、邮件、电报，经查明确实与案件无关的，应当在3日以内解除查封、扣押、冻结，予以退还。司法机关违反上述规定，造成财产损害的，国家须承担赔偿责任。

（3）冻结。冻结指司法机关在案件侦查和审理中，发现被告人的存款、汇款与案件有直接关系后，要求有关单位对其存款、汇款停止支付或者转移的强制措施。《刑事诉讼法》第142条规定，人民检察院、公安机关根据侦查犯罪的需要，可以依照规定查询、冻结犯罪嫌疑人的存款、汇款、债券、股票、基金份额等财产。有关单位和个人应当配合。犯罪嫌疑人的存款、汇款、债券、股票、基金份额等财产已被冻结的，不得重复冻结。第143条规定，对冻结的存款、汇款、债券、股票、基金份额等财产，经查明确实与案件无关的，应当在3日以内解除查封、扣押、冻结，予以退还。

（4）追缴。追缴指司法机关对犯罪工具、物品、赃物、非法所得等进行追查、收缴、退还原主或上缴国家的措施。《刑事诉讼法》第280条第1款规定，对于贪污贿赂犯罪、恐怖活动犯罪等重大犯罪案件，犯罪嫌疑人、被告人逃匿，在通缉1年后不能到案，或者犯罪嫌疑人、被告人死亡，依照刑法规定应当追缴其违法所得及其他涉案财产的，人民检察院可以向人民法院提出没收违法所得的申请。司法机关无权、超越权限或者违反法律规定的条件采取上述措施，给个人或者组织造成财产损害的，国家承担刑事赔偿责任。

2. 再审改判无罪，原判罚金、没收财产已经执行

罚金指人民法院判处犯罪人向国家缴纳一定数额金钱的附加刑罚措施。没收财产指将犯罪分子个人所有财产的一部或全部强制无偿收归国有的附加刑罚措施。

依照《国家赔偿法》规定，罚金和没收财物导致国家承担赔偿责任，须符合以下条件：①判处罚金或没收财产的判决已经生效并得到执行。②生效判决经再审程序撤销，受害人被宣告无罪。

另外，根据《最高人民法院、最高人民检察院关于办理刑事赔偿案件适用法律若干问题的解释》第3条，对财产采取查封、扣押、冻结、追缴等措施后，有下列情形之一，且办案机关未依法解除查封、扣押、冻结等措施或者返还财产的，属于《国家赔偿法》第18条规定的侵犯财产权：

（1）赔偿请求人有证据证明财产与尚未终结的刑事案件无关，经审查属实的。

（2）终止侦查、撤销案件、不起诉、判决宣告无罪终止追究刑事责任的。

（3）采取取保候审、监视居住、拘留或者逮捕措施，在解除、撤销强制措施或者强制措施法定期限届满后超过1年未移送起诉、作出不起诉决定或者撤销案件的。

（4）未采取取保候审、监视居住、拘留或者逮捕措施，立案后超过两年未移送起诉、作出不起诉决定或者撤销案件的。

（5）人民检察院撤回起诉超过 30 日未作出不起诉决定的。

（6）人民法院决定按撤诉处理后超过 30 日，人民检察院未作出不起诉决定的。

（7）对生效裁决没有处理的财产或者对该财产违法进行其他处理的。

有前款（3）至（6）规定情形之一，赔偿义务机关有证据证明尚未终止追究刑事责任，且经人民法院赔偿委员会审查属实的，应当决定驳回赔偿请求人的赔偿申请。

二、民事、行政司法赔偿范围

民事、行政司法赔偿范围，是指国家对国家机关及其工作人员在民事诉讼、行政诉讼过程中侵犯公民、法人或者其他组织合法权益造成的损害承担赔偿责任的范围。《国家赔偿法》第 38 条规定，人民法院在民事诉讼、行政诉讼过程中，违法采取对妨害诉讼的强制措施、保全措施或者对判决、裁定及其他生效法律文书执行错误，造成损害的，赔偿请求人要求赔偿的程序，适用本法刑事赔偿程序的规定。此外，《最高人民法院关于审理民事、行政诉讼中司法赔偿案件适用法律若干问题的解释》进一步明确了民事、行政司法赔偿的范围及其例外。

（一）违法采取排除妨害诉讼强制措施

根据《民事诉讼法》第 109 条至第 116 条的规定，法院对妨害民事诉讼的行为人可采取以下强制措施：拘传、训诫、责令退出法庭、责令履行协助义务、罚款和拘留。根据《行政诉讼法》第 58 条规定，法院对妨害行政诉讼的行为人可以采取以下强制措施：训诫、责令聚结悔过、罚款和拘留。在上述措施中，训诫、责令退出法庭、责令具结悔过、责令履行协助义务，因其一般不会对人身权、财产权造成损害，不涉及赔偿问题。最高人民法院《关于人民法院执行〈中华人民共和国国家赔偿法〉几个问题的解释》第 2 条仅规定了法院错误实施司法拘留、罚款的国家赔偿责任。

1. 违法罚款

作为司法强制措施的罚款具有特定的适用条件和数额限制。在民事诉讼中，对个人的罚款金额为人民币 10 万元以下。对单位的罚款金额，为人民币 5 万元以上 100 万元以下。在行政诉讼中，罚款的数额在 1 万元以下。人民法院如果超出上述幅度实施罚款，即为违法。

2. 违法拘留

在民事诉讼和行政诉讼中实施司法拘留行为，首先需要经过法院院长批准，并制作决定书，其次，拘留时间不能超过 15 日。人民法院未遵守上述规定采取拘留措施，须承担赔偿责任。

依照最高人民法院《最高人民法院关于审理民事、行政诉讼中司法赔偿案件适用法律若干问题的解释》第 2 条规定，违法采取对妨害诉讼的强制措施，包括以下情形：①对没有实施妨害诉讼行为的人采取罚款或者拘留措施的；②超过法律规定金额采取罚款措施的；③超过法律规定期限采取拘留措施的；④对同一妨害诉讼的行为重复采取罚款、拘留措施的；⑤其他违法情形。

（二）违法采取保全措施

1. 违法采取证据保全措施

人民法院实施证据保全必须符合以下条件：一是证据有灭失可能；二是证据日后难以取得。违法采取证据保全措施主要有以下情形：第一，不符合法定条件和范围采取保全措施；第二，违反法定程序采取保全措施。

2. 违法采取财产保全措施

依照《最高人民法院关于审理民事、行政诉讼中司法赔偿案件适用法律若干问题的解释》第3条规定，违法采取保全措施，包括以下情形：

（1）依法不应当采取保全措施而采取的。

（2）依法不应当解除保全措施而解除，或者依法应当解除保全措施而不解除的。

（3）明显超出诉讼请求的范围采取保全措施的，但保全财产为不可分割物且被保全人无其他财产或者其他财产不足以担保债权实现的除外。

（4）在给付特定物之诉中，对与案件无关的财物采取保全措施的。

（5）违法保全案外人财产的。

（6）对查封、扣押、冻结的财产不履行监管职责，造成被保全财产毁损、灭失的。

（7）对季节性商品或者鲜活、易腐烂变质以及其他不宜长期保存的物品采取保全措施，未及时处理或者违法处理，造成物品毁损或者严重贬值的。

（8）对不动产或者船舶、航空器和机动车等特定动产采取保全措施，未依法通知有关登记机构不予办理该保全财产的变更登记，造成该保全财产所有权被转移的。

（9）违法采取行为保全措施的。

（10）其他违法情形。

例2 甲公司向某区法院起诉要求乙公司返还货款15万元，并请求依法保全乙公司价值10万元的汽车。在甲公司提供担保后，法院准予采取保全措施。二审法院最终维持某区法院要求乙公司返还货款10万元的判决。甲公司在申请强制执行时，发现诉讼期间某区法院在乙公司没有提供担保的情况下已解除保全措施，乙公司已变卖汽车、转移货款，致判决无法执行。甲公司要求某区法院赔偿损失。下列哪些说法是正确的？

A.《国家赔偿法》未明确规定法院在民事诉讼过程中违法解除保全措施应承担赔偿责任，故甲公司的请求不成立

B. 违法采取保全措施应包括依法不应当解除而解除保全措施

提示：《最高人民法院关于审理民事、行政诉讼中司法赔偿案件适用法律若干问题的解释》第3条第（一）项规定，依法不应当采取保全措施而采取保全措施或者依法不应当解除保全措施而解除保全措施的，属于无法采取保全措施，国家对此承担赔偿责任。据此，选项A说法错误，选项B说法正确。

（三）违法采取先予执行措施

违法采取先予执行措施主要包括以下情形：①违反法定条件和范围先予执行的；②超出诉讼请求范围先予执行的；③其他违法情形。

（四）错误执行判决、裁定和其他生效法律文书

此处的判决、裁定和其他法律文书包括已经发生法律效力的判决、裁定、民事制裁决定、调解、支付令、仲裁裁决、具有强制执行效力的公证债权文书以及行政处罚、处理决定等。

依照《最高人民法院关于审理民事、行政诉讼中司法赔偿案件适用法律若干问题的解释》第 5 条规定，错误执行上述法律文书包括以下情形：

（1）执行未生效法律文书的。

（2）超出生效法律文书确定的数额和范围执行的。

（3）对已经发现的被执行人的财产，故意拖延执行或者不执行，导致被执行财产流失的。

（4）应当恢复执行而不恢复，导致被执行财产流失的。

（5）违法执行案外人财产的。

（6）违法将案件执行款物执行给其他当事人或者案外人的。

（7）违法对抵押物、质物或者留置物采取执行措施，致使抵押权人、质权人或者留置权人的优先受偿权无法实现的。

（8）对执行中查封、扣押、冻结的财产不履行监管职责，造成财产毁损、灭失的。

（9）对季节性商品或者鲜活、易腐烂变质以及其他不宜长期保存的物品采取执行措施，未及时处理或者违法处理，造成物品毁损或者严重贬值的。

（10）对执行财产应当拍卖而未依法拍卖的，或者应当由资产评估机构评估而未依法评估，违法变卖或者以物抵债的。

（11）其他错误情形。

如有以下案例：

因陈某拒绝履行法院作出的判令还款义务，某法院直接将其银行存款划拨至申请人账户。陈某认为法院的强制执行行为超出了应当履行义务的范围，于是向法院提出赔偿请求。

问：陈某的主张是能否得到支持？

对此，依照《最高人民法院关于审理民事、行政诉讼中司法赔偿案件适用法律若干问题的解释》第 5 条第（二）项规定，超出生效法律文书确定的数额和范围执行的，属于错误执行生效法律文书，应当赔偿。据此，陈某的主张应当得到支持。

（五）民事、行政诉讼中司法人员的侵权行为

依照《最高人民法院关于审理民事、行政诉讼中司法赔偿案件适用法律若干问题的解释》第 6 条规定，人民法院工作人员在民事、行政诉讼过程中，有殴打、虐待或者唆使、放纵他人殴打、虐待等行为，以及违法使用武器、警械，造成公民身体伤害或者死亡的，适用《国家赔偿法》第 17 条第（四）项、第（五）项的规定予以赔偿。

三、国家不承担赔偿责任的情形

（一）国家不承担赔偿责任的情形

依照《国家赔偿法》第 19 条规定，属于下列情形之一的，国家不承担赔偿责任：

（1）因公民自己故意作虚伪供述，或者伪造其他有罪证据被羁押或者被判处刑罚的。

（2）依照《刑法》第17条、第18条规定不负刑事责任的人被羁押的。根据此两条规定，实施犯罪行为而不负刑事责任的人包括：犯罪时不满14周岁的；已满14周岁不满16周岁的人，凡故意杀人、故意伤害致人重伤或者死亡、强奸、抢劫、贩卖毒品、防火、爆炸、投毒罪以外的罪行的；不能辨认或者不能控制自己行为的精神病人在不能辨认和控制自己行为时犯罪的。

（3）依照《刑事诉讼法》第15条、第173条第2款、第273条第2款、第279条规定不追究刑事责任的人被羁押的。《刑事诉讼法》第15条规定，有下列情形之一的，不追究刑事责任，已经追究的，应当撤销案件，或者不起诉，或者终止审理，或者宣告无罪：①情节显著轻微、危害不大，不认为是犯罪的；②犯罪已过追诉时效期限的；③经特赦令免除刑罚的；④依照刑法告诉才处理的犯罪，没有告诉或者撤回告诉的；⑤犯罪嫌疑人、被告人死亡的；⑥其他法律规定免予追究刑事责任的。上述规定中的情形，多为当事人自身存在犯罪或违法行为，因为立法规定不被追究刑事责任，不适用无罪羁押赔偿原则，国家不承担赔偿责任。

《刑事诉讼法》第173条第2款规定，对于犯罪情节轻微，依照刑法规定不需要判处刑罚或者免除刑罚的，人民检察院可以作出不起诉决定。第273条第2款规定，被附条件不起诉的未成年犯罪嫌疑人，在考验期内没有上述情形，考验期满的，人民检察院应当作出不起诉的决定。第279条规定，对于达成和解协议的案件，公安机关可以向人民检察院提出从宽处理的建议。人民检察院可以向人民法院提出从宽处罚的建议；对于犯罪情节轻微，不需要判处刑罚的，可以作出不起诉的决定。人民法院可以依法对被告人从宽处罚。上述规定为特定情况下的不起诉，主要是酌定不起诉情形。国家对上述情形，不承担赔偿责任。

不过，依照最高人民法院《关于人民法院执行〈中华人民共和国国家赔偿法〉几个问题的解释》第1条规定：根据《中华人民共和国国家赔偿法》第17条（现为第19条）第（二）项、第（三）项的规定，依照《刑法》第14条（现为第17条）、第15条（现为第18条）规定不负刑事责任的人和依照《刑事诉讼法》第15条规定不追究刑事责任的人被羁押，国家不承担赔偿责任。但是对起诉后经人民法院判处拘役、有期徒刑、无期徒刑和死刑并已执行的上列人员，有权依法取得赔偿。判决确定前被羁押的日期依法不予赔偿。

例3 2006年12月5日，王某因涉嫌盗窃被某县公安局刑事拘留，同月11日被县检察院批准逮捕。2008年3月4日王某被一审法院判处有期徒刑二年，王某不服提出上诉。2008年6月5日，二审法院维持原判，判决交付执行。2009年3月2日，法院经再审以王某犯罪时不满16周岁为由撤销生效判决，改判其无罪并当庭释放。王某申请国家赔偿，下列哪些选项是错误的?

A. 国家应当对王某从2008年6月5日到2009年3月2日被羁押的损失承担赔偿责任

B. 国家应当对王某从2006年12月11日到2008年3月4日被羁押的损失承担赔偿责任

C. 国家应当对王某从2006年12月5日到2008年3月4日被羁押的损失承担赔偿责任

D. 国家应当对王某从2008年3月4日到2009年3月2日被羁押的损失承担赔偿责任

提示：最高人民法院《关于人民法院执行〈中华人民共和国国家赔偿法〉几个问题的解释》第1条的规定，依照《刑法》第14条（现为第17条）、第15条（现为第18条）规定不负刑事责任的人和依照《刑事诉讼法》第15条规定不追究刑事责任的人被羁押，国家不承担赔偿责任。但是对起诉后经人民法院判处拘役、有期徒刑、无期徒刑和死刑并已执行的上列人员，有权依法取得赔偿。判决确定前被羁押的日期依法不予赔偿。据此，对不负刑事责任的人和不追究刑事责任的人进行羁押的，需要根据具体情形确定赔偿范围。对判决确定前被羁押的期间，国家不予赔偿；对判决确定后被法院判处拘役、有期徒刑、无期徒刑和死刑并已执行的，国家应承担赔偿责任。本题中，王某犯罪时不满16周岁，属不负刑事责任的情形，适用上述规定，国家承担赔偿责任的期间限于判决确定后被羁押的期间。本题中，二审法院判决日期是2008年6月5日，改判无罪当庭释放是2009年3月2日，此一期间被羁押的损失，国家应予赔偿。故选项A正确，其余选项错误。

（4）行使侦查、检察、审判职权的机关以及看守所、监狱管理机关的工作人员与行使职权无关的个人行为。上述司法机关工作人员实施的侵权行为完全与执行职务无关，属于纯粹个人侵权行为，国家对其不承担赔偿责任。

（5）因公民自伤、自残等故意行为致使损害发生的。需要注意，上述自伤、自残行为是由于司法人员违法行为逼迫等导致，不排除国家承担赔偿责任。

（6）法律规定的其他情形。

除以上《国家赔偿法》规定的国家免责情形外，《最高人民法院关于审理民事、行政诉讼中司法赔偿案件适用法律若干问题的解释》第7条又进一步规定以下国家免责情形：①属于《民事诉讼法》第105条、第107条第2款和第233条规定情形的；②申请执行人提供执行标的物错误的，但人民法院明知该标的物错误仍予以执行的除外；③人民法院依法指定的保管人对查封、扣押、冻结的财产违法动用、隐匿、毁损、转移或者变卖的；④人民法院工作人员与行使职权无关的个人行为；⑤因不可抗力、正当防卫和紧急避险造成损害后果的；⑥依法不应由国家承担赔偿责任的其他情形。

四、减轻国家赔偿责任的情形

依照《最高人民法院关于审理民事、行政诉讼中司法赔偿案件适用法律若干问题的解释》第8条、第9条的规定，在出现混合过错或者多种原因造成损失的情况下，可以适当减轻国家赔偿责任。

第一，因多种原因造成公民、法人和其他组织合法权益损害的，应当根据人民法院及其工作人员行使职权的行为对损害结果的发生或者扩大所起的作用等因素，合理确定赔偿金额。

第二，受害人对损害结果的发生或者扩大也有过错的，应当根据其过错对损害结果的发生或者扩大所起的作用等因素，依法减轻国家赔偿责任。

第二节　司法赔偿程序

重要法条及司法解释

《国家赔偿法》第22～30、39条。

《最高人民法院、最高人民检察院关于办理刑事赔偿案件适用法律若干问题的解释》第4条。

《最高人民法院关于审理民事、行政诉讼中司法赔偿案件适用法律若干问题的解释》第19条。

《最高人民法院关于适用〈中华人民共和国国家赔偿法〉若干问题的解释（一）》第7条。

《最高人民法院关于人民法院赔偿委员会审理国家赔偿案件程序的规定》第7、9、11～14、22条。

《最高人民法院关于人民法院赔偿委员会适用质证程序审理国家赔偿案件的规定》第2、5、6、7、11、13条。

命题分析

司法赔偿程序是每年必考的内容。从考查内容来看，有关司法赔偿程序的知识考查集中在司法赔偿的申请程序（是否仍需要先由赔偿义务机关作出违法确认）、赔偿义务机关的处理程序（尤其是协商程序）、复议程序（复议审理方式）以及人民法院赔偿委员会的审理程序（含举证责任分配、协商程序等）。从考查趋势来看，前面考查内容将会继续成为考查内容，只是题目设计有些翻新，只有掌握基础知识，才能做到以不变应万变。

知识点精讲

司法赔偿程序是指公民、法人或者其他组织行使司法赔偿请求权以及有关国家机关履行司法赔偿责任的程序。依照《国家赔偿法》的规定，司法赔偿程序包括以下程序：

一、司法赔偿处理程序

司法赔偿处理程序是司法赔偿义务机关受理和处理受害人赔偿请求的程序。与旧法相比，修订后的国家赔偿法取消了司法赔偿的先行确认程序，进一步畅通了司法赔偿渠道。

（一）提出司法赔偿请求

司法赔偿请求人提出的赔偿请求需要满足以下条件：

（1）赔偿请求人适格。赔偿请求人必须是其合法权益受到司法机关及其工作人员违法行为侵害的公民、法人或者其他组织。

（2）赔偿义务机关适格。赔偿义务机关必须是实施了违法侵权行为的侦查、检察、审判、监狱管理的机关。

（3）递交赔偿请求书。赔偿请求书的内容应当符合法律要求。赔偿请求人书写申请书确有困难的，可以委托他人代书；也可以口头申请，由赔偿义务机关记入笔录。

赔偿请求人根据受到的不同损害，可以同时提出数项赔偿要求。

赔偿请求人当面递交申请书的，赔偿义务机关应当当场出具加盖本行政机关专用印章并注明收讫日期的书面凭证。申请材料不齐全的，赔偿义务机关应当当场或者在5日内一次性告知赔偿请求人需要补正的全部内容。

（4）在法定时效内提出赔偿请求。赔偿请求人请求赔偿的时效2年，自其知道或者应当知道国家机关及其工作人员行使职权时的行为侵犯其人身权、财产权之日起计算，但被羁押等限制人身自由期间不计算在内。赔偿请求人在赔偿请求时效的最后6个月内，因不可抗力或者其他障碍不能行使请求权的，时效中止。从中止时效的原因消除之日起，赔偿请求时效期间继续计算。

需要注意的是，赔偿请求人原则上应当在相应程序终结后提出赔偿请求。

《最高人民法院关于适用〈中华人民共和国国家赔偿法〉若干问题的解释（一）》第7条规定，赔偿请求人认为行使侦查、检察、审判职权的机关以及看守所、监狱管理机关及其工作人员在行使职权时有新《国家赔偿法》第17条第（一）项、第（二）项、第（三）项、第18条规定情形的，应当在刑事诉讼程序终结后提出赔偿请求，但下列情形除外：第一，赔偿请求人有证据证明其与尚未终结的刑事案件无关的；第二，刑事案件被害人依据《刑事诉讼法》第234条的规定，以财产未返还或者认为返还的财产受到损害而要求赔偿的。

《最高人民法院关于审理民事、行政诉讼中司法赔偿案件适用法律若干问题的解释》第19条规定，公民、法人或者其他组织依据《国家赔偿法》第38条规定申请赔偿的，应当在民事、行政诉讼程序或者执行程序终结后提出，但下列情形除外：

第一，人民法院已依法撤销对妨害诉讼的强制措施的。

第二，人民法院采取对妨害诉讼的强制措施，造成公民身体伤害或者死亡的。

第三，经诉讼程序依法确认不属于被保全人或者被执行人的财产，且无法在相关诉讼程序或者执行程序中予以补救的。

第四，人民法院生效法律文书已确认相关行为违法，且无法在相关诉讼程序或者执行程序中予以补救的。

第五，赔偿请求人有证据证明其请求与民事、行政诉讼程序或者执行程序无关的。

第六，其他情形。

赔偿请求人依据前款规定，在民事、行政诉讼程序或者执行程序终结后申请赔偿的，该诉讼程序或者执行程序期间不计入赔偿请求时效。

（二）司法赔偿请求的受理

赔偿义务机关接到赔偿请求后，应及时审查决定是否受理。审查内容包括：①赔偿请求人是否适格；②请求赔偿的事实和理由是否确实充分；③赔偿请求是否属于法定司法赔偿范围，是否存在国家不承担赔偿责任的情况；④被请求人是否是适格的赔偿义务机关；⑤赔偿请求是否超过法定请求时效。

（三）赔偿义务机关初步审查

赔偿义务机关对赔偿请求是否符合法定条件进行初步审查后，分别作出以下处理：

（1）不属于司法赔偿范围的，作出书面决定，通知赔偿请求人并告知理由；

（2）赔偿请求人无请求权的，书面通知不予受理并说明理由；

（3）不属于本机关赔偿事项范围的，告知赔偿请求人向负有赔偿义务的机关申请；

（4）申请书所载事项不符合法律规定或有遗漏的，通知赔偿请求人在规定期限内补正；

（5）赔偿请求超过时效的，通知赔偿请求人不予受理；

（6）符合赔偿条件的，将受理决定送达赔偿请求人。

（四）赔偿请求的处理

赔偿义务机关应当自收到申请之日起 2 个月内，作出是否赔偿的决定。赔偿义务机关作出赔偿决定，应当充分听取赔偿请求人的意见，并可以与赔偿请求人就赔偿方式、赔偿项目和赔偿数额进行协商。协商不成的，由赔偿义务机关作出决定。

赔偿义务机关决定赔偿的，应当制作赔偿决定书，并自作出决定之日起 10 日内送达赔偿请求人。

赔偿义务机关决定不予赔偿的，应当自作出决定之日起 10 日内书面通知赔偿请求人，并说明不予赔偿的理由。

例 1 县公安局以李某涉嫌盗窃为由将其刑事拘留，并经县检察院批准逮捕。县法院判处李某有期徒刑 5 年。李某上诉，市中级人民法院改判李某无罪。李某向赔偿义务机关申请国家赔偿。下列哪一说法是正确的？

B. 李某申请国家赔偿前应先申请确认刑事拘留和逮捕行为违法

C. 李某请求国家赔偿的时效自羁押行为被确认为违法之日起计算

D. 赔偿义务机关可以与李某就赔偿方式进行协商

提示：修订后的《国家赔偿法》取消了旧法关于申请刑事司法赔偿必须经由赔偿义务机关先行确认的程序，赔偿请求人可以直接向赔偿义务机关申请国家赔偿。据此，选项 B 说法错误。《国家赔偿法》第 39 条规定，赔偿请求人请求国家赔偿的时效为两年，自其知道或者应当知道国家机关及其工作人员行使职权时的行为侵犯其人身权、财产权之日起计算，但被羁押等限制人身自由期间不计算在内。据此，选项 C 说法错误。《国家赔偿法》第 23 条规定允许赔偿义务机关与赔偿请求人可以就赔偿方式等问题进行协商，据此，选项 D 说法正确。

二、司法赔偿复议程序

司法赔偿复议程序仅适用于公安机关、安全机关、检察机关和监狱管理机关等作为赔偿义务机关的情况。人民法院为赔偿义务机关的，在经过先行处理程序后，受害人应直接向上一级人民法院的赔偿委员会申请，由赔偿委员会作出决定。司法赔偿的复议程序遵循以下步骤：

1. 复议申请的提出与受理

赔偿义务机关拒绝受理赔偿请求、作出不予赔偿的决定、逾期不予赔偿，或者赔偿请求人对赔偿的数额、赔偿方式等存在异议的，赔偿请求人有权向赔偿义务机关的上一级机关申请复议。

赔偿请求人提出复议申请，应当递交复议申请书，同时附上赔偿义务机关的书面决定。

赔偿请求人对赔偿的方式、项目、数额有异议的，或者赔偿义务机关作出不予赔偿决定的，赔偿请求人可以自知道相关决定之日起30日内申请复议。赔偿义务机关在规定期限内未作出赔偿决定的，赔偿请求人可以自2个月届满之日起30日内申请复议。《最高人民法院、最高人民检察院关于办理刑事赔偿案件适用法律若干问题的解释》第4条规定，赔偿义务机关作出赔偿决定，应当依法告知赔偿请求人有权在30日内向赔偿义务机关的上一级机关申请复议。赔偿义务机关未依法告知，赔偿请求人收到赔偿决定之日起2年内提出复议申请的，复议机关应当受理。

复议机关接到复议申请书后，应及时对赔偿请求人的申请进行审查，并分别作出受理、驳回申请、告知向法定赔偿义务机关提出赔偿请求、向正确的赔偿复议机关申请等决定。

2. 复议申请的审理和决定

复议机关受理申请后，应指定与本案无利害关系的工作人员办理。复议机关应当听取赔偿义务机关的意见。复议可以采取书面方式审理，认为必要时，也可以采取其他方式审理。

复议机关应当自收到申请之日起2个月内作出决定。

赔偿请求人不服复议决定的，可以在收到复议决定之日起30日内向复议机关所在地的同级人民法院赔偿委员会申请作出赔偿决定；复议机关逾期不作决定的，赔偿请求人可以自期限届满之日起30日内向复议机关所在地的同级人民法院赔偿委员会申请作出赔偿决定。

三、司法赔偿决定程序

司法赔偿决定程序是赔偿委员会受理和处理司法赔偿请求的程序。《国家赔偿法》规定，中级以上的人民法院设立赔偿委员会，负责处理有关司法赔偿案件。另外，《最高人民法院关于人民法院赔偿委员会审理国家赔偿案件程序规定》对司法赔偿决定程序作出详细规定。

《国家赔偿法》规定，赔偿委员会由人民法院3名以上审判员组成，组成人员的人数应当为单数。

人民法院赔偿委员会受理两类案件：

第一，公安机关、安全机关、检察机关和监狱管理机关等作为赔偿义务机关，在赔偿请求人对其作出的赔偿决定不服申请复议后，对复议决定不服或者复议机关逾期未作出复议决定的，在法定期限内向复议机关所在地的人民法院赔偿委员会提出申请的案件。

第二，人民法院作为赔偿义务机关，赔偿请求人先向人民法院申请赔偿，当该法院逾期未作出决定或者赔偿请求人对其赔偿决定有异议，在法定期限内向赔偿义务机关的上一级人民法院赔偿委员会提出申请的案件。

人民法院赔偿委员会处理赔偿案件的基本程序是：

1. 申请

赔偿请求人依照法定程序和方式向有权处理的人民法院赔偿委员会提出申请。如，原则上采用书面方式递交申请书，一式4份。应当提供相关法律文书和证明材料。口头提出申请的，人民法院应当填写《申请赔偿登记表》，由赔偿请求人签名或者盖章。

2. 立案

赔偿委员会接到赔偿申请，经审查认为符合申请条件的，应当在7日内立案，并通知赔偿请求人、赔偿义务机关和复议机关；认为不符合申请条件的，应当在7日内决定不予受理。申请材料不齐全的，在5日内一次性告知补正的全部内容。在立案后发现不符合申请条件的，决定驳回申请。

赔偿委员会应当在立案之日起5日内将赔偿申请书副本或者《申请赔偿登记表》副本送达赔偿义务机关和复议机关。

3. 审理

审理涉及以下程序问题：

（1）代理。赔偿请求人可以委托1~2人作为代理人。赔偿义务机关、复议机关可以委托本机关工作人员1~2人作为代理人。赔偿请求人、赔偿义务机关、复议机关委托他人代理，应当向赔偿委员会提交由委托人签名或者盖章的授权委托书。

（2）审理组织。赔偿委员会审理赔偿案件，应当指定1名审判员负责具体承办。负责具体承办赔偿案件的审判员应当查清事实并写出审理报告，提请赔偿委员会讨论决定。赔偿委员会作赔偿决定，必须有3名以上审判员参加，按照少数服从多数的原则作出决定。

（3）协商。赔偿委员会审理赔偿案件，可以组织赔偿义务机关与赔偿请求人就赔偿方式、赔偿项目和赔偿数额进行协商。组织协商应当遵循自愿和合法的原则。赔偿请求人、赔偿义务机关一方或者双方不愿协商，或者协商不成的，赔偿委员会应当及时作出决定。赔偿请求人和赔偿义务机关经协商达成协议的，赔偿委员会审查确认后应当制作国家赔偿决定书。

（4）审理方式。分为书面审理和质证审理两种方式。质证遵循《最高人民法院关于人民法院赔偿委员会适用质证程序审理国家赔偿案件的规定》的相关要求。

（5）举证责任。下列事实需要证明的，由赔偿义务机关负举证责任：赔偿义务机关行为的合法性；赔偿义务机关无过错；因赔偿义务机关过错致使赔偿请求人不能证明的待证事实；赔偿义务机关行为与被羁押人在羁押期间死亡或者丧失行为能力不存在因果关系。下列情形，由赔偿义务机关负举证责任：属于法定免责情形；赔偿请求超过法定时效；具有其他抗辩事由。

赔偿请求人、赔偿义务机关应当在收到受理案件通知书之日起10日内提供证据。赔偿请求人、赔偿义务机关确因客观事由不能在该期限内提供证据的，赔偿委员会可以根据其申请适当延长举证期限。

赔偿请求人可以在举证期限内申请赔偿委员会调取下列证据：由国家有关部门保存，赔偿请求人及其委托代理人无权查阅调取的证据；涉及国家秘密、商业秘密、个人隐私的证据；赔偿请求人及其委托代理人因客观原因不能自行收集的其他证据。赔偿请求人申请赔偿委员会调取证据，应当提供具体线索。

（6）中止审理和终结审理。适用类似于诉讼终止和诉讼终结的相关规定。

（7）撤回申请。赔偿委员会作出决定前，赔偿请求人撤回赔偿申请的，赔偿委员会应当依法审查并作出是否准许的决定。

4. 决定

赔偿委员会根据审理结果，作出以下决定：

（1）维持决定。赔偿义务机关的决定或者复议机关的复议决定认定事实清楚，适用法律正确的，依法予以维持。

（2）重新决定。赔偿义务机关的决定、复议机关的复议决定认定事实清楚，但适用法律错误的，依法重新决定；上述决定认定事实不清、证据不足的，查清事实后依法重新决定。

（3）直接决定。赔偿义务机关、复议机关逾期未作决定的，查清事实后依法作出决定。

赔偿委员会审理赔偿案件作出决定，应当制作国家赔偿决定书，加盖人民法院印章。决定应当分别送达赔偿请求人、赔偿义务机关和复议机关。

人民法院赔偿委员会应当自收到赔偿申请之日起 3 个月内作出决定；属于疑难、复杂、重大案件的，经本院院长批准，可以延长 3 个月。

5. 执行

赔偿委员会的决定一经作出，即发生法律效力，必须执行。

赔偿请求人或者赔偿义务机关对赔偿委员会作出的决定，认为确有错误的，可以向上一级人民法院赔偿委员会提出申诉。

赔偿委员会作出的赔偿决定生效后，如发现赔偿决定违反本法规定的，经本院院长决定或者上级人民法院指令，赔偿委员会应当在 2 个月内重新审查并依法作出决定，上一级人民法院赔偿委员会也可以直接审查并作出决定。

最高人民检察院对各级人民法院赔偿委员会作出的决定，上级人民检察院对下级人民法院赔偿委员会作出的决定，发现违反本法规定的，应当向同级人民法院赔偿委员会提出意见，同级人民法院赔偿委员会应当在 2 个月内重新审查并依法作出决定。

例 2　李某被县公安局以涉嫌盗窃为由刑事拘留，后被释放。李某向县公安局申请国家赔偿，遭到拒绝，经复议后，向市中级人民法院赔偿委员会申请作出赔偿决定。下列哪一说法是正确的？

A. 李某应向赔偿委员会递交赔偿申请书一式 4 份

B. 县公安局可以委托律师作为代理人

C. 县公安局应对李某的损失与刑事拘留行为之间是否存在因果关系提供证据

D. 李某不服中级人民法院赔偿委员会作出的赔偿决定的，可以向上一级法院赔偿委员会申请复议一次

提示：赔偿请求人向赔偿委员会申请作出赔偿决定，原则上采用书面方式，递交赔偿申请书一式四份，选项 A 说法正确。赔偿义务机关只可委托本机关工作人员作为代理人，选项 B 说法错误。本案中，李某被县公安局以涉嫌盗窃为由刑事拘留，而未出现在羁押期间死亡或者丧失行为能力的情形，不符合应由赔偿义务机关县公安局对李某的损失与刑事

拘留行为之间是否存在因果关系提供证据的条件，选项C说法错误。依照《国家赔偿法》规定，赔偿请求人对赔偿委员会作出的决定，认为确有错误的，可以向上一级人民法院赔偿委员会提出申诉。据此，李某对赔偿委员会作出的决定仅能依法提出申诉，不能申请复议，选项D说法错误。